Como se preparar para a **2.ª FASE**

EXAME de ORDEM

Constitucional

O GEN | Grupo Editorial Nacional reúne as editoras Guanabara Koogan, Santos, Roca, AC Farmacêutica, Forense, Método, LTC, E.P.U. e Forense Universitária, que publicam nas áreas científica, técnica e profissional.

Essas empresas, respeitadas no mercado editorial, construíram catálogos inigualáveis, com obras que têm sido decisivas na formação acadêmica e no aperfeiçoamento de várias gerações de profissionais e de estudantes de Administração, Direito, Enfermagem, Engenharia, Fisioterapia, Medicina, Odontologia, Educação Física e muitas outras ciências, tendo se tornado sinônimo de seriedade e respeito.

Nossa missão é prover o melhor conteúdo científico e distribuí-lo de maneira flexível e conveniente, a preços justos, gerando benefícios e servindo a autores, docentes, livreiros, funcionários, colaboradores e acionistas.

Nosso comportamento ético incondicional e nossa responsabilidade social e ambiental são reforçados pela natureza educacional de nossa atividade, sem comprometer o crescimento contínuo e a rentabilidade do grupo.

Rodrigo Padilha

Como se preparar para a 2.ª FASE

EXAME de ORDEM

Constitucional

5.ª edição

revista, atualizada e ampliada

GEN | EDITORA MÉTODO

SÃO PAULO

Impresso no Brasil – *Printed in Brazil*

EDITORA MÉTODO LTDA.
Uma editora integrante do GEN | Grupo Editorial Nacional
Rua Dona Brígida, 701, Vila Mariana – 04111-081 – São Paulo – SP
Tel.: (11) 5080-0770 / (21) 3543-0770 – Fax: (11) 5080-0714
metodo@grupogen.com.br | www.editorametodo.com.br

■ Capa: Danilo Oliveira

■ CIP – Brasil. Catalogação-na-fonte.
Sindicato Nacional dos Editores de Livros, RJ.

P134c

Padilha, Rodrigo Corrêa, 1976-
Como se preparar para a 2ª fase : constitucional / Rodrigo Corrêa Padilha. – 5. ed. rev, atual. e ampl. – Rio de Janeiro: Forense: São Paulo: MÉTODO, 2015.

ISBN: 978-85-309-5960-9

1. Ordem dos Advogados do Brasil - Exames. 2. Direito constitucional - Brasil - Problemas, questões, exercícios. I. Título. (Exame de ordem).

11-8394. CDU: 342(81)

Nanna, **Bela** e **Léo**,
Meu pedaço de mundo. Com vocês me torno pleno.
A dádiva de tê-los com saúde me faz feliz por completo.

Flavinha,
Minha companheira, amiga e cúmplice.
A aventura da vida se torna muito mais colorida ao seu lado.

AGRADECIMENTOS

Aos meus queridos alunos, este trabalho é somente uma tentativa de retribuir todo o carinho que demonstram por mim. Como costumo dizer: "não formo alunos, construo amigos". Muito obrigado!

Ao jovem promissor Thiago Morani, que me ajudou neste trabalho, suas ideias e execuções foram fundamentais.

À minha equipe, formada por Deised Ramos, Braulio Mattos e Pedro Montedomio, que me ajudam nessa linda tarefa de realizar o sonho dos alunos que é a aprovação no Exame de Ordem.

Ao Curso Forum, em especial, o grande Carlos Vinha, pessoa íntegra e ética que consegue ser amada por vascaínos e flamenguistas.

Ao Curso Cejus, capitaneado pelo excelente Cesar Tavoreli, faixa preta do mundo empresarial.

A todos os demais cursos onde leciono, em especial FEMPERJ, FESUDEPERJ, EMERJ, Curso Jurídico, Curso Tríade, Curso Master, obrigado pela consideração e pelo carinho.

NOTA DO AUTOR

Assim como meu livro de *Direito Constitucional*, esta obra também surgiu em razão da necessidade dos alunos. Um livro que expusesse claramente todos os critérios necessários para identificar e redigir uma peça de Constitucional com técnica e de forma objetiva.

Como sou professor, a função de escritor vem quase por necessidade. A intenção é de ajudar meus queridos alunos, que estão em uma fase delicada da vida, entre o bacharelado e a tão almejada aprovação na prova da Ordem dos Advogados do Brasil, para que possam exercer plenamente a profissão que escolheram.

Tento neste livro ajudá-los a entender e estruturar as petições de forma simples e dinâmica, obtendo grau máximo na prova prático-profissional da OAB, em todas as provas de concursos que exijam prática, sem esquecer de auxiliar o profissional do Direito que milita na área.

Enfim, espero que gostem, pois fiz com dedicação e carinho.

Boa leitura.

SUMÁRIO

INICIALMENTE

AÇÕES DE CONTROLE DE CONSTITUCIONALIDADE ABSTRATO

REMÉDIOS CONSTITUCIONAIS

RECLAMAÇÃO, RECURSOS ORDINÁRIO, ESPECIAL E EXTRAORDINÁRIO

DEMAIS AÇÕES

ANEXOS

INICIALMENTE

TÍTULO I
IDENTIFICAÇÃO DE PEÇAS

De nada adiantará saber redigir as petições se não soubermos identificar as diferenças entre uma e outra. Identificar quando cabe mandado de segurança ou *habeas data*, por exemplo, é tão essencial quanto saber fazer as respectivas petições.

Por isso, ao estudarmos as peças processuais que podem ser objeto de prova, o primeiro passo é sabermos identificar cada uma das iniciais que serão expostas no decorrer dos capítulos.

CAPÍTULO I
AÇÕES DE CONTROLE DE CONSTITUCIONALIDADE

Todas as ações de controle de constitucionalidade abstrato possuem um objeto muito claro e exposto na própria lei, não havendo qualquer complicação na identificação das peças.

Partindo do princípio de que estas ações não se preocupam com casos específicos e concretos, e sim com o ordenamento jurídico, passamos a distinguir:

A **ação direta de inconstitucionalidade** (ADI) tem por fim declarar a inconstitucionalidade de norma federal, estadual ou até mesmo distrital quando no exercício de competência legislativa estadual. Não é necessário que haja controvérsia judicial, porém, obrigatório que a lei esteja em vigor e tenha sido publicada após a promulgação da Constituição da República.

A **ação declaratória de constitucionalidade** (ADC), por sua vez, busca confirmar a constitucionalidade de norma federal (somente federal) que esteja sendo questionada por diversas decisões judiciais contraditórias. Nesse caso, tem que existir controvérsia judicial e a norma posterior à Constituição há de ter natureza federal, não cabendo esta ação para normas estaduais, distritais ou municipais.

A **ação direta de inconstitucionalidade por omissão** (ADIO) tem por objetivo cientificar o poder competente da inércia legislativa que impossibilita o exercício de direitos constitucionais previstos em norma constitucional de eficácia limitada. O responsável pela inércia poderá ser tanto o Poder Executivo como o Poder Legislativo federal e estadual ou até mesmo distrital, desde que diga respeito à competência legislativa estadual.

Por fim, a **arguição de descumprimento de preceito fundamental** (ADPF), que possui um objeto extremamente abrangente, pois sua função é servir para todas as hipóteses em que não será cabível outra ação, apresentando como uma de suas características a subsidiariedade.

Esta última ação será proposta com a intenção de evitar ou reparar lesão a preceito fundamental (p. ex., arts. 1.º ao 17, 34, VII, 37, *caput,* 60, § 4.º, da CR) resultante de ato do Poder Público, bem como resolver controvérsia constitucional a respeito de norma federal, estadual, distrital ou municipal, seja anterior ou posterior à Constituição.

Pode parecer, pelo conceito extremamente abrangente, que a ADPF tenha objeto similar a outras ações acima transcritas, mas na verdade, por sua subsidiariedade, como afirmado, ela só caberá quando não houver outro meio eficaz de sanar a lesividade. Vamos expor alguns exemplos:

- Controvérsia judicial sobre lei federal anterior à Constituição – ADPF;
- Controvérsia judicial sobre lei federal posterior à Constituição – ADC;
- Controvérsia judicial sobre leis estadual, distrital, municipal, anterior ou posterior à Constituição – ADPF.

CAPÍTULO II

REMÉDIOS CONSTITUCIONAIS

Ao contrário das ações anteriores, os remédios constitucionais incidem sobre caso concreto, mais precisamente em situações em que os direitos fundamentais estejam em risco.

Para cada direito fundamental há um remédio constitucional e, por fim, previu-se também um remédio residual para abarcar a tutela de todos os demais direitos, como passamos a analisar:

O ***habeas corpus*** (HC) é a ação que tem por objeto evitar ou reparar violação à liberdade de locomoção. Note que existem diversos tipos de liberdade (de imprensa, científica, filosófica, religiosa, política etc.), sendo esta ação muito específica, pois protege somente uma espécie do gênero liberdade, a locomoção prevista no art. 5.º, XV, da CRFB.

O ***habeas data*** (HD), por sua vez, agasalha três direitos:

- Conhecimento de informações relativas a pessoa do impetrante;
- Retificação desses dados;
- Anotação de explicação ou contestação nos assentamentos do interessado.

Esta ação somente poderá ser impetrada pela pessoa que possui o nome nos registros perseguidos ou seus herdeiros.

Já o **mandado de injunção** (MI) é utilizado sempre que a falta de norma regulamentadora torna inviável o exercício dos direitos constitucionais subjetivos.

Um cidadão que pretenda exercer um direito constitucional e não possa fazê-lo por ausência de norma regulamentadora pode se valer deste remédio para que o Poder Judiciário materialize o direito pleiteado.

Atualmente já é permitido que associações e sindicatos, por exemplo, possam impetrar esta ação para tutelar seus associados ou sindicalizados – hipótese conhecida como mandado de injunção coletivo.

A **ação popular** é o remédio posto à disposição de qualquer cidadão para impugnar ato ou contrato administrativo lesivo aos interesses difusos, como moralidade administrativa, meio ambiente e patrimônio artístico, histórico e cultural. Assim, quando um cidadão impugnar atos que prejudicaram a sociedade como um todo, pode se valer de ação popular.

Por fim, o **mandado de segurança** é ação adequada para impugnar atos ofensivos aos direitos fundamentais não amparados por outros remédios constitucionais. Logicamente, outros requisitos se fazem necessários, como direito líquido e certo, e que o ato a ser impugnado possua natureza pública. No entanto, para fins de identificação, essa é a melhor estratégia. O mandado de segurança é residual.

O **mandado de segurança coletivo** é impetrado para resguardar direitos coletivos *strictu sensu* e individuais homogêneos (art. 21, parágrafo único, da Lei 12.016/2009).

CAPÍTULO III

DIFERENCIANDO AÇÃO DIRETA DE INCONSTITUCIONALIDADE POR OMISSÃO E MANDADO DE INJUNÇÃO

É muito frequente a dúvida entre a ação direta de inconstitucionalidade por omissão e o mandado de injunção.

A Constituição brasileira foi editada contendo diversas normas constitucionais de eficácia limitada. Isto é, algumas normas constitucionais possuem *efeitos meios*, mas não produzem eficácia imediata, precisando de outra norma para que possa produzir completamente os efeitos desejados pelo constituinte (*efeito fim*). Por exemplo, arts. 5.º, XLI; 25, § 3.º; 37, VII e § 3.º; 107, § 1.º; 134, § 1.º etc.

Por isso, em 1988, o Brasil trouxe as duas ações, com o objetivo de tentar fazer algo para suprir a omissão dos Poderes Executivo e Legislativo, e outros órgãos que não regulamentam estas referidas normas constitucionais de eficácia limitada. Porém, as semelhanças param aí.

Por isso, para facilitar e agilizar o estudo, bom traçar a distinção destas duas ações no seguinte quadro esquematizado:

Ação	ADIO	Mandado de injunção
Na CRFB	Art. 103, § 2.º	Art. 5.º, LXXI
Na Lei	Arts. 12-A a 12-H da Lei 9.868/1999	Art. 24, parágrafo único, da Lei 8.038/1990**
Origem	Direito português	Direito norte-americano***
Competência	STF (para inércia federal) e TJ (no âmbito estadual)	Tribunais diversos (depende da autoridade que se omite. P. ex., arts. 102, I, *q*; 105, I, *h*)
Tipo de controle de constitucionalidade	Abstrato, concentrado e principal	Concreto, difuso e incidental

Ação	ADIO	Mandado de injunção
Legitimidade ativa	Art. 103 da CRFB (legitimidade extraordinária)	Titular do direito material (no MI individual) ou art. 5.º, LXX, da CRFB (no MI coletivo)****
Órgão/ autoridade omissa	Legislativo ou Executivo	Diversas autoridades; basta ler o art. 105, I, *h*, da CRFb, para perceber que várias autoridades podem se omitir
Objeto	Direito objetivo (o ordenamento jurídico)	Direito subjetivo (o direito do impetrante)
Natureza da decisão	Mandamental (art. 12-H da Lei 9.868/1999)	Constitutiva e mandamental
Eficácia da decisão	*Erga omnes*	Por vezes *inter partes* e por vezes *erga omnes*

** O mandado de injunção não tem lei, por isso, o procedimento segue o determinado pelo art. 24, parágrafo único, da Lei 8.038/1990, que diz: "No mandado de injunção e no *habeas data*, serão observadas, no que couber, as normas do mandado de segurança, enquanto não editada legislação específica." (O *habeas data* já foi regulamentado pela Lei 9.507/1997, só restando o mandado de injunção).

*** Há grande controvérsia quanto à origem deste remédio constitucional. Alguns acreditam que o mandado de injunção surgiu no direito norte-americano por meio do *writ of injunction*. Contudo, por ter regras específicas, o mandado de injunção brasileiro não pode ser equiparado nem ao direito norte-americano, nem a outras normas de países que possuem regras sobre "injunção", como Itália, Alemanha, Portugal e França.

**** Como no MI é aplicável o procedimento do MS, a jurisprudência admite a impetração de MI coletivo, tendo como legitimados os mesmos que podem propor MS coletivo.

Na prova, dois fatores são essenciais para diferenciar as ações: o legitimado que quiser mover a ação e o que se pretende impugnar, se a inércia em tese (hipótese em que será cabível ação direta de inconstitucionalidade por omissão) ou um caso específico e concreto (em que caberá mandado de injunção).

CAPÍTULO IV

DIFERENCIANDO MANDADO DE SEGURANÇA COLETIVO, AÇÃO POPULAR E AÇÃO CIVIL PÚBLICA

A Constituição prevê três ações para tutelar direitos de toda a coletividade, conhecidos como direitos metaindividuais, supraindividuais, transindividuais ou coletivos *lato sensu*.

As três ações são: mandado de segurança coletivo, ação popular e ação civil pública.

Dizemos "três", porque o mandado de injunção coletivo é criação jurisprudencial e tem objeto muito específico: não regulamentação de direito subjetivo constitucional.

Contudo, ao se deparar com alguma questão de prova, é possível que as três ações acima causem algum tipo de confusão, por isso, importante a análise de como identificar a melhor ação a propor.

Para entender melhor, necessário identificar as diferenças entre direitos difusos, coletivos e individuais homogêneos, espécies de **direitos metaindividuais** ou **supraindividuais**, ou **coletivos *lato sensu*** ou **transindividuais.**

Esses direitos estão conceituados no art. 81, parágrafo único, da Lei 8.078/1990, *in litteris:*

> "Art. 81, parágrafo único, da Lei 8.078/1990: A defesa coletiva será exercida quando se tratar de:
>
> I – interesses ou direitos difusos, assim entendidos, para efeitos deste código, os transindividuais, de natureza indivisível, de que sejam titulares pessoas indeterminadas e ligadas por circunstâncias de fato;
>
> II – interesses ou direitos coletivos, assim entendidos, para efeitos deste código, os transindividuais, de natureza indivisível de que seja titular grupo, categoria ou classe de pessoas ligadas entre si ou com a parte contrária por uma relação jurídica base;
>
> III – interesses ou direitos individuais homogêneos, assim entendidos os decorrentes de origem comum."

Acreditamos que o quadro esquematizado abaixo simplifique a questão:

Direitos	Difusos	Coletivos	Individuais homogêneos
Pessoas	Indeterminadas	Determinadas ou determináveis	Determinadas ou determináveis
Direito	Indivisível	Indivisível	Divisível
Vínculo	De fato	Jurídico	De fato

Aliado ao quadro acima, cumpre, didaticamente, estabelecer diferenças estratégicas entre as três ações:

	Ação Popular	Ação Civil Pública	MS coletivo
Na CRFB	Art. 5.º, LXXIII	Art. 129, III	Art. 5.º, LXX
Na Lei	Lei 4.717/1965	Lei 7.347/1985	Lei 12.016/2009
Legitimidade	Cidadão	Ministério Público, Defensoria Pública, Administração Pública direta e indireta, associação constituída há mais de um ano. (art. 5.º, Lei 7.347/1985)	Partido político com representação no Congresso Nacional; organização sindical, entidade de classe e associação constituída há mais de um ano. (art. 21 da Lei 12.016/2009)
Objeto	Direitos difusos	Direitos difusos, coletivos e individuais homogêneos	Direitos coletivos e individuais homogêneos
Competência	Local do ato (art. 5.º)	Local do dano (art. 2.º)	Local do dano
Prerrogativa	Não obedece regras de prerrogativa de função	Não obedece regras de prerrogativa de função	Obedece regras de prerrogativa de função
Procedimento	Ordinário	Especial	Sumário especial
Custas	É gratuito, salvo má-fé (art. 5.º, LXXIII, da CRFB)	É gratuito, salvo má-fé (art. 18 da Lei 7.347/1985)	Há custas

O objeto da ação seria um fator fundamental para diferenciá-las, pois a ação popular só cabe para tutelar direitos difusos, e o mandado de segurança coletivo caberia para proteção dos direitos coletivos *strictu sensu* e individuais homogêneos.

Assim, para diferenciar as duas ações referidas, basta analisar se os lesados com o ato que se pretende impugnar são identificáveis. Se positivo, será mandado de segurança coletivo (MSC); se negativo, será ação popular (AP).

A ação civil pública (ACP) pode ser proposta para tutelar quaisquer dos direitos analisados, porém, fácil diferença entre esta ação e a ação popular, posto terem legitimados totalmente distintos.

Quanto ao mandado de segurança coletivo, é possível que associação legalmente constituída e em funcionamento há pelo menos um ano impetre as duas ações (ACP e MSC). Contudo, se houver direito líquido e certo, será mandado de segurança coletivo; caso tenha que realizar discussão de provas, será ação civil pública.

É sempre prudente lembrar que associação só poderá mover o mandado de segurança coletivo que for pertinente às suas finalidades (art. 21 da Lei 12.016/2009).

CAPÍTULO V
RECURSOS E RECLAMAÇÃO

A **reclamação** é ação de fácil identificação, pois caberá somente em três hipóteses:

- Descumprimento de competência do STF, STJ ou STM;
- Descumprimento de decisões do STF, STJ e STM;
- Descumprimento de Súmula Vinculante do STF.

Já os recursos, a Constituição diferencia com primor. Segundo o Diploma Magno, o recurso ordinário constitucional (ROC) deve ser proposto no STF (art. 102, II) ou no STJ (art. 105, II).

O **recurso ordinário** (ROC) será proposto no **STJ** para julgar:

a) os *habeas corpus* decididos em única ou última instância pelos Tribunais Regionais Federais ou pelos tribunais dos Estados, do Distrito Federal e Territórios, quando a decisão for denegatória;
b) os mandados de segurança decididos em única instância pelos Tribunais Regionais Federais ou pelos tribunais dos Estados, do Distrito Federal e Territórios, quando denegatória a decisão;
c) as causas em que forem partes Estado estrangeiro ou organismo internacional, de um lado, e, do outro, Município ou pessoa residente ou domiciliada no País.

Já no **STF** caberá **recurso ordinário** (ROC) para julgar:

a) o *habeas corpus*, o mandado de segurança, o *habeas data* e o mandado de injunção decididos em única instância pelos Tribunais Superiores, se denegatória a decisão;
b) o crime político.

O **recurso especial** (REsp) no STJ, por sua vez, será cabível nas causas decididas, em única ou última instância, pelos Tribunais Regionais Federais (TRF) ou pelos tribunais dos Estados, do Distrito Federal e Territórios (TJ), quando a decisão recorrida:

a) contrariar tratado ou lei federal, ou negar-lhes vigência;
b) julgar válido ato de governo local contestado em face de lei federal;
c) der a lei federal interpretação divergente da que lhe haja atribuído outro tribunal.

Por fim, o STF julgará **recurso extraordinário** (RExt), quando a decisão recorrida nas causas decididas em única ou última instância:

a) contrariar dispositivo desta Constituição;
b) declarar a inconstitucionalidade de tratado ou lei federal;
c) julgar válida lei ou ato de governo local contestado em face desta Constituição;
d) julgar válida lei local contestada em face de lei federal.

TÍTULO II

ESTRUTURA DA PETIÇÃO INICIAL E DO RECURSO

Antes de analisar a estrutura de cada ação separadamente, é bom notar que todas as ações apresentam estrutura similar, o que facilitará muito o estudo deste livro.

Importante saber que é possível que alguns itens não estejam presentes em todas as ações, mas é necessário passar por todos os pontos como um *checklist*. Fazendo isso, seu sucesso será certo.

CAPÍTULO I

ESTRUTURA DA PETIÇÃO INICIAL

São onze os itens que passamos a enumerar:

1) Endereçamento

Todas as ações devem ser endereçadas a alguma autoridade ou órgão.

Normalmente, as ações iniciam com a famosa frase: "Excelentíssimo Senhor Doutor _______", como:

a) Excelentíssimo Senhor Doutor Juiz de Direito da _____ Vara de Fazenda Pública da Comarca da Capital do Estado _______;

b) Excelentíssimo Senhor Doutor Juiz Federal da ______ Vara Federal da Seção Judiciária do Estado ______;

c) Excelentíssimo Senhor Doutor Desembargador Presidente do Egrégio Tribunal de Justiça do Estado _______;

d) Excelentíssimo Senhor Doutor Desembargador Federal Presidente do Egrégio Tribunal Regional Federal ____ Região;

e) Excelentíssimo Senhor Doutor Ministro Presidente do Superior Tribunal de Justiça;

f) Excelentíssimo Senhor Doutor Ministro Presidente do Supremo Tribunal Federal.

E assim por diante.

2) Qualificação do legitimado ativo

Após endereçada a petição para o órgão competente, o impetrante deve se apresentar e provar a capacidade postulatória, estando, no mais das vezes, representado por advogado.

A qualificação, por óbvio, dependerá da pessoa, física ou jurídica, que propõe a ação.

Caso seja pessoa física, deve se qualificar da seguinte maneira:

> "Nome, nacionalidade, estado civil, profissão, portador da carteira de identidade n. ______, inscrito no CPF/MF sob o n. ______, residente e domiciliado à Rua ______, por seu advogado infra-assinado com instrumento de mandato anexo e endereço constante à ______, para onde devem ser remetidas as intimações nos termos do art. 39, I, do CPC, vem, perante Vossa Excelência, propor".

Como veremos no decorrer deste livro, há algumas variantes, como na ação popular, em que deve constar o número do título de eleitor, por ser condição especial da ação a capacidade eleitoral ativa.

Contudo, se o impetrante for pessoa jurídica, geralmente qualificamos da seguinte forma:

> "Razão social, pessoa jurídica de direito ______, inscrito no CNPJ sob o n.______ e sede à ______, por seu advogado infra-assinado com instrumento de mandato anexo e endereço constante no rodapé da presente, para onde devem ser remetidas as intimações nos termos do art. 39, I, do CPC, vem, perante Vossa Excelência, propor".

Nessa hipótese, também existem situações específicas, como na hipótese de partido político, que ao impetrar ações de controle de constitucionalidade abstrato deve incluir "devidamente registrados na Justiça Eleitoral".

3) Nome da ação

Já tendo endereçado a ação e apresentado seu advogado, o impetrante deve nomear a ação e indicar qual será proposta – *habeas data*, mandado de segurança, ação direta de inconstitucionalidade ou qualquer outra.

4) Qualificação do legitimado passivo

De regra, a ação é proposta contra alguém. Digo, de regra, porque na maioria das ações de controle abstrato a ação não terá legitimado passivo. Nesse caso, ao propor a demanda, após o nome da ação, deve colocar "tendo por objeto a Lei ______", por exemplo.

No entanto, a maioria das ações terá um legitimado passivo que será nomeado e informado seu endereço para citação. Por exemplo:

> "em face de______, pessoa jurídica de direito ______, com sede à ______ pelos fatos e fundamentos que passa a expor:"

5) Inicialmente

Neste tópico devem ser expostos os requisitos especiais da ação e qualquer outro esclarecimento, podendo ser divididos em subitens, como, por exemplo:

> a) "da pertinência temática" (nas ações de controle de constitucionalidade abstrato);
>
> b) "da subsidiariedade" (na arguição de descumprimento de preceito fundamental);
>
> c) "da controvérsia constitucional" (na ação declaratória de constitucionalidade);
>
> d) "da capacidade eleitoral ativa" (na ação popular);
>
> e) "da tentativa extrajudicial frustrada" (no *habeas data*);
>
> f) "do direito líquido e certo" e "da residualidade" (no mandado de segurança).

E assim por diante.

Devemos esclarecer que alguns peticionantes costumam nomear este item como "preliminarmente". Não achamos seguro denominá-lo desta maneira porque preliminar é, de regra, matéria de defesa exposta pelo réu, podendo induzir o juiz ou examinador a erro.

6) Da causa de pedir

A causa de pedir é um dos três elementos identificadores da ação (as outras são partes e pedido) e constitui o conjunto de elementos fáticos e jurídicos que resguardam o pleito autoral.

A causa de pedir se subdivide em fática e jurídica, e geralmente são expostas separadamente na petição sob os títulos "dos fatos" e "do direito", respectivamente. Passaremos a analisá-las a seguir:

6.1) Dos fatos

Em regra, um fato causa a lesão que motivará a ação, e este fato lesivo deve ser exposto neste tópico.

Em prova, o examinador vai ter que apresentar o fato lesivo para o examinado poder identificar a ação, o problema trará os fatos e serão exatamente estes que devem constar na sua prova. Ou seja, aqui devem ser transcritos os fatos relatados na questão da prova, **sem inventar** fatos sob pena de identificação de prova.

É possível que **não seja necessário incluir este tópico** "dos fatos", como nas ações abstratas de controle de constitucionalidade (ação direta de inconstitucionalidade, ação direta de inconstitucionalidade por omissão, ação declaratória de constitucionalidade, arguição de descumprimento de preceito fundamental e representação de inconstitucionalidade). Isso ocorrerá sempre que a ação apresentar uma **inconstitucionalidade material.**

Explica-se: existem dois tipos de inconstitucionalidade: formal e material. O primeiro ocorre quando há vício na iniciativa ou no procedimento; o segundo, por sua vez, é ocasionado quando a irregularidade está na matéria, na forma como o assunto está disposto na norma.

Para provar a inconstitucionalidade da iniciativa ou do procedimento adotado (formal) é necessário abordar os fatos ocorridos. Porém, se a pecha está no assunto (material), a discussão é puramente de direito, não havendo discussão fática.

6.2) Do direito

É o local adequado para expor os fundamentos jurídicos do pedido. Propomos uma ordem para orientar o peticionante:

a) **Artigos** da Constituição ou de leis que respaldam a pretensão;

b) **Súmulas** dos tribunais que colaboram com o pleito, sejam persuasivas ou vinculantes;

c) **Princípios** constitucionais e legais que devem ser observados pelo julgador ao analisar o mérito;

d) **Doutrina** balizadora do tema;

e) **Jurisprudência** dos tribunais para reforçar o anseio autoral.

7) Da medida liminar

Uma vez apresentado o problema e fundamentada a pretensão, cumpre requerer medida liminar.

A liminar é uma decisão judicial provisória tomada no início da lide e não necessariamente deve ser requerida, somente quando houver urgência na adoção de alguma medida.

É prudente usar o termo liminar que é gênero de tutela de urgência, de onde derivam duas espécies: medida cautelar e tutela antecipada.

Assim, usando o termo gênero não se corre o risco de denominação errônea.

Dois são os requisitos para a concessão da medida liminar, e por isso devem ser abordados neste tópico:

a) *fumus boni juris* (verossimilhança da alegação) – o que estará presente nos autos a depender dos fundamentos expostos e provas que instruírem a inicial;

b) *periculum in mora* (perigo na demora da prestação jurisdicional) – neste ponto deve ser demonstrado a necessidade da medida de urgência ante a iminência de algum tipo de lesão.

Nem sempre é possível reverter a decisão liminar, como uma transfusão de sangue, mas sempre que for possível é bom citar a possibilidade de reversibilidade da decisão.

8) Pedido

Obviamente, toda inicial tem que constar o pedido, caso contrário, para que o impetrante moveu a ação?

Sabendo que, salvo raras exceções, o juiz está vinculado ao pedido (princípio da congruência), é necessário formulá-lo de forma a abarcar toda a pretensão autoral.

Geralmente se utiliza a expressão "ante o exposto requer".

Em seguida, deve-se especificar o que se pretende na ordem dos acontecimentos desejados ou previstos em lei.

Por exemplo, se a intenção é obter decisão liminar de imediato, este deve ser o primeiro pedido:

"a concessão da medida liminar para _______"

Se a lei impõe oitiva de algum órgão como Ministério Público, isto deve ser requerido:

"a intimação do ilustre membro do Ministério Público para intervir no feito _______"

Após o requerimento liminar e a notificação dos órgãos que garantirão um regular procedimento, deve ser realizado o pedido final:

"seja julgado procedente o pedido para ______"

Em algumas hipóteses, ainda é possível requerer a condenação da outra parte em custas processuais e honorários advocatícios.

9) Provas

Em alguns processos, não há requerimento de provas, como em mandado de segurança e *habeas corpus*, eis que é requisito essencial a existência de direito líquido e certo (assim, o conjunto probatório instruirá a inicial), ou ações de controle de constitucionalidade em que se discute a inconstitucionalidade material.

No entanto, quando for necessária a juntada posterior de provas, é necessário requerê-las na inicial, podendo fazer uso do requerimento genérico, da seguinte forma:

"pretende produzir todos os meios de prova em direito admitidos em especial a documental e oral".

10) Valor da causa

Ao estudar as ações constitucionais, perceberão que algumas são gratuitas, isto é, não é necessário recolher custas processuais; outras (a maioria) não têm natureza econômica.

Porém, mesmo as ações gratuitas ou as que não possuam cunho econômico devem possuir valor da causa (art. 258 do CPC).

Em regra, quando não há conteúdo econômico, é atribuído um "valor simbólico" que a praxe forense fixou em R$ 1.000,00.

Curioso que, nos exames da OAB 2010.2 e 2010.3, as peças exigidas – mandado de segurança e *habeas data,* respectivamente – não possuíam cunho econômico e o espelho de correção exigia do candidato a atribuição do valor da causa em exatos R$ 1.000,00.

Assim, a redação deveria ser:

"Dá a causa, para efeito de alçada, o valor de R$ 1.000,00 (mil reais)".

11) Local, data, advogado/OAB

Se não houver previsão nas instruções da prova, recomenda-se colocar formalmente:

"Local, data

Advogado

OAB"

CAPÍTULO II
ESTRUTURA DOS RECURSOS

Nas provas práticas de Direito Constitucional, é provável que sejam exigidos os seguintes recursos:

a) Recurso ordinário constitucional;
b) Recurso especial;
c) Recurso extraordinário.

A estrutura dos recursos é similar às petições iniciais, porém com algumas particularidades. Primeiro, os recursos são divididos em duas partes:

a) folha de rosto;
b) razões recursais.

Passaremos a expô-las a seguir:

I – FOLHA DE ROSTO

Composta de:

1) Endereçamento

Ressalvado o agravo de instrumento, os recursos analisados serão encaminhados ao Presidente do Tribunal recorrido.

Só depois que o Tribunal recorrido analisa os requisitos de interposição é que encaminha ao órgão julgador (STF ou STJ).

2) Número do processo atual

Exemplo: Apelação n. ______

3) Qualificação do autor

Assim como é exigido na inicial, é prudente incluir "nome, nacionalidade, estado civil, profissão, portador da carteira de identidade n. ______, inscrito no CPF sob o n. ______, residente e domiciliado à Rua ______, vem, por seu advogado infra-assinado, com procuração anexa em que consta endereço para receber intimações, nos termos do art. 39, I, do CPC, respeitosamente, perante V. Ex.ª, com apoio nos arts. 539 ou 541 e ss. do CPC, arts. ______ do RISTF, bem como e em especial, com amparo no art. ______ da CRFB/1988, interpor o presente:"

Tem quem não qualifique novamente o recorrente, pois sua qualificação já está nos autos, mas em provas como a petição é isolada, não custa qualificá-lo de novo. Excesso de formalidade, neste caso, só trará benefícios.

4) Nome do recurso

RECURSO ORDINÁRIO, ESPECIAL OU EXTRAORDINÁRIO

5) Motivo da indignação + contrarrazões + requisitos + requerimento de remessa ao órgão julgador

Após o *nomem juris* deve expor:

- o que ocorreu para mover o recurso;
- solicitar intimação do recorrido (com quem litiga) para oferecer contrarrazões;
- requerer a análise dos requisitos de admissibilidade do recurso interposto;
- remessa ao órgão julgador.

Exemplo: "em face de acórdão proferido pela ______ Câmara Cível (ou criminal) do egrégio Tribunal de Justiça do Estado ______ (ou do egrégio Tribunal Regional Federal da ______ Região), requerendo a Vossa Excelência que intime o recorrido e, após a intimação do recorrido para apresentação das contrarrazões e posterior análise dos requisitos intrínsecos e extrínsecos de admissibilidade, requer a remessa dos autos ao Superior Tribunal de Justiça para análise do mérito do presente recurso e consequente reforma da decisão impugnada."

6) Data e assinatura

Nesses termos,

Espera deferimento.

Local e data.

Advogado/OAB

II – RAZÕES RECURSAIS

1) Apresentação

O recurso começará com o presente cabeçalho:

"EGRÉGIO SUPREMO TRIBUNAL FEDERAL ou EGRÉGIO SUPERIOR TRIBUNAL DE JUSTIÇA;

COLENDA TURMA

DOUTO RELATOR;

Recorrente: ______

Recorrida: ______"

2) Cabimento e admissibilidade do recurso

Neste tópico será necessário elencar tudo que se fizer necessário para demonstrar ao Juízo (examinador no caso da prova) que o recurso impetrado foi o correto, como:

- da tempestividade do presente recurso (todos os recursos analisados possuem prazo de 15 dias fixados pelo art. 508 do CPC);
- do preparo;
- do prequestionamento;
- dos demais requisitos de admissibilidade.

Atenção, pois se for recurso extraordinário, neste tópico é obrigatório tratar **"da repercussão geral no presente caso"**.

3) Dos fatos

De regra, nesses recursos não se discute fatos, somente direito, contudo, por vezes, é necessário elencar algum fato (fornecido pela prova) que seja interessante descrever para melhor análise do caso.

4) Do Direito

Hora de expor as razões jurídicas do seu pedido, valendo-se de todos os argumentos possíveis para defender o direito almejado.

5) Pedido

Diversos pleitos podem ser formulados, mas nunca se esqueça de pedir "a reforma do acórdão ou decisão) recorrido".

6) Data e assinatura do advogado

"Nesses termos,

Espera deferimento.

Local e data.

Advogado/OAB"

AÇÕES DE CONTROLE DE CONSTITUCIONALIDADE ABSTRATO

TÍTULO III

AÇÃO DIRETA DE INCONSTITUCIONALIDADE

CAPÍTULO I

MODELO DE PETIÇÃO INICIAL

EXCELENTÍSSIMO SENHOR DOUTOR MINISTRO PRESIDENTE DO SUPREMO TRIBUNAL FEDERAL

(Pessoa relacionada no art. 103 da CRFB/1988 e art. 2.º da Lei 9.868/1999) vem, por meio de seu advogado que esta subscreve, com instrumento de mandato anexo e endereço constante no rodapé da presente, para onde devem ser remetidas as intimações, nos moldes do art. 39, I, do CPC, respeitosamente, perante Vossa Excelência, nos termos do art. 103, inciso ______, art. 102, I, *a* e *p*, ambos da CRFB/1988, arts. 2.º, inciso ______ e 10 da Lei 9.868/1999 e arts. 282 e ss. do CPC, propor a presente

NOTA: Quase todos possuem capacidade postulatória plena, não precisando de advogado (só se vale de advogado se quiser). Os únicos do art. 103 da CRFB de quem se exige representação por advogado são os incs. VIII e IX da CRFB, ou seja, partido político com representação no Congresso Nacional, confederação sindical e entidade de classe de âmbito nacional.

AÇÃO DIRETA DE INCONSTITUCIONALIDADE

tendo por objeto a declaração de inconstitucionalidade da Lei ______, pelos fatos e fundamentos jurídicos que passa a expor:

NOTA: Apesar de a ADI ser uma ação objetiva, onde não há partes, o STF também admite ADI que indique o legitimado passivo. Nestes moldes, deve constar: "em face de ______ (órgão ou autoridade que editou o ato que se pretende impugnar e endereço – se possível), pelos fatos e fundamentos jurídicos que passa a expor:"

I – DA PERTINÊNCIA TEMÁTICA

NOTA: Neste tópico deve-se demonstrar a legitimidade do impetrante (que deve ser um dos elencados nos art. 103 da CRFB/1988). Lembre-se de que de alguns entes se exige **pertinência temática** (chamados autores interessados ou especiais). **Então esse é o momento de demonstrar a relação que possui com a norma que se pretende impugnar.**

A prova da pertinência é exigida quando a ADI é proposta pelo Governador do Estado ou do Distrito Federal, Mesa da Assembleia Legislativa ou da Câmara Legislativa do Distrito Federal, confederações sindicais ou entidades de âmbito nacional.

Os demais legitimados são chamados de autores neutros ou universais, pois não se exige a demonstração de pertinência.

II – DOS FATOS

NOTA: A comprovação da matéria de fato só deve ser arguida quando o problema demonstrar inconstitucionalidade formal, quando houver vício na iniciativa ou no procedimento, tendo de ser relatado o fato.

Porém, se a inconstitucionalidade for material não se justifica discorrer sobre os fatos, uma vez que a questão é unicamente de direito.

ATENÇÃO: Quando for necessário relatar fatos, devem ser descritas somente as questões trazidas na questão da prova, sendo proibido inventar situações não descritas, sob pena de identificação de peça.

III – DA INCONSTITUCIONALIDADE

NOTA: Ao fundamentar a inconstitucionalidade, deve-se atentar a:

- Constituição da República;
- Princípios;
- Súmula;
- Doutrina;
- Jurisprudência.

IV – DA MEDIDA LIMINAR

NOTA: Esta medida está prevista no art. 10 da Lei 9.868/1999 e deverá abordar:

- O perigo na demora da prestação jurisdicional (***periculum in mora***), em razão do possível dano irreparável causado caso a liminar não seja deferida.
- Verossimilhança da alegação (***fumus boni iuris***).

V – DO PEDIDO

Ante o exposto, requer:

a) a concessão de medida liminar, para suspender a eficácia do dispositivo questionado na forma do art. 10 da Lei 9.868/1999;

b) a notificação do ente responsável pela elaboração da norma para, querendo, se manifestar no prazo legal (ou no prazo de 30 dias);

c) a notificação do Advogado-Geral da União, para se manifestar sobre o mérito da presente ação, no prazo legal (ou no prazo de 15 dias);

d) a notificação do Procurador-Geral da República, para emitir seu parecer no prazo legal (ou no prazo de 15 dias);

e) a procedência do pedido de mérito para que seja declarada a inconstitucionalidade do art. ______ da Lei ______ (citar o dispositivo).

NOTA: Quando a alegação for sobre **inconstitucionalidade formal**, deve existir o requerimento de provas da seguinte forma:

"Pretende produzir todos os meios de prova em direito admitidos, em especial documental e oral."

Atribui a causa o valor de R$ (valor por extenso).

Nesses termos,

Espera deferimento.

Local e data.

Advogado/OAB

CAPÍTULO II
EXERCÍCIOS DE FIXAÇÃO

QUESTÃO 1

Partido Honestidade, Partido Político que possui um Deputado Federal na Câmara dos Deputados, procura você, advogado, buscando solução quanto a Lei Nacional 8.000/1989, que, por iniciativa do Deputado Federal Astolfo Rocha, membro do partido político Esquerda Nunca Mais, organizou internamente o Ministério Público dos Estados. Na qualidade de advogado do Partido da Honestidade, redija a peça processual cabível.

SUGESTÃO DE RESPOSTA

EXCELENTÍSSIMO SENHOR DOUTOR MINISTRO PRESIDENTE DO SUPREMO TRIBUNAL FEDERAL

Partido da Honestidade, partido político com representação no Congresso Nacional, devidamente registrado na Justiça Eleitoral, inscrito no CNPJ n. ______, neste ato representado por seu Presidente ______,vem, por meio de seu advogado que esta subscreve, com instrumento de mandato anexo e endereço constante à ______, para onde devem ser remetidas as intimações, nos moldes do art. 39, I, do CPC, respeitosamente, perante Vossa Excelência, nos termos do art. 103, VIII, art. 102, I *a* e *p*, ambos da CRFB/1988, Lei 9.868/1999 e arts. 282 e ss. do CPC, propor a presente

AÇÃO DIRETA DE INCONSTITUCIONALIDADE

Tendo por objeto a declaração de inconstitucionalidade da Lei 8.000/1989, que, por iniciativa parlamentar organizou o Ministério Público dos Estados, pelos fatos e fundamentos jurídicos que passa a expor:

I – DA IMPRESCRITIBILIDADE

Em que pese a lei objeto da presente ação ter sido publicada há tempo considerável, certo é que a inconstitucionalidade, por ser matéria de ordem pública, é imprescritível, motivo pelo qual se mostra adequada a presente demanda.

II – DOS FATOS

Em 1989 foi publicada lei que organizou internamente o Ministério Público dos Estados. Ocorre que esta norma foi proposta por um Deputado Federal, o Senhor Astolfo Rocha, membro do partido político esquerda nunca mais, fato que eiva de vício formal a referida norma conforme passa a expor.

III – DA INCONSTITUCIONALIDADE

A lei goza de inconstitucionalidade formal subjetiva, isto é, inconstitucionalidade por vício de iniciativa, tanto no que se refere a criação de cargos na administração pública direta como no que pertine à organização do Ministério Público estadual.

Consoante o art. 61, § 1.º, II, *d,* da CRFB/1988, é de iniciativa privativa do Presidente da República as leis que disponham sobre organização do Ministério Público e Defensoria Pública da União, bem como normas gerais para organização do Ministério Público e Defensoria Pública dos Estados, Distrito Federal e Territórios.

A competência presidencial é complementada pela previsão contida no art. 128, § 5.º, segundo o qual compete aos Procuradores-Gerais a iniciativa de lei complementar para estabelecer organização, atribuição e estatuto de cada Ministério Público.

Harmonizando os dois dispositivos (art. 61, § 1.º, II, *d,* c/c o 128, § 5.º), verificamos que, em referência ao Ministério Público Estadual, compete ao Presidente da República estabelecer norma genérica padronizadora e ao Procurador-Geral de Justiça cabe organizar o Ministério Público, respeitando os parâmetros impostos pela norma federal.

Como se constata, a interpretação sistemática da Constituição não permite estender a iniciativa para os deputados federais, em nenhuma hipótese, por mais remota que seja.

Ademais, qualquer pensamento que permitisse iniciativa parlamentar para organizar o Ministério Público estadual ofenderia frontalmente a independência deste importante órgão, essencial à busca da Justiça.

O Constituinte originário concedeu ao Ministério Público brasileiro, além da unidade e indivisibilidade, a independência funcional, garantias que dificilmente são constatadas no direito brasileiro, as quais foram entendidas como primordiais para o estado democrático, para que o *parquet* possa exercer seu múnus sem temor de represálias de quem quer que seja.

Conceder a um parlamentar o direito de organizar o Ministério Público é permitir que o Poder Legislativo tenha influência interna nos atos que os membros do órgão ministerial possam vir a ter.

Ante o exposto, por ofender regras e princípios contidos na Constituição, a lei combatida sofre o mal da inconstitucionalidade chapada, motivo pelo qual deve ser declarada inconstitucional.

IV – DO PEDIDO

Ante o exposto, requer:

a) A concessão da medida liminar para que, nos moldes do art. 10 da Lei 9.868/1999, se suspenda a norma impugnada até o julgamento final do processo;

b) a notificação da Câmara dos Deputados, Senado Federal por intermédios de seus Presidentes e do Presidente da República para prestarem informações no prazo de 30 dias;

c) a notificação do Advogado-Geral da União para se manifestar sobre o mérito da presente ação, no prazo de 15 dias;

d) a notificação do Procurador-Geral da República para emitir seu parecer no prazo de 15 dias;

e) a procedência do pedido para que seja declarada a inconstitucionalidade da Lei 8.000/1989, pelos fundamentos *supra* expostos.

Pretende produzir todos os meios de prova em direito admitidos, em especial documental e oral.

Atribui a causa o valor R$ 1.000,00 (hum mil reais)

Nesses termos,

Espera deferimento.

Local e data.

Advogado/OAB

QUESTÃO 2

Lei 6.789/2001 do Estado da Bahia estabeleceu que a remuneração dos servidores públicos ocupantes de cargo em comissão de determinada autarquia deve ser por meio de múltiplos do salário mínimo, nacionalmente unificado.

A confederação sindical dos servidores temporários, não concordando com o disposto na Lei estadual, procura você, advogado. Na qualidade de procurador da confederação sindical, redija a peça judicial cabível.

SUGESTÃO DE RESPOSTA

EXCELENTÍSSIMO SENHOR DOUTOR MINISTRO PRESIDENTE DO SUPREMO TRIBUNAL FEDERAL

Confederação Sindical dos Servidores Temporários, pessoa jurídica de direito privado, Confederação sindical, inscrita no CNPJ n. ______, e com sede na capital federal à ______, neste ato representado por seu Presidente ______, por meio de seu advogado que assina *in fine*, com instrumento de mandato anexo e endereço constante à ______, para onde devem ser remetidas as intimações, nos moldes do art. 39, I, do CPC, vem, respeitosamente, perante Vossa Excelência, nos termos do art. 103, IX, art. 102, I, *a* e *p*, ambos da CRFB/1988, art. 2.º, IX, da Lei 9.868/1999 e arts. 282 e ss. do CPC, mover

AÇÃO DIRETA DE INCONSTITUCIONALIDADE

tendo por objeto a declaração de inconstitucionalidade da Lei Estadual 6.789/2001, votada e aprovada pela Assembleia Legislativa do Estado da Bahia e sancionada pelo Governador do Estado da Bahia, pelos fatos e fundamentos jurídicos que passa a expor:

I – DA PERTINÊNCIA TEMÁTICA

A jurisprudência deste nobre Tribunal é unívoca no sentido de exigir de algumas autoridades a comprovação da pertinência temática.

Sendo a confederação sindical um dos legitimados especiais, cumpre explicar a existência de liame entre esta e a norma.

A lei estadual impugnada estabelece remuneração de servidores temporários com base em múltiplos de salário mínimo. Sendo a impetrante confederação sindical que congrega diversas federações de servidores temporários, claros são seu intuito e interesse em ver anulada a norma que impõe barreiras remuneratórias aos seus sindicalizados.

II – DA INCONSTITUCIONALIDADE

Como explanado anteriormente, a Lei Estadual 6.789/2001, elaborada, sancionada, promulgada e publicada pelo Estado da Bahia, estabelece que os servidores temporários sejam remunerados com base em múltiplos de salário mínimo – prática frontalmente ofensiva à Lei Maior, conforme passa a demonstrar.

Uma breve leitura do texto constitucional e uma simples interpretação literal já são fundamentos suficientes para encher de pecha a norma objeto da presente ação.

O art. 7.º, IV, da CRFB/1988, após elencar todas as necessidades que o salário mínimo deve abarcar, dispõe: "sendo vedada sua vinculação para qualquer fim."

Ora, o desejo do constituinte se faz presente de forma simples e objetiva, não carecendo de maiores ilações interpretativas para reputar o dispositivo em combate inconstitucional.

Como se não fosse suficiente, a Súmula Vinculante n.4 reza que "salvo nos casos previstos na Constituição, o salário mínimo não pode ser usado como indexador de base de cálculo de vantagem de servidor público ou de empregado, nem ser substituído por decisão judicial."

Além de produzir força vinculante e cumprimento obrigatório, tal súmula demonstra o entendimento deste Pretório Excelso, o mesmo competente para analisar a demanda que ora se põe em análise.

Pode ser questionado cabimento de uma possível reclamação, uma vez que se trata de descumprimento de Súmula Vinculante, porém, nunca é demais lembrar que o Poder Legislativo não está adstrito às imposições da Súmula Vinculante, não cabendo, portanto, petição reclamatória. Cabe, sim, ao Supremo Tribunal, o dever de fulminar todas as leis que desafiem a autoridade de seus entendimentos.

Um outro ponto que merece ser abordado é o princípio da igualdade, pois a vinculação a múltiplos do salário mínimo trás prejuízos não extensíveis a qualquer outra função pública ou atividade privada.

III – DA MEDIDA LIMINAR

O perigo na demora no julgamento do processo ou na prestação jurisdicional aos servidores temporários baianos poderá acarretar danos irreparáveis, tanto aos trabalhadores, profissionais que merecem remuneração digna, como ao Estado da Bahia, pois uma possível decisão de procedência com efeito retroativo pode acarretar danos patrimoniais de grande escala em nível estadual.

Ademais, os argumentos se mostram plausíveis e robustos, estando presente o requisito do ***fumus boni iuris.***

Assim, como medida de justiça, mister suspender a execução da norma até a decisão final, como autoriza o art. 10 da Lei 9.868/1999.

IV – DO PEDIDO

Ante o exposto, requer:

a) a concessão de medida liminar, para suspender a eficácia do dispositivo questionado, como determina o art. 10 da Lei 9.868/1999;

b) a notificação da Assembleia Legislativa da Bahia, por meio de seu Presidente e do Governador do Estado da Bahia, responsáveis pela edição da norma combatida, para, querendo, manifestar-se no prazo de 30 dias;

c) a notificação do Advogado-Geral da União, para se manifestar sobre o mérito da presente ação, no prazo de 15 dias;

d) a notificação do Procurador-Geral da República, para intervir no feito e emitir seu parecer, no prazo de 15 dias;

e) a procedência do pedido de mérito para que seja declarada a inconstitucionalidade da Lei Estadual 6.789/2001, editada pelo Estado da Bahia.

Atribui a causa o valor R$ _________ (__).

Nesses termos,

Espera deferimento.

Local e data.

Advogado/OAB

QUESTÃO 3

O presidente do diretório nacional do Partido Popular procurou você, advogado, para impugnar o art. 55 da Constituição do Estado de Tocantins, que estipulou quórum de 3/5 dos membros da Assembleia Legislativa daquele Estado como requisito para criação de Comissão Parlamentar de Inquérito estadual. Como advogado do Partido Popular, redija a peça cabível.

SUGESTÃO DE RESPOSTA

EXCELENTÍSSIMO SENHOR DOUTOR MINISTRO PRESIDENTE DO SUPREMO TRIBUNAL FEDERAL

Partido Popular, partido político com representação no Congresso Nacional, devidamente registrado na Justiça Eleitoral, inscrito no CNPJ n. ______, neste ato representado por seu Presidente ______, vem, por meio de seu advogado que esta subscreve, com instrumento de mandato anexo e endereço constante do mesmo documento, para onde devem ser remetidas as intimações, respeitosamente, perante Vossa Excelência, nos termos do arts. 103, VIII, e 102, I *a* e *p*, ambos da CRFB/1988, Lei 9.868/1999 e arts. 282 e ss. do CPC, interpor

AÇÃO DIRETA DE INCONSTITUCIONALIDADE

em desfavor da Assembleia Legislativa do Estado do Tocantins, instituição pública localizada à ______, pelos fatos e fundamentos jurídicos que passa a expor:

(notem que mudamos a estrutura neste ponto para mostrar ao leitor as possibilidades)

I – DA INCONSTITUCIONALIDADE

O art. 55 da Constituição do Estado de Tocantins estabelece que, para criação de Comissão Parlamentar de Inquérito estadual, é necessário solicitação de três quintos dos membros da Assembleia Legislativa daquele Estado.

Como é cediço, a Constituição da República Federativa do Brasil, em seu art. 58, § 3.º, exige requerimento de um terço dos membros da Casa legislativa onde será aberta a Comissão investigativa.

A discrepância de quórum carrega a pecha da inconstitucionalidade.

Ao elaborar a Constituição do Estado, a Assembleia Legislativa que este integra tem o dever de observar uma série de limitações chamadas de "centrais".

Estas limitações centrais concentram as normas de observância obrigatória pelos Estados, que são divididos em três princípios: sensíveis, estabelecidos e extensíveis.

O primeiro é um rol de normas reunidas no art. 34, VII, importante para garantir o equilíbrio autônomo dos entes federados. Os princípios estabelecidos, por sua vez, congregam um conjunto de normas que a Constituição da República impõe às Constituições estaduais, seja de forma expressa, como os arts. 19, 93 e 127, seja de forma implícita, como as contidas nos arts. 21, 22 e 153.

Já os princípios extensíveis estruturam o Estado e a Federação, essenciais para a forma de Estado pretendida pelo Constituinte originário, dentre os quais estão os arts. 27, 28, 37 e o 58, § 3.º, que versa sobre Comissão Parlamentar de Inquérito.

Isso significa dizer que a norma constante no art. 58, § 3.º, da CRFB/1988, é de reprodução obrigatória por parte dos Estados membros, observando o princípio da simetria, não sendo possível estabelecimento de quórum diferenciado para sua instauração no nível estadual.

Nesse sentido, o Supremo Tribunal Federal se manifestou pela compulsoriedade de os Estados observarem o art. 58, § 3.º, da CRFB/1988, até mesmo para respeitar o direito constitucional da minorias (ADI 3.619, Rel. Min. Eros Grau, *DJ* 20.04.2007).

Democracia é o governo do povo, e não da maioria. As minorias têm o direito constitucional de serem ouvidas, impor à CPI quórum de três quintos é negar a esses grupos o direito a ter voz social.

II – DA MEDIDA LIMINAR

O *periculum in mora* está presente na medida em que a demora na prestação jurisdicional gerará maior risco para a democracia, mas as minorias serão caladas pelos grupos hegemônicos e majoritários.

Ademais, os argumentos expostos nesta exordial se mostram plausíveis e robustos, estando presente o requisito do ***fumus boni iuris.***

Assim, como medida de justiça, mister suspender a execução da norma até a decisão final, como autoriza o art. 10 da Lei 9.868/1999.

III – DO PEDIDO

Ante o exposto, requer:

a) a concessão de medida liminar, para suspender a eficácia do dispositivo questionado na forma do art. 10 da Lei 9.868/1999;

b) a notificação da Assembleia Legislativa do Estado do Tocantins, para, querendo, se manifestar no prazo instituído pelo art. 6.º, parágrafo único, da Lei 9.868/1999;

c) a notificação do Advogado-Geral da União, para se manifestar sobre o mérito da presente ação, no prazo legal (art. 8 da Lei 9.868/1999);

d) a notificação do Procurador-Geral da República, para emitir seu parecer no prazo legal (art. 8 da Lei 9.868/1999);

e) a procedência do pedido de mérito para que seja declarada a inconstitucionalidade do art. 55 da Constituição do Estado do Tocantins.

Atribui a causa o valor R$ ________ (__).

Nesses termos,

Espera deferimento.

Local e data.

Advogado/OAB

TÍTULO IV

AÇÃO DECLARATÓRIA DE CONSTITUCIONALIDADE – ADC

CAPÍTULO I

MODELO DE PETIÇÃO INICIAL

EXCELENTÍSSIMO SENHOR DOUTOR MINISTRO PRESIDENTE DO SUPREMO TRIBUNAL FEDERAL

(Pessoa relacionada no art. 103 da CRFB/1988 e art. 2.º da Lei 9.868/1999) vem, por meio de seu advogado que esta subscreve, com instrumento de mandato anexo e endereço constante à ______, para onde devem ser remetidas as intimações, nos moldes do art. 39, I, do CPC, respeitosamente, perante Vossa Excelência, nos termos do art. 103, inciso ______, art. 102, I, *a*, ambos da CRFB/1988, art. 13 e ss. da Lei 9.868/1999 e arts. 282 e ss. do CPC, propor a presente

NOTA: Quase todos possuem capacidade postulatória plena, não precisando de advogado (só se vale de advogado se quiser). Os únicos do art. 103 da CRFB de quem se exige representação por advogado são os incs. VIII e IX da CRFB, ou seja, partido político com representação no Congresso Nacional, confederação sindical e entidade de classe de âmbito nacional.

AÇÃO DECLARATÓRIA DE CONSTITUCIONALIDADE

Tendo como objeto (o art. ______ da Lei **Federal** _______ ou somente Lei **Federal** _______), em razão dos fatos e fundamentos que passa a expor:

NOTA: Não cabe ADC de lei estadual ou municipal.

I – DA LEGITIMIDADE ATIVA OU DA PERTINÊNCIA TEMÁTICA (Se necessário)

NOTA: Neste tópico, deve-se demonstrar a legitimidade do impetrante (que deve ser um dos elencados nos art. 103 CRFB/1988), lembrando-se que de alguns entes se exige **pertinência temática** (chamados autores interessados ou especiais). **Então, esse é o momento de demonstrar a relação que possui com a norma que será impugnada.**

Assim como na ADI, a prova da pertinência é exigida quando a ADC é proposta pelo Governador do Estado ou do Distrito Federal, Mesa da Assembleia Legislativa ou da Câmara Legislativa do Distrito Federal, confederações sindicais ou entidades de âmbito nacional.

Os demais legitimados são chamados de autores neutros ou universais, pois não se exige a demonstração de pertinência.

II – DA CONTROVÉRSIA JUDICIAL RELEVANTE

NOTA: Não cabe ADC de matéria pacífica, nem sobre matéria em que paire controvérsia doutrinária. A função da ADC é garantir segurança jurídica, pacificando controvérsia judicial.

Por isso, neste ponto deve-se escrever um resumo da questão, mostrando as diferentes decisões dos Tribunais inferiores, ora pela inconstitucionalidade, ora pela constitucionalidade da norma objeto desta ação.

Depois de demonstrar a controvérsia, colocar:

"Desta forma, colaciona a presente inicial, cópia das decisões que ensejaram a presente ação, como determina o art. 14, III, da Lei 9.868/99."

Não é necessário colocar tópico intitulado "dos fatos", porque a controvérsia já é o fato.

III – DA CONSTITUCIONALIDADE DA NORMA

NOTA: Sustentar a constitucionalidade da norma se valendo de artigos da Constituição, princípios e súmulas.

IV – DA MEDIDA LIMINAR

NOTA: Deve-se demonstrar os requisitos da liminar:

Fumus Boni Iuris – O que já está demonstrado pelos argumentos expostos pela constitucionalidade da norma objeto da ação.

Periculum in mora – O que também é fácil de demonstrar pelas sucessivas impugnações que a norma tem sofrido nas instâncias ordinárias (cujas decisões colaciona), causando grave prejuízo à segurança jurídica.

Possibilidade de reversibilidade da decisão – A liminar em ADC tem o condão de suspender os processos que envolvam a aplicação da norma impugnada pelo prazo de 180 dias (art. 21,parágrafo único, da Lei 9.868/1999). Escoado este prazo, os processos voltarão a correr normalmente, não havendo risco de irreversibilidade da decisão liminar.

V – DO PEDIDO

Ante o exposto, requer:

a) concessão de medida cautelar, para que sejam sobrestados os julgamentos dos processos que envolvam a aplicação do preceito normativo objeto desta ação;

b) intimação do Procurador-Geral da República, para emitir seu parecer no prazo legal;

NOTA: Não há prazo para prestar informações, nem atuação do AGU.

c) procedência do pedido, assim sendo declarada a constitucionalidade do dispositivo objeto da presente ação, produzindo tal decisão eficácia *erga omnes,* efeito vinculante e *ex tunc.*

NOTA: Se, para provar a constitucionalidade houver necessidade de provar fatos, colocar: "Além dos documentos já colacionados, pretende produzir todos meios de prova em direito admitidos, em especial documental e oral."

Atribui a causa o valor de R$ (valor por extenso).

Nesses termos,

Espera deferimento.

Local e data.

Advogado/OAB

CAPÍTULO II
EXERCÍCIOS DE FIXAÇÃO

QUESTÃO 1

Governador do DF, inconformado com as reiteradas decisões do TST que negam vigência ao exposto no art. 71, § 1.º, da Lei 8.666/1993, que inclusive levaram à edição do Enunciado 331 do TST, procura você, advogado, para que redija a medida judicial cabível para a solução do impasse:

ENUNCIADO TST 331

"IV – O inadimplemento das obrigações trabalhistas, por parte do empregador, implica na responsabilidade subsidiária do tomador dos serviços, quanto àquelas obrigações, inclusive quando aos órgãos da administração direta, das autarquias, das fundações públicas, das empresas públicas e das sociedades de economia mista, desde que hajam participado da relação processual e constem também do título executivo judicial (artigo 71 da Lei nº 8.666/93)".

Lei 8.666/1993:

"Art. 71. O contratado é responsável pelos encargos trabalhistas, previdenciários, fiscais e comerciais resultantes da execução do contrato.

§ 1.º A inadimplência do contratado com referência aos encargos trabalhistas, fiscais e comerciais não transfere à Administração Pública a responsabilidade por seu pagamento, nem poderá onerar o objeto do contrato ou restringir a regularização e o uso das obras e edificações, inclusive perante o Registro de Imóveis".

SUGESTÃO DE RESPOSTA

EXCELENTÍSSIMO SENHOR DOUTOR MINISTRO PRESIDENTE DO SUPREMO TRIBUNAL FEDERAL

GOVERNADOR DO DISTRITO FEDERAL, chefe do Poder Executivo distrital, vem, por meio de seu advogado que esta subscreve, com instrumento de mandato anexo e endereço constante à ________, para onde devem ser remetidas as intimações, nos moldes do art. 39, I, do CPC, respeitosamente, perante Vossa Excelência, nos termos do art. 103, V, art. 102, I, *a*, ambos da CRFB/1988, arts. 13 e ss. da Lei 9.868/1999 e arts. 282 e ss. do CPC, propor a presente:

AÇÃO DECLARATÓRIA DE CONSTITUCIONALIDADE

Tendo como objeto o art. 71 da Lei Federal 8.666/1993 em razão dos fatos e fundamentos que passa a expor:

I – DA LEGITIMIDADE ATIVA OU DA PERTINÊNCIA TEMÁTICA

É cediço o entendimento que, ao alterar o art. 103 da CRFB, a EC 45/2004, outorgou aos legitimados a propositura da ação direta de inconstitucionalidade, a legitimidade ativa para a propositura da ação declaratória de constitucionalidade.

Desta feita, é inequívoca a legitimidade do Governador do DF para propor a presente ação, nos moldes do art. 103, V, da CRFB.

A pertinência temática, por sua vez, é evidente. A norma objeto da presente ação é, sem sombra de dúvidas, uma norma que deve ser aplicada e respeitada em todo o território nacional, disciplinando, por sua vez, o regime de licitações e contratações do Poder Público.

Entretanto, as decisões proferidas por outras cortes do Estado brasileiro, no sentido de negar vigência à parte da legislação,objeto da presente ação, gera uma grande insegurança jurídica na sociedade; sendo a ADC o caminho adequado para a solução deste impasse.

II – DA CONTROVÉRSIA JUDICIAL RELEVANTE

Diversas são as decisões em ambos os sentidos, tanto no de conceder quanto no de negar vigência ao dispositivo da Lei 8.666/1993 que é objeto da presente ação.

Para ilustrar a alegação, juntadas em anexo se encontram as decisões conflitantes entre os diversos tribunais da federação; tendo como carro-chefe da defesa na não aplicação do dispositivo supracitado, a jurisprudência dominante do TST, que levou, inclusive, à formulação do Enunciado 331 daquele Tribunal.

Assim, em meio à insegurança jurídica criada pelas diversas decisões em sentidos diametralmente opostos, ora no sentido da aplicação e constitucionalidade do art. 71, § 1.º, da Lei 8.666/1993, ora na não aplicação deste, é clara a controvérsia judicial, que é requisito básico para a propositura da presente ação declaratória de constitucionalidade.

III – DA CONSTITUCIONALIDADE DA NORMA

Conforme expressa previsão do artigo contestado, a intenção do legislador foi clara ao conferir ao particular contratado pela administração, a responsabilidade pelos encargos trabalhistas, fiscais e comerciais.

A lei tem senão outro objetivo a tutela da administração pública, que, para contratar o particular para o serviço em questão, afere diversos requisitos, tais como: qualificação técnica, qualificação econômica, regularidade fiscal e jurídica da empresa; assim, prestando todo o seu dever de zelo, a administração pública não pode ser responsabilizada pelos danos causados pelo particular pela inadimplência trabalhista.

O entendimento de que deve ser afastado a incidência do art. 71, § 1.º, da Lei 8.666/1993, fere frontalmente o disposto no art. 37, § 6.º, da CRFB, pois visa responsabilizar objetivamente o Estado brasileiro, quando da não adimplência do contrato de trabalho pelo particular. Ainda que exista a teoria do risco administrativo, que em algumas hipóteses reconhece como objetiva a responsabilidade do Estado, tal fato se encaixa perfeitamente numa das hipóteses de exclusão da responsabilidade objetiva do Estado, uma vez que toda e qualquer responsabilidade pela inadimplência dos contratos de trabalho é, senão, da empresa contratada.

Sendo mantido o entendimento do TST, haverá uma afronta ao art. 5.º, II, c/c o art. 37, *caput*, XXI, e § 6.º da CRFB, que consagram os princípios da legalidade, da liberdade, do amplo acesso às licitações públicas e da responsabilidade do Estado pelo risco administrativo.

IV – DA MEDIDA CAUTELAR

Durante a exposição dos motivos ficou evidenciado o *fumus boni juris*, eis que toda a argumentação rumou no sentido de confirmar que o presente diploma impugnado é constitucional e está de acordo com os valores, os princípios e as leis vigentes no Estado brasileiro.

O *periculum in mora* fica evidenciado, quando é sabido que em diversas varas do trabalho no país tramitam processos que têm por objeto o presente dispositivo, o que, no decorrer do processo, pode levar a uma série de decisões dúplices, as quais não se coadunem com a decisão final de mérito da corte – o que seria um grave atentado à segurança jurídica e rumaria na contramão de um Judiciário mais célere, haja vista a série de recursos que seriam interpostos posteriormente, uma vez a decisão final de mérito sendo divergente do posicionamento adotado dos julgadores dos processos em andamento.

Ademais, como na ADC a medida liminar só tem o condão de suspender o processo por até 180 dias – período suficiente para que o pleito seja julgado em definitivo – não há perigo de paralisação dos processos indefinidamente, nem dano iminente às partes destes. Sendo, desta feita, a medida completamente reversível a critério do douto ministro relator.

V – DO PEDIDO

Ante o exposto, requer:

a) a concessão de medida cautelar, para que sejam sobrestados os julgamentos dos processos que envolvam a aplicação do preceito normativo objeto desta ação;

b) a intimação do Procurador-Geral da República, para emitir seu parecer no prazo legal;

c) a procedência do pedido, assim sendo declarada a constitucionalidade do dispositivo objeto da presente ação,, produzindo tal decisão eficácia *erga omnes*, efeito vinculante e *ex tunc*.

Atribui a causa o valor de R$ (valor por extenso).

Nesses termos,

espera deferimento.

Local e data.

Advogado/OAB

QUESTÃO 2

Com a publicação da Lei Federal X, que disciplina exceções onde não conceder-se-á tutela antecipada nas ações contra a Fazenda Pública, houve um furor no Judiciário.

Sustentando a inconstitucionalidade da referida lei, algumas instâncias ordinárias têm afastado a sua aplicação e, assim, deferido tutela antecipada contra a Fazenda Pública nos casos impeditivos previstos na lei X, por considerarem a lei em tela inconstitucional, uma vez que feriria o art. 5.º, XXXV, da CRFB – Inafastabilidade da Jurisdição ou Acesso à Justiça.

Entretanto, algumas outras instâncias ordinárias e, inclusive, superiores, como o STJ, por conhecerem o dispositivo aludido como constitucional, têm referendado sua aplicação no caso concreto e, assim, indeferindo algumas tutelas antecipadas contra à Fazenda Pública, pois entendem que não há direito absoluto e que a concessão, em alguns casos, de uma liminar de caráter satisfativo, caso posteriormente não confirmada na decisão de mérito, traria um ônus à Fazenda, sendo de difícil reparação o dano e, com isso, gerando injustiça. Ademais, aludem os defensores desta tese que dentro do próprio ordenamento já há limitações às concessões de liminar, como é o caso do art. 7.º da Lei 12.016/2009 – Lei do Mandado de Segurança.

Diante de tal insegurança, o Presidente da República, que sancionou e entende por constitucional a lei, procura você, advogado constitucionalista reconhecido no meio jurídico, para tomar a medida judicial mais apropriada para a solução do caso em tela.

SUGESTÃO DE RESPOSTA

EXCELENTÍSSIMO SENHOR DOUTOR MINISTRO PRESIDENTE DO SUPREMO TRIBUNAL FEDERAL

O PRESIDENTE DA REPÚBLICA FEDERATIVA DO BRASIL, chefe do Poder Executivo federal, vem, por meio de seu advogado que esta subscreve, com instrumento de mandato anexo e endereço constante à ________, para onde devem ser remetidas as intimações, nos moldes do art. 39, I, do CPC, respeitosamente, perante Vossa Excelência, nos termos do art. 103, I, art. 102, I, *a*, ambos da CRFB/1988, arts. 13 e ss. da Lei 9.868/1999 e arts. 282 e ss. do CPC, propor a presente

AÇÃO DECLARATÓRIA DE CONSTITUCIONALIDADE

Tendo como objeto a Lei Federal X, em razão dos fatos e fundamentos que passa a expor:

I – DA LEGITIMIDADE ATIVA

Como disposto no art. 103, I, da CF c/c o art. 13, I, da Lei 9.868/1999, além de ampla jurisprudência pacífica dessa corte, o Presidente da República é parte legítima para a propositura da presente Ação Declaratória de Constitucionalidade, facultando a este, a nomeação de advogado – uma vez que possui capacidade postulatória plena.

II – DA CONTROVÉRSIA JUDICIAL RELEVANTE

Conforme as decisões anexadas à presente exordial, vê-se que na seara nos diversos tribunais ordinários a referida lei tem sido por vezes aplicada e por vezes não – o que gera uma grande insegurança jurídica aos cidadãos brasileiros, que pretendem ver seus direitos protegidos e confiam na unicidade da aplicação das leis.

De um lado, há a sustentação de que a lei fere frontalmente o art. 5.º, XXXV, da CRFB, que disciplina o caro princípio do acesso à justiça, ou inafastabilidade do Poder Judiciário ou da tutela jurisdicional.

Por outro, defende-se que não há direito absoluto e que há, inclusive, no ordenamento pátrio, outros casos impeditivos de concessão de medidas liminares, sendo a garantia contida no art. 5.º, XXXV, da Carta Magna, uma garantia a decisão de mérito, a lei a causa julgada, diferentemente de ter antecipação de resultado final de mérito concedido em sede de medida cautelar.

III – DA CONSTITUCIONALIDADE DA NORMA

É insofismável que dentro do sistema representativo, a lei é, senão, a vontade do povo externada por seus representantes, sendo, desta forma, o meio legítimo para concessão ou limitação aos direitos desse. Nesse compasso, por ser expressão da vontade popular, as leis gozam de presunção de constitucionalidade antes de serem atacadas judicialmente, pois considera-se que o conteúdo de uma lei é condizente com os princípios basilares do Estado a que pertence – aspecto material – e que seguiram as formalidades por este exigida – aspecto formal.

Desta premissa, extrai-se que a limitação à concessão da medida cautelar nada tem de conflitante com a garantia constitucional contida no art. 5.º, XXXV, da CRFB, uma vez que não impede o acesso à justiça, mas, por outro lado, garante a efetivação desta ao impedir que, em alguns casos, seja concedida uma medida antecipatória dos efeitos da decisão, que *a posteriori* não seja confirmada pelo julgador, causando difícil reparação do dano à Fazenda e, de forma reflexa, à sociedade como um todo.

A referida lei visa, senão, proteger os interesses da coletividade – o interesse público –, pois seleciona um rol taxativo de casos cuja decisão mais madura, na qual o julgador tenha passado por todas as provas e etapas do processo, seja a única com condão de onerar a Fazenda Pública.

Os que defendem a tese de que a referida lei fere o acesso à justiça parecem sustentar que a liminar é quase que um direito subjetivo "absoluto" do cidadão, quando é de conhecimento do mundo jurídico e pacífico na doutrina e jurisprudência que a concessão ou não da cautelar se faz pelo livre convencimento do julgador, podendo este, inclusive, conceder ou cassá-la de acordo com sua convicção sobre a sua necessidade, desde que presentes os requisitos legais do *periculum in mora* e do *fumus boni juris*, assim como dispõe o art. 273, § 1.º, do CPC.

O mesmo diploma legal, em seu art. 273, § 2.º, traz vedação expressa de concessão de tutela antecipada quando houver possibilidade irreversibilidade do provimento antecipado. Deste modo, a lei objeto desta ação só visa complementar o significado extraído do artigo do CPC nas ações contra a Fazenda Pública.

A posição do STJ (anexo n.______) traz consigo uma clarividência para a questão, quando aponta já ter, inclusive na Lei 12.016/2009 – Lei do MS –, em seu art. 7.º, § 2.º, vedações expressas para concessão de medida cautelar em mandado de segurança. Ora, sendo este um remédio impetrado eminentemente contra a administração pública, *per si*, as vedações daquela lei seriam vedações à antecipação dos efeitos da decisão contra a Fazenda. Desta feita, a Lei X não traz inovação quanto ao mérito da proibição de concessão de liminar, mas apenas amplia um rol já existente, tanto no CPC quanto na Lei do MS.

Inconstitucional, por sua vez, é a insegurança jurídica causada pelas diversas decisões contrárias espalhadas pelo território nacional, as quais não dão ao cidadão confiança em saber se é possuidor ou não do direito à tutela antecipada nas ações contra a Fazenda.

IV – DA MEDIDA LIMINAR

Diante da argumentação até aqui sustentada, fica evidenciado *o fumus boni juris* necessário à concessão da presente cautela.

O *periculum in mora* repousa na possibilidade de mais ações no mesmo sentido discutirem a possibilidade ou não da concessão das cautelares em face da Fazenda Pública, o que poderia causar um verdadeiro pandemônio jurisdicional.

Ademais, não há perigo de irreversibilidade da decisão, uma vez que a cautelar no processo da ADC tem o condão de suspender o processo por um prazo de 180 dias, tempo suficiente para o julgamento da decisão final de mérito, sem prejuízo às partes litigantes nos processos suspensos. Assim dispõe o art. 21, parágrafo único, da Lei 9.868/1999: findo o prazo, caso ainda não julgado o mérito da ação, os processos voltam a correr novamente, não havendo prejuízo a nenhuma das partes, nem perigo de irreversibilidade da presente medida.

V – DO PEDIDO

Ante o exposto, requer:

a) a concessão de medida cautelar, para que sejam sobrestados os julgamentos dos processos que envolvam a aplicação do preceito normativo objeto desta ação;

b) a intimação do Procurador-Geral da República, para emitir seu parecer no prazo legal;

c) a procedência do pedido, assim sendo declarada a constitucionalidade do dispositivo objeto da presente ação, produzindo tal decisão eficácia *erga omnes*, efeito vinculante e *ex tunc*.

Atribui a causa o valor de R$ (valor por extenso).

Nestes termos,

Espera deferimento

Local/Data

Advogado/OAB

QUESTÃO 3

A lei Y, que mudou a Lei dos Partidos Políticos, atribuindo responsabilidade, inclusive civil e trabalhista, exclusivamente ao órgão partidário municipal, estadual ou nacional que tiver dado causa ao não cumprimento da obrigação, à violação de direito, a dano a outrem ou a qualquer ato ilícito, excluída a solidariedade de outros órgãos de direção partidária com base no caráter nacional, gerou várias decisões controversas sobre o tema aludido.

Vários juízos deixaram de aplicar o referido artigo da lei, com base no disposto no art. 17, I, da CRFB, – que concede caráter Nacional aos partidos políticos. Assim, esses juízos têm reconhecido a responsabilidade solidária das esferas superiores pelas obrigações contraídas pelas inferiores.

Entretanto, outros julgados conferiram validade à presente norma e a aplicaram em diversos casos concretos, não fazendo com que a responsabilidade adquirida por um ente interferisse na esfera jurídica de outro.

O Partido Político do Bem Estar Nacional, com representação no Congresso Nacional, procurou você, advogado, para que redigisse a medida judicial cabível, a fim de dirimir a controvérsia em tela.

SUGESTÃO DE RESPOSTA

EXCELENTÍSSIMO SENHOR DOUTOR MINISTRO PRESIDENTE DO SUPREMO TRIBUNAL FEDERAL

Partido Político do Bem Estar Nacional, pessoa jurídica de Direito Privado, regularmente registrado no Tribunal Superior Eleitoral, inscrito sob o CNPJ n.______, neste ato representado por seu Presidente ______, vem, por meio de seu advogado que esta subscreve, com instrumento de mandato anexo e endereço constante à ______, para onde devem ser remetidas as intimações, nos moldes do art. 39, I, do CPC, respeitosamente, perante Vossa Excelência, nos termos do art. 103, VIII, art. 102, I, *a*, ambos da CRFB/1988, arts. 13 e ss. da Lei 9.868/1999 e arts. 282 e ss. do CPC, propor a presente:

AÇÃO DECLARATÓRIA DE CONSTITUCIONALIDADE

Tendo como objeto Lei Federal Y, em razão dos fatos e fundamentos que passa a expor:

I – DA LEGITIMIDADE ATIVA

É uníssona na jurisprudência e na doutrina a posição de que Partido Político devidamente registrado no Tribunal Superior Eleitoral e com representação no Congresso Nacional é um dos legitimados universais à propositura da presente Ação Declaratória de Constitucionalidade. A legitimidade tratada é esculpida pelo art. 103, VIII, da CRFB c/c o art. 2.º, VIII, da Lei 9.868/1999.

II – DA CONTROVÉRSIA JUDICIAL RELEVANTE

O cerne da dissidência se dá, uma vez que parte dos julgadores entende ser inconstitucional a norma objeto da presente, pois compreende que os partidos políticos, por força do art. 17, I, da CRFB, são nacionais, tendo sua separação em diretórios estaduais e municipais apenas como forma de divisão administrativa, mas não política, estando, dessa forma, todas as instâncias interligadas.

Este preceito é o que garante a uniformidade de linha de pensamento principiológica, filosófica e política do partido, que possui apenas a administração descentralizada, mas toda sua estrutura interligada. Assim, em havendo solvência de instância inferior, se dá, obrigatoriamente, a responsabilidade das instâncias imediatamente superiores, a fim de manter todo esse organismo vivo e atuante. Desta feita, pelo caráter nacional do partido, sendo sua divisão apenas para atingir o requisito de presença no território nacional, ficaria obrigada a instância superior a arcar com a má gestão ou insolvência das inferiores.

Doutro modo, sustenta-se a validade da norma supracitada, pois os partidos políticos, ainda que ideologicamente e politicamente alinhados – por isso seu caráter nacional – têm, em seus diretórios, rotinas administrativas e financeiras completamente autônomas.

A centralidade partidária faz-se presente objetivamente, no que tange à esfera político-ideológica, e não administrativa. O caráter nacional – de estar presente na maior parte dos territórios da nação – não pode ser confundido com centralidade de gestão e finanças, sendo, portanto, cada esfera de organização partidária responsável pelas obrigações adquiridas.

Desta forma, colaciona a presente inicial, cópia das decisões que ensejaram a presente ação, como determina o art. 14, III, Lei 9.868/1999.

III – DA CONSTITUCIONALIDADE DA NORMA

A presente norma se encontra em perfeita harmonia constitucional. Não se nega o caráter nacional dos partidos políticos, contudo, não há de se confundir a unidade política e ideológica com as searas financeiras e administrativas.

A lei maior, quando declara o caráter nacional das agremiações partidárias, obriga-as a caminharem ideologicamente harmônicas na propagação de seus ideários políticos. Todavia, não faz com que as gestões financeira e administrativa sejam centralizadas também.

Assim, não há de confundir o que se entende por caráter nacional dos partidos políticos, que é exatamente a tentativa de impedir e coibir partidos de âmbitos regionais e locais, que não se preocupam com o caráter nacional, como já ocorreu no país outrora, com ser uma estrutura estritamente nacionalizada e compará-lo com a descentralização dos órgãos da administração pública direta, em que o financeiro e o administrativo pertencem ao chefe da administração, que os implementa nos órgãos descentralizados.

Nesse compasso, a lei dos partidos políticos (Lei 9.096/1995) traz o seguinte mandamento:

"Art. 37. A falta de prestação de contas ou sua desaprovação total ou parcial implica a suspensão de novas cotas do Fundo Partidário e sujeita os responsáveis às penas da lei.

(...)

§ 2.º A sanção a que se refere o *caput* será aplicada exclusivamente à esfera partidária responsável pela irregularidade."

Desta forma, pois, percebe-se que a própria legislação eleitoral já conhece da responsabilidade estrita às esferas descentralizadas do partido.

É flagrante, pelo texto extraído da lei, que a responsabilidade da gestão administrativa e financeira de cada esfera partidária é de seus administradores, não havendo solidariedade entre as esferas.

IV – DA MEDIDA LIMINAR

Diante da argumentação até aqui sustentada, fica evidenciado o *fumus boni juris* necessário à concessão da presente cautelar.

O *periculum in mora* é latente vez que decisões contraditórias geram insegurança jurídica nociva ao estado democrático de direito.

Ademais, não há perigo de irreversibilidade da decisão, uma vez que a cautelar no processo da ADC tem o condão de suspender o processo por um prazo de 180 dias, tempo suficiente para o julgamento da decisão final de mérito, sem prejuízo às partes litigantes nos processos suspensos; assim dispõe o art. 21, parágrafo único, da Lei 9.868/1999, findo o prazo, caso ainda não julgado o mérito da ação, os processos voltam a correr novamente, não havendo prejuízo a nenhuma das partes, nem perigo de irreversibilidade da presente medida.

V – DO PEDIDO

Ante o exposto, requer:

a) a concessão de medida cautelar, para que sejam sobrestados os julgamentos dos processos que envolvam a aplicação do preceito normativo objeto desta ação;

B) a intimação do Procurador-Geral da República, para emitir seu parecer no prazo legal;

c) a procedência do pedido, assim sendo declarada a constitucionalidade do dispositivo objeto da presente ação, produzindo tal decisão eficácia *erga omnes*, efeito vinculante e *ex tunc*.

Atribui a causa o valor de R$ (valor por extenso).

Nesses termos,

Espera deferimento.

Local e data.

Advogado/OAB

TÍTULO V

AÇÃO DIRETA DE INCONSTITUCIONALIDADE POR OMISSÃO OU AÇÃO SUPRIDORA DE OMISSÃO

CAPÍTULO I

MODELO DE PETIÇÃO INICIAL

EXCELENTÍSSIMO SENHOR DOUTOR MINISTRO PRESIDENTE DO SUPREMO TRIBUNAL FEDERAL

(Pessoa relacionada no art. 103 da CRFB/1988 e art. 2.º da Lei 9.868/1999) vem, por meio de seu advogado que esta subscreve, com instrumento de mandato anexo e endereço constante à ______, para onde devem ser remetidas as intimações, nos moldes do art. 39, I, do CPC, respeitosamente, perante Vossa Excelência, nos termos do art. 103, inciso ______ e § 2.º, da CRFB/1988, arts. 12-A ao 12-H da Lei 9.868/1999 e arts. 282 e ss. do CPC, propor a presente

NOTA: Quase todos possuem capacidade postulatória plena, sem a necessidade de ser advogado. Os únicos de quem se exige representação por advogado seria o partido político com representação no Congresso Nacional, confederação sindical e entidade de classe de âmbito nacional (art. 103, VIII e IX, da CRFB). Repise que os demais podem se fazer representar por advogado, sendo opcional.

AÇÃO DIRETA DE INCONSTITUCIONALIDADE POR OMISSÃO

em face de ______ (órgão ou autoridade responsável pela inércia, isto é, não edição do ato necessário à efetividade da norma constitucional informando endereço), pelos fatos e fundamentos jurídicos que passa a expor:

I – DA NORMA CONSTITUCIONAL DE EFICÁCIA LIMITADA (OU DA OMISSÃO ADMINISTRATIVA)

NOTA: Explicar o que é norma constitucional de eficácia limitada, que a norma constitucional em análise pertence a esta categoria e que sua não regulamentação impede o exercício de um direito, caracterizando a inconstitucionalidade por omissão.

Segundo a regra constante no art. 12-A da Lei 9.868/1999, tanto omissões legislativas como omissões administrativas possibilitam a propositura da ação em análise.

II – DA LEGITIMIDADE ATIVA OU PERTINÊNCIA TEMÁTICA

NOTA: A necessidade de provar a pertinência temática para os denominados autores interessados ou especiais (Governador do Estado ou do Distrito Federal, Mesa da Assembleia Legislativa ou da Câmara Legislativa do Distrito Federal, confederações sindicais ou entidades de âmbito nacional).

Obviamente, se a autoridade que quer mover a ação for a mesma que tiver competência para iniciar o projeto de lei, não será possível a propositura de ADI por omissão nestes moldes. Ex.: O Presidente pretende mover ADI por omissão em virtude da inércia na criação de regime jurídico de servidores de Território recém-criado. Nesse caso, como o próprio Presidente tem a competência de deflagrar o processo legislativo (art. 61, § 1.º, II, *c*), não poderá mover ADI por omissão.

III – DA LEGITIMIDADE PASSIVA

NOTA: Neste tópico deve-se demonstrar que a autoridade indicada no polo passivo é a responsável pela omissão na edição da norma, e tal omissão leva a inconstitucionalidade.

IV – DA INCONSTITUCIONALIDADE POR OMISSÃO

NOTA: A ADI por omissão cabe tanto em caso de inércia federal como estadual.

Redigir a fundamentação jurídica, indicar o direito previsto na Constituição que não foi regulamentado.

V – DA MEDIDA CAUTELAR

NOTA: Da mesma forma, deve-se demonstrar os requisitos para concessão da liminar*Fumus boni iuris* – Indicando a ofensa à Constituição Federal.

Periculum in mora – Quais prejuízos que a demora na prestação judicial pode causar.

Reversibilidade da decisão – Como é mera suspensão, obviamente, caso o pleito seja julgado improcedente, basta retomar os efeitos da norma (em caso de inconstitucionalidade parcial) ou continuar o julgamento dos processos (em caso de inconstitucionalidade parcial e total).

VI – DO PEDIDO

Ante o exposto, requer:

a) a concessão de medida cautelar para suspender os processos judiciais ou procedimentos administrativos em curso; (se for omissão parcial, é possível ainda suspender a lei ou ato normativo impugnado art. 12 F, § 1.º);

b) a intimação da (citar a autoridade ou órgão), para que se manifeste, querendo, sobre o mérito da presente ação, no prazo legal;

c) a intimação do Advogado-Geral da União, para se manifestar sobre o mérito da presente ação no prazo legal; (Esse pedido só existe na inconstitucionalidade por omissão parcial);

d) a intimação do Procurador-Geral da República, para emitir seu parecer no prazo legal;

e) a procedência do pedido de mérito para que seja declarada a inconstitucionalidade por omissão, a fim de dar ciência ao Poder Competente para adoção das providências necessárias; (em se tratando de órgão administrativo, pode requerer que faça em 30 dias ou prazo razoável).

Atribui a causa o valor de R$ (valor por extenso).

Nesses termos,

Espera deferimento.

Local e data.

Advogado/OAB

CAPÍTULO II
EXERCÍCIOS DE FIXAÇÃO

QUESTÃO 1

Governador do Estado X da Federação, jornalista, após ter sido declarada revogada – não recepcionada – a lei de imprensa, preocupa-se com a possibilidade de uso da prerrogativa constitucional do direito de resposta, contido no art. 5.º, V, da CRFB, uma vez que tal mandamento era regulamentado pela referida lei declarada não recepcionada pelo STF.

Diante de tal omissão legislativa, o governador, preocupado com os cidadãos que pudessem se encontrar na situação de estarem tolhidos do seu direito à resposta quando agravados injustamente, procura você, advogado, para que proponha a medida cabível a fim de sanar o problema em tela.

SUGESTÃO DE RESPOSTA

EXCELENTÍSSIMO SENHOR DOUTOR MINISTRO PRESIDENTE DO SUPREMO TRIBUNAL FEDERAL

Governador do Estado X vem, por meio de seu advogado que esta subscreve, com instrumento de mandato anexo e endereço constante à ______, para onde devem ser remetidas as intimações, nos moldes do art. 39, I, do CPC, respeitosamente, perante Vossa Excelência, nos termos do art. 103, V e § 2.º, da CRFB/1988, arts. 12-A ao 12-H da Lei 9.868/1999 e arts. 282 e ss. do CPC, propor a presente:

AÇÃO DIRETA DE INCONSTITUCIONALIDADE POR OMISSÃO

em face do Congresso Nacional e do Presidente da República Federativa do Brasil pelos fatos e fundamentos jurídicos que passa a expor:

I – DA NORMA CONSTITUCIONAL DE EFICÁCIA LIMITADA

A presente ação tem sua origem no direito alemão e pretende eliminar a omissão gerada pela falta de regulamentação de uma norma constitucional de eficácia limitada. Entende-se como tal, a norma constitucional que sozinha não tem força para produzir seus efeitos, necessitando de ato administrativo ou legislativo infraconstitucional para que possa produzi-los e se tornar eficaz. Este é o caso do art. 5.º, V, da CRFB, que garante a todos o direito de resposta proporcional ao agravo.

Não há na legislação pátria, como havia na antiga lei de imprensa declarada revogada/não recepcionada por essa Corte, uma regulamentação de como será exercido esse direito de resposta, gerando, assim, uma impossibilidade concreta de exercício do direito pleiteado, ensejando o uso da ADO para suprimento da omissão.

II – DA LEGITIMIDADE ATIVA

Em que pese ser considerado pela jurisprudência dessa Corte um legitimado não universal – aquele que tem que provar a pertinência temática – fica óbvio que, no caso em tela, a omissão constitucional fere toda a coletividade, sendo qualquer um dos legitimados, tanto universais ou não, parte legítima para a propositura da presente ADO.

Assim, nos termos do art. 103, V, da CRFB c/c os arts. 2.º, V e 12-A da Lei 9.868/1999, o governador de estado é parte legítima para a propositura da presente ADO.

III – DA LEGITIMIDADE PASSIVA

É parte legítima para figurar no polo passivo da presente ADO o Congresso Nacional – Câmara e Senado – e o Presidente da República, pois a matéria é de legislação concorrente, não havendo proibição ou exclusividade para poder propor projeto de lei que trate sobre a matéria. Como exposto no art. 61 da CR:

> "Art. 61. A iniciativa das leis complementares e ordinárias cabe a qualquer membro ou Comissão da Câmara dos Deputados, do Senado Federal ou do Congresso Nacional, ao Presidente da República, ao Supremo Tribunal Federal, aos Tribunais Superiores, ao Procurador-Geral da República e aos cidadãos, na forma e nos casos previstos nesta Constituição."

IV – DA INCONSTITUCIONALIDADE POR OMISSÃO

O exercício do direito fundamental à resposta proporcional ao agravo – conhecido popularmente como Direito de Resposta – historicamente foi regulado pela lei de imprensa. Ocorre que essa Corte constitucional decidiu na famosa ADPF 130-7-DF não ter sido a Lei 5.250/1967 recepcionada pela CRFB.

Desta feita, desde o acórdão dessa Egrégia Corte, não há no Brasil regulamentação a tão caro direito, pilar da democracia e óbice ao abuso de direito de manifestação.

Previa assim o art. 30 da Lei 5.250/1967, declarada inconstitucional por essa Corte:

"Art. 30. O direito de resposta consiste:

I – na publicação da resposta ou retificação do ofendido, no mesmo jornal ou periódico, no mesmo lugar, em caracteres tipográficos idênticos ao escrito que lhe deu causa, e em edição e dias normais;

II – na transmissão da resposta ou retificação escrita do ofendido, na mesma emissora e no mesmo programa e horário em que foi divulgada a transmissão que lhe deu causa; ou

III – a transmissão da resposta ou da retificação do ofendido, pela agência de notícias, a todos os meios de informação e divulgação a que foi transmitida a notícia que lhe deu causa."

Pode-se observar que, ainda que insipiente, a revogada lei previa mecanismos objetivos de tutela ao direito fundamental discutido no caso em tela, viabilizando o seu exercício em caso de lesão de direito da personalidade causado por vinculação de informação ou imagem em periódico, programa de rádio ou televisão, ou ainda agência de notícias.

Se a liberdade de expressão e o direito de informação são pilares da democracia e do Estado de Direito, o Direito de Resposta, como tal, é a garantia de que tais direitos não sejam usados de forma arbitrária e abusiva e firam, justamente, o princípio da igualdade, da proporcionalidade, da ampla defesa e do contraditório, quando o cidadão se veja em situação na qual sua dignidade tenha sido ofendida e precise de alguma forma se defender de qualquer dano causado à sua honra ou imagem.

V – DA MEDIDA CAUTELAR

Fica evidenciado o *periculum in mora* e o *fumus boni juris* a partir do momento em que há um direito fundamental tutelado pela Constituição da República não regulamentado por norma infraconstitucional, obstando, dessa forma, sua eficácia.

Sem a norma regulamentadora, há um vácuo no ordenamento jurídico que faz com que o direito aludido não possa ser exercido pelo cidadão, o que gera um grave dano aos direitos previstos na Carta Magna de 1988 – uma vez que ela funciona como um sistema inteligente e interligado – e à própria democracia.

VI – DO PEDIDO

Ante o exposto, requer:

a) a concessão de medida cautelar para suspender os processos judiciais ou procedimentos administrativos em curso;

b) a intimação do Congresso Nacional e da Presidência da República, na pessoa de seus responsáveis legais, para que, caso queiram, manifestem-se, sobre o mérito da presente ação, no prazo legal;

c) a intimação do Procurador-Geral da República, para emitir seu parecer no prazo legal;

d) a procedência do pedido de mérito para que seja declarada a inconstitucionalidade por omissão, a fim de dar ciência ao poder competente para adoção das providências necessárias.

Atribui a causa o valor de R$ (valor por extenso).

Nesses termos,

Espera deferimento.

Local e data.

Advogado/OAB

QUESTÃO 2

Desde o advento da EC 19, que alterou a redação do art. 144, § 9.º, da CRFB, transformando em subsídios fixados por lei os proventos dos policiais Civis, Militares e Bombeiros, os policiais do Estado Z ainda não possuem seus subsídios fixados em lei, como determina o texto constitucional, por omissão do Governador daquele Estado.

Diante de tal omissão, a Confederação Nacional dos Policiais Civis, confederação sindical de âmbito nacional, tendo registrado seus atos constitutivos há dois anos e presente em dez estados da federação, procura você, advogado, para que proponha a medida cabível a fim de constituir em mora o Governador daquele Estado pelo não cumprimento do texto constitucional.

"Art. 144. A segurança pública, dever do Estado, direito e responsabilidade de todos, é exercida para a preservação da ordem pública e da incolumidade das pessoas e do patrimônio, através dos seguintes órgãos:

(...)

§ 9.º A remuneração dos servidores policiais integrantes dos órgãos relacionados neste artigo será fixada na forma do § 4.º do art. 39 – por subsídios fixados em leis na forma do art. 37, X, da CRFB".

SUGESTÃO DE RESPOSTA

EXCELENTÍSSIMO SENHOR DOUTOR MINISTRO PRESIDENTE DO SUPREMO TRIBUNAL FEDERAL

Confederação Nacional dos Policiais Civis, pessoa jurídica de direito privado, inscrita sob o CNPJ n._______, constituída há mais de um ano, com sede à rua _______, neste ato representado por seu Presidente _______, por meio de seu advogado que esta subscreve, com instrumento de mandato anexo e endereço constante à _______, para onde devem ser remetidas as intimações, nos moldes do art. 39, I, do CPC, respeitosamente, perante Vossa Excelência, nos termos do art. 103, IX e § 2.º, da CRFB/1988, arts. 12-A ao 12-H da Lei 9.868/1999 e arts. 282 e ss. do CPC, propor a presente:

AÇÃO DIRETA DE INCONSTITUCIONALIDADE POR OMISSÃO

em face do Governador do Estado Z, pelos fatos e fundamentos jurídicos que passa a expor:

I – DA NORMA CONSTITUCIONAL DE EFICÁCIA LIMITADA

A presente ação tem sua origem no direito alemão e pretende eliminar a omissão gerada pela falta de regulamentação de uma norma constitucional de eficácia limitada. Entende-se como tal, a norma constitucional que sozinha não tem força para produzir seus efeitos, necessitando de ato administrativo ou legislativo infraconstitucional para que possa produzi-los e se tornar eficaz.

Observa-se que a EC 19, que alterou o art. 144 da CRFB e trouxe ao texto constitucional a necessidade de remuneração dos policiais por meio de subsídio fixado em lei, fez com que o artigo supramencionado se tornasse de tal tipo, uma vez que só pode produzir efeitos – seja a fixação dos subsídios dos policiais – caso haja uma lei infraconstitucional de iniciativa do governador do estado-membro para regulamentar o determinado dispositivo.

Acontece que, desde a promulgação da referida emenda constitucional, o governador do estado Z se encontra em mora, pois não mandou à Assembleia Legislativa daquele estado projeto de lei que instituísse o subsídio exigido pela CRFB, constituindo, nesse caso, uma lesão e impossibilidade de exercício de direito por parte dos policiais civis daquele Estado.

II – DA PERTINÊNCIA TEMÁTICA

A legitimidade ativa para a propositura da ação por confederação sindical de âmbito nacional é dada pela própria Constituição no seu art. 103, IX c/c o art. 2.º, I, da Lei 9.882/1999.

Como é cediço na jurisprudência desse STF, os legitimados especiais têm que demonstrar a pertinência temática para propor ações via controle abstrato de constitucionalidade. A pertinência temática é assim entendida como sendo o vínculo existente entre a atividade desempenhada pelo legitimado ativo e o próprio objeto da ação.

A atual Confederação Nacional dos Policiais Civis, por ser a entidade que nacionalmente agrupa os sindicados e federações estaduais desta categoria, se faz legitimada para propor a presente ADIO, uma vez que defende os interesses desta classe. Diante da omissão perpetrada por Governador de estado-membro em não criar lei que disponha sobre os subsídios dos policiais civis, conforme mandamento do art. 144, IV c/c o art. 144, § 4.º, da CRFB, cria-se o vínculo necessário entre a atividade fim da Confederação e o objeto da presente ação.

III – DA LEGITIMIDADE PASSIVA

Pela leitura do art. 37, X, c/c o 61, § 1.º, II, *a* e *c*, e 144, §§ 6.º e 9.º, da CRFB, fica clara a legitimidade passiva do Governador.

De regra, quando a CRFB se refere à competência para iniciativa legislativa do Presidente da República, indiretamente, pelo princípio da simetria, autoriza que os Governadores adotem as mesmas medidas a nível estadual e os Prefeitos, no âmbito municipal, por serem estes chefes do Poder Executivo nos respectivos entes federativos. Por óbvio, estão excluídas desta regra as matérias de competência exclusiva ou privativa (não delegada) da União. Nesse passo, por não estar entre as competências específicas da União, é atribuição do Executivo estadual a propositura de projeto de lei para criação ou aumento de despesas no âmbito estadual.

Sendo assim, por ser de sua iniciativa exclusiva a proposição do presente projeto de lei, o legitimado passivo, ora responsável pela omissão inconstitucional, é o governador do Estado Z.

IV – DA INCONSTITUCIONALIDADE POR OMISSÃO

Com as mudanças do texto constitucional trazidas pela EC 19, tornou-se imperativo que algumas categorias de servidores seriam obrigatoriamente remuneradas por meio de subsídios, o que é o caso dos policiais civis, como é expressamente previsto na norma contida no art. 144, § 9.º, da CRFB.

Não obstante, deve-se observar também as cláusulas pétreas desses servidores na hora do cálculo deste subsídio, como a irredutibilidade de subsídios ou provimentos contidos no art. 37 da CRFB e o direito adquirido destes servidores, uma vez que o subsídio compreenderá todo o arcabouço remuneratório compreendido: as gratificações, os prêmios, os abonos, os adicionais, entre outros, pois com o novo mandamento constitucional este subsídio calculado não pode ser acrescido de gratificação, abono, adicional, prêmio, verba de representação ou qualquer outra espécie remuneratória, sendo pago, ainda, em parcela única.

Assim, todas as verbas percebidas anteriormente pelo policial-servidor devem ser levadas em consideração na hora do cálculo deste subsídio, observando-se, é claro, o teto constitucional previsto no art. 37, X e XI, da CRFB – seja, no caso dos policiais civis ou do governador.

Acontece que, objetivamente, até a presente data, o Estado Z e o governador do mesmo Estado encontram-se em mora ou em posição de inconstitucionalidade devido às suas omissões. Nenhuma espécie legislativa a fim de suprir tal omissão fora objeto de proposta e envio à assembleia daquele Estado com intuito de acabar com o impasse.

Ao contrário, o que tem sido visto é a omissão daquele estado e de seu governador em resolver a questão constitucional e o consequente prejuízo aos sujeitos objetos da norma que não possuem seus subsídios calculados e pagos na forma que prevê o texto supremo da República brasileira.

V – DA MEDIDA LIMINAR

Diante do que fora apresentado até o momento, fica claro que os requisitos do *fumus boni iuris* e *periculum in mora* se encontram presentes, uma vez que os processos correndo no Judiciário sobre este tema ajudam a promover sua morosidade, além da possibilidade de decisões conflitantes e o dano causado aos policiais sujeitos objeto da norma constitucional descumprida está mais que comprovado.

Ademais, a concessão da medida cautelar neste caso concreto não tem o condão de antecipar o resultado final da lide, sendo perfeitamente reversível, não causando dano permanente, o que reforça ainda mais a prudência na concessão daquela.

VI – DO PEDIDO

Ante o exposto, requer:

a) a concessão de medida cautelar para suspender os processos judiciais ou procedimentos administrativos em curso;

b) a intimação do Governador do Estado Z, para que manifeste-se, querendo, sobre o mérito da presente ação, no prazo legal;

c) a intimação do Procurador-Geral da República, para emitir seu parecer no prazo legal;

d) a procedência do pedido de mérito, para que seja declarada a inconstitucionalidade por omissão, a fim de dar ciência ao Poder competente para adoção das providências necessárias;

Atribui a causa o valor de R$ (valor por extenso).

Nesses termos,

Espera deferimento.

Local e data.

Advogado/OAB

QUESTÃO 3

Em Março de 2010, a lei federal X, de iniciativa do STF, alterou o subsídio dos Ministros daquela corte para R$ 30.000,00 (trinta mil reais) com efeitos retroativos ao ano de 2009. Em julho do mesmo ano, o Presidente do TJ do Estado Y apresentou à Assembleia Legislativa daquele estado um projeto de lei que atualizava os subsídios do magistrado daquele tribunal que foi devidamente votado e aprovado pela Assembleia Legislativa do Estado Y. Entretanto, a lei Estadual Z não levou em consideração o direito ao retroativo, só valendo o subsídio atualizado da data de publicação da lei em diante.

A Associação Estadual dos Magistrados do Estado Y entrou em contato com a Associação Nacional dos Magistrados Estaduais – ANAMAGES – para que esta defendesse o interesse da categoria diante da omissão da referida lei Estadual. A ANAMAGES, dentro de suas atribuições institucionais, procurou você, advogado, para que propusesse a ação cabível diante da omissão da Lei estadual X referente à retroação dos subsídios.

SUGESTÃO DE RESPOSTA

EXCELENTÍSSIMO SENHOR DOUTOR MINISTRO PRESIDENTE DO SUPREMO TRIBUNAL FEDERAL

ANAMAGES – ASSOCIAÇÃO NACIONAL DOS MAGISTRADOS ESTADUAIS –, entidade de classe de âmbito nacional, neste ato representado por seu Presidente _______, vem, por meio de seu advogado que esta subscreve, com instrumento de mandato anexo e endereço constante no rodapé da presente, para onde devem ser remetidas as intimações, nos moldes do art. 39, I, do CPC, respeitosamente, perante Vossa Excelência, nos termos do art. 103, IX, e § 2.º, da CRFB/1988, arts. 12-A ao 12-H da Lei 9.868/1999 e arts. 282 e ss. do CPC, propor a presente

AÇÃO DIRETA DE INCONSTITUCIONALIDADE POR OMISSÃO

em face da Lei Estadual Z do Estado Y, de iniciativa do Tribunal de Justiça daquele Estado, pelos fatos e fundamentos jurídicos que passa a expor:

I – DA NORMA CONSTITUCIONAL DE EFICÁCIA LIMITADA

A presente ação tem sua origem no direito alemão e pretende eliminar a omissão gerada pela falta de regulamentação de uma norma constitucional de eficácia limitada. Entende-se como tal, a norma constitucional que sozinha não tem força para produzir seus efeitos, necessitando de ato administrativo ou legislativo infraconstitucional para que possa produzi-los e se tornar eficaz.

Faz-se imperativo salientar que as normas de eficácia limitada podem não estar regulamentadas em nenhuma lei ou estarem parcialmente regulamentadas, como se faz presente no caso em tela. A lei estadual Z do Estado Y veio com fulcro no art. 93, V, da CRFB, atualizar o subsídio percebido pelos magistrados estaduais de forma a respeitar a hierarquia do Poder Judiciário, contudo, omitiu-se em relação à parte em que deveria atualizar o salário de forma retroativa até o ano de 2009, faltando regulamentação neste sentido.

II – DA PERTINÊNCIA TEMÁTICA

Como é cediço na jurisprudência deste Tribunal, os legitimados especiais têm que demonstrar a pertinência temática para propor ações via controle abstrato de constitucionalidade. A pertinência temática é assim entendida como sendo o vínculo existente entre a atividade desempenhada pelo legitimado ativo e o próprio objeto da ação.

A ANAMAGES – ASSOCIAÇÃO NACIONAL DOS MAGISTRADOS ESTADUAIS – é concebida como associação de classe de âmbito nacional que tem por objeto a defesa dos magistrados estaduais nacionalmente. Assim, devido a esse caráter nacional de luta em defesa dos magistrados estaduais, a presente associação seria legitimada e cumpriria os requisitos do art. 103, IX, da CRFB c/c o art. 2.º, IX, da Lei 9.869/1999, para propor a presente ação de controle abstrato de constitucionalidade.

III – DA LEGITIMIDADE PASSIVA

Entende-se como sendo o legitimado passivo aquele poder responsável pela omissão que enseja a inconstitucionalidade. Pelo disposto no art. 96, II, da CRFB, cabe aos tribunais a iniciativa de projetos de lei que disponham sobre os subsídios dos magistrados.

Dessa forma, é inequívoco que o legitimado passivo, ou responsável pela omissão legislativa, é o Tribunal de Justiça do Estado Y, uma vez que a ele privativamente competia a deflagração do processo legislativo referente aos subsídios dos magistrados daquele estado-membro.

IV – DA INCONSTITUCIONALIDADE POR OMISSÃO

Antes de entrar na seara propriamente dita da inconstitucionalidade por omissão, faz-se mister salientar que há dois tipos de omissões no nosso ordenamento jurídico, a primeira forma – e mais comum quando na inconstitucionalidade por omissão – é a inércia total de norma regulamentadora de um mandamento constitucional de eficácia limitada; entretanto, há a segunda opção – que é o caso em tela – a omissão parcial, em que há lei regulamentando determinada norma constitucional, contudo, omitindo-se em parte fundamental desta, gerando impossibilidade parcial de efetividade da norma constitucional, dano e, portanto, inconstitucionalidade por esta parcial omissão.

É insofismável que o legitimado passivo, ainda que em mora, não agiu em nenhum momento de má-fé, uma vez que em prazo razoável cumpriu à determinação constitucional do art. 93 da CRFB, que dispõe:

> "Art. 93.
>
> (...)
>
> V – o subsídio dos Ministros dos Tribunais Superiores corresponderá a noventa e cinco por cento do subsídio mensal fixado para os Ministros do Supremo Tribunal Federal e os subsídios dos demais magistrados

> serão fixados em lei e escalonados, em nível federal e estadual, conforme as respectivas categorias da estrutura judiciária nacional, não podendo a diferença entre uma e outra ser superior a dez por cento ou inferior a cinco por cento, nem exceder a noventa e cinco por cento do subsídio mensal dos Ministros dos Tribunais Superiores, obedecido, em qualquer caso, o disposto nos arts. 37, XI, e 39, § 4.º".

Entretanto, houve omissão no que se refere à parte da retroatividade dos subsídios até o ano de 2009, que gera uma verdadeira lesão aos sujeitos objetos da norma constitucional. Pois, se a intenção da norma é garantir subsídios proporcionais baseados no teto do Poder Judiciário – leia-se STF – se há previsão na Lei Federal X, que alterou este subsídio e deu a ele força retroativa até o ano de 2009, simetricamente, deveria ser previsto nas demais leis estaduais que tratassem sobre os subsídios dos magistrados estaduais a mesma retroatividade.

Nesse diapasão, o TJ do Estado Y, devido a sua omissão, gera uma situação de desigualdade e quebra da proporcionalidade nos subsídios dos magistrados estaduais, pois, como uma carreira hierárquica, o que é obtido em cima deve refletir, proporcionalmente, pelas demais instâncias do Poder Judiciário.

Desta forma, a declaração de que o Poder Judiciário do Estado Y, como poder político privativo da propositura de leis sobre os subsídios da magistratura estadual, está em mora, significa cientificá-lo e alertá-lo de que não pode em um Estado democrático e de direito o Judiciário agir de maneira inconstitucional, pois se a ilegalidade surge do seio daquele que deveria, *a priori*, zelar pela justiça e pela Constituição Federal, a confiança que a sociedade tem nesse poder pode se abalar, o que seria um dano irreparável à democracia.

V – DA MEDIDA CAUTELAR

Diante do que fora apresentado até o momento, fica claro que os requisitos do *fumus boni iuris* e *periculum in mora* se encontram presentes, uma vez que os processos correndo no Judiciário sobre este tema ajudam a promover sua morosidade, além de decisões conflitantes, somadas à prova inequívoca de que os magistrados estaduais, pela omissão parcial contida na lei, são prejudicados pela quebra na isonomia proporcional contida no nosso sistema constitucional.

Ademais, a cautelar que tem força para a suspensão dos processos em andamento pode ser revertida a qualquer momento, não causando danos à administração da justiça, à celeridade processual ou a qualquer cidadão; ao contrário, zelando para que com a interrupção dos processos as decisões finais de mérito sejam mais justas, menos conflitantes, exigindo menos recursos (financeiros, humanos e processuais) para se atingir a justiça.

VI – DO PEDIDO

Ante o exposto, requer:

a) a concessão de medida cautelar para suspender os processos judiciais;

b) a intimação do Tribunal de Justiça do Estado Y, para que manifeste-se, querendo, sobre o mérito da presente ação, no prazo legal;

c) a intimação do Advogado-Geral da União, para se manifestar sobre o mérito da presente ação, no prazo legal;

d) a intimação do Procurador-Geral da República, para emitir seu parecer no prazo legal;

e) a procedência do pedido de mérito para que seja declarada a inconstitucionalidade por omissão para dar ciência ao poder competente para adoção das providências necessárias.

Atribui a causa o valor de R$ (valor por extenso).

Nesses termos,

Espera deferimento.

Local e data.

Advogado/OAB

TÍTULO VI

ARGUIÇÃO DE DESCUMPRIMENTO DE PRECEITO FUNDAMENTAL

CAPÍTULO I

MODELO DE PETIÇÃO INICIAL

EXCELENTÍSSIMO SENHOR DOUTOR MINISTRO PRESIDENTE DO SUPREMO TRIBUNAL FEDERAL

(Pessoa relacionada no art. 103 da CRFB/1988 e art. 2.º da Lei 9.868/1999) vem, por meio de seu advogado que esta subscreve, com instrumento de mandato anexo e endereço constante à ________, para onde devem ser remetidas as intimações, nos moldes do art. 39, I, do CPC, respeitosamente, perante Vossa Excelência, nos termos do art. 102, § 1.º, 103, inciso _______ ,da CRFB/1988, Lei 9.882/1999 e art. 282 do CPC, propor a presente

ARGUIÇÃO DE DESCUMPRIMENTO DE PRECEITO FUNDAMENTAL

Em face da (autoridade ou órgão que violou preceito fundamental no caso do art. 1.º, *caput*, da Lei 9.882/1999, ou que editou a norma no caso do art. 1.º, parágrafo único, da Lei 9.882/1999), pelas razões fáticas e jurídicas a seguir descritas:

I – DA LEGITIMIDADE ATIVA OU DA PERTINÊNCIA TEMÁTICA

NOTA: Assim como as ações anteriores, os legitimados estão elencados no art. 103 da CRFB/1988, cabendo reforçar que de alguns entes se exige **pertinência temática** (chamados autores interessados ou especiais), sendo necessário demonstrar a relação que possui com a norma.

A prova da pertinência é exigida quando a ADPF é proposta pelo Governador do Estado ou do Distrito Federal, Mesa da Assembleia Legislativa ou da Câmara Legislativa do Distrito Federal, confederações sindicais ou entidades de âmbito nacional.

Os demais legitimados são chamados de autores neutros ou universais, pois não se exige a demonstração de pertinência.

II – DO PRECEITO FUNDAMENTAL VIOLADO (art. 1.º, *caput,* da Lei 9.882/1999) OU DA CONTROVÉRSIA CONSTITUCIONAL (art. 1.º, parágrafo único, da Lei 9.882/1999)

NOTA: É bom notar que ADPF cabe em duas situações distintas:

1) Evitar ou reparar lesão a preceito fundamental (p. ex., arts. 1.º ao 17, 34, VII, 37, *caput,* 60, § 4.º, da CRFB)

2) Resolver controvérsia constitucional a respeito de norma de todos os entes, posterior ou anterior a CRFB/1988.

Este tópico se presta a demonstrar exatamente uma destas questões.

III – DA SUBSIDIARIEDADE

NOTA: ADPF é subsidiária, ou seja, só cabe quando não houver outro meio eficaz de sanar a lesividade (art. 4.º, § 1.º, da Lei 9.882/1999). Assim, prudente demonstrar que não existe outra ação que possa resolver a questão de forma ampla, geral e imediata.

IV – DOS FATOS

NOTA: Como já dito, este tópico só existirá se a violação a preceito fundamental for por questões fáticas.

Se a ADPF for para sanar controvérsia, os fatos já estão expostos no tópico "II".

Neste caso, NÃO INVENTE FATOS, isso pode acarretar a identificação de prova. Sua missão é somente reproduzir a questão da prova neste espaço, como se fosse um trabalho de recorte e cole.

V – DO DIREITO

NOTA: Sustentação jurídica da constitucionalidade da norma (em caso de controvérsia).

VI – DA LIMINAR

NOTA: Demonstrar o *fumus boni juris, periculum in mora* e a possibilidade de reversibilidade da decisão.

VII – DO PEDIDO

Ante o exposto, requer:

a) a concessão da medida cautelar para que se suspenda o andamento de processos ou das decisões judiciais que envolvam a aplicação da norma em análise;

b) a intimação da ré para que, como autoridade responsável pela prática do ato questionado, manifeste-se, querendo, sobre o mérito da presente ação, no prazo legal de dez dias, de acordo com o art. 5.º, § 3.º, da Lei 9.882/1999;

c) a intimação do Advogado-Geral da União para se manifestar no prazo de cinco dias (ou no prazo legal), na forma do art. 103, § 3.º, da CRFB/1988;

d) a intimação do Procurador-Geral da República, para emitir seu parecer no prazo legal, nos termos da Lei 9.882/1999;

e) a procedência do pedido, reconhecendo assim a violação do preceito fundamental, fixando-se condições de aplicação do preceito fundamental.

NOTA: Esse último pedido ocorrerá em caso de lesão ou ameaça de lesão a preceito fundamental (art. 1.º, *caput*, Lei 9.882/1999). Se a ação for motivada em controvérsia constitucional, o pedido será: "procedência do pedido para declarar a constitucionalidade (ou inconstitucionalidade, ou ainda recepção ou não recepção) da norma objeto da presente ação.

NOTA 2: Se houver questões de fato na ação é necessário fazer o requerimento padrão de provas: "pretende provar o alegado por todos os meios em direito admitidos, em especial, documental e oral."

Atribui a causa o valor de R$ (valor por extenso).

Nesses termos,

Espera deferimento.

Local e data.

Advogado/OAB

CAPÍTULO II
EXERCÍCIOS DE FIXAÇÃO

QUESTÃO 1

Determinada Lei Estadual Y de 1986 vinculava o pagamento de certa taxa de polícia do estado X a 1/25 do salário mínimo. Dentro da atual lógica constitucional vigente no país e das recentes decisões controvertidas no Tribunal daquele Estado, a ORDEM DOS ADVOGADOS DO BRASIL, tendo o conhecimento de que você, advogado, é uma das autoridades em direito constitucional, o consulta para que diga se a lei está em conformidade ou não com a Constituição de 1988 e, caso não esteja, tome a medida judicial cabível para pacificar a controvérsia e declarar a inconstitucionalidade da referida norma estadual.

SUGESTÃO DE RESPOSTA

EXCELENTÍSSIMO SENHOR DOUTOR MINISTRO PRESIDENTE DO SUPREMO TRIBUNAL FEDERAL

CONSELHO FEDERAL DA ORDEM DOS ADVOGADOS DO BRASIL – CFOAB –, com endereço à _______, por intermédio de seu Presidente, por meio de seu advogado que esta subscreve, com instrumento de mandato anexo e endereço constante à _______, para onde devem ser remetidas as intimações, nos moldes do art. 39, I, do CPC, respeitosamente, perante Vossa Excelência, nos termos do art. art. 102, § 1.º, 103, VII, da CRFB/1988, Lei 9.882/1999 e art. 282 do CPC, propor a presente

ARGUIÇÃO DE DESCUMPRIMENTO DE PRECEITO FUNDAMENTAL

Em face da Lei Estadual Y, do Estado X, pelas razões fáticas e jurídicas a seguir descritas:

I – DA LEGITIMIDADE ATIVA

O CFOAB é um dos legitimados conhecidos como universais, que não necessitam demonstrar sua ligação com a norma objeto do controle de constitucionalidade abstrato, conhecido no meio jurídico como pertinência temática.

Deste modo, a legitimidade do CFOAB para a propositura da presente ação direta se encontra no art. 103, VII, da CRFB c/c o art. 2.º, I, da Lei 9.882/1999.

II – DA CONTROVÉRSIA CONSTITUCIONAL (art. 1.º, parágrafo único, da Lei 9.882/1999)

A ADPF como ação última que veio fechar o rol daquelas que se incluem no controle concentrado de constitucionalidade abstrato, tem, entretanto, uma particularidade em relação às outras, que é o seu parâmetro mais restrito e objeto mais amplo. Para o cabimento da ADPF, controla-se apenas as violações a preceitos fundamentais, e não a todo o arcabouço de normas constitucionais. O seu objeto, todavia, diferente das demais ações de controle, compreendem atos do Poder Público em geral, e não apenas os de caráter normativo.

Não obstante não haver uma clara e objetiva definição do que venha a ser preceito fundamental, há consenso na doutrina que assim o são os fundamentos e objetivos da República, decisões políticas fundamentais (arts. 1.º a 4.º da CRFB), os direitos fundamentais – individuais, coletivos, políticos e sociais (arts. 5.º ao 17 da CRFB), além, é claro, das cláusulas pétreas (art. 60, § 4.º) e os princípios constitucionais sensíveis (art. 34,VII).

No caso em tela, faz-se necessário apontar a diferença entre duas situações específicas, a primeira é que cabe ADPF para fazer controle de qualquer norma que venha a ferir preceito fundamental; a segunda diz respeito a controle de constitucionalidade – juízo de recepção ou não recepção – de normas de quaisquer entes que sejam pré-constitucionais, que é conhecida como ADPF equiparada pela doutrina, uma vez que não há necessariamente lesão ou ameaça de lesão a preceito fundamental nesta hipótese.

Sendo assim, a presente norma contestada via ação direta vai de encontro a nova ordem constitucional posta, quando vincula ao salário mínimo o valor da taxa de polícia cobrada pelo estado-membro da Federação. O texto constitucional é firme e não abre espaços para interpretações em outro sentido quando veda expressamente a vinculação do salário mínimo, como transcrito abaixo:

> "Art. 7.º São direitos dos trabalhadores urbanos e rurais, além de outros que visem à melhoria de sua condição social:
>
> (...)

IV – salário mínimo, fixado em lei, nacionalmente unificado, capaz de atender a suas necessidades vitais básicas e às de sua família com moradia, alimentação, educação, saúde, lazer, vestuário, higiene, transporte e previdência social, com reajustes periódicos que lhe preservem o poder aquisitivo, sendo vedada sua vinculação para qualquer fim;"

Fica claro pela leitura do trecho destacado que o constituinte teve a nítida intenção de proibir em qualquer hipótese, para qualquer fim o uso do salário mínimo como base. Não obstante a norma atacada esteja em vigor, padece de vício constitucional ao não estar conforme os novos valores e princípios adotados em 1988, estando assim, não recepcionada ou revogada pela Constituição vigente.

III – DA SUBSIDIARIEDADE

A ADPF é a *ultima ratio* para discussão de constitucionalidade de norma pela via abstrata. A exigência de não haver outro meio eficaz para solução do conflito constitucional foi, pelo STF, entendida como meio que possa resolver a questão de forma ampla, geral e imediata.

Somente outra ação de controle concentrado tem a característica intrínseca de produzir efeito vinculante e *erga omnes*, por isso a necessidade da utilização desta ação.

Assim sendo, a ADPF é o meio adequado para discussão de constitucionalidade de norma pré-constitucional que vai de encontro aos valores e princípios insculpidos na nossa carta política.

IV – DOS FATOS

Diante da promulgação da nova carta política, muitas têm sido as ações no Judiciário contestando a cobrança da taxa de polícia instituída pelo Estado X, uma vez que há sustentação no sentido de tal norma ser inconstitucional, o que vem causando decisões conflitantes, criando verdadeiro estado de insegurança jurídica.

V – DO DIREITO

Como demonstrado anteriormente, a norma, apesar de formalmente constitucional, pois não há de se falar em revogação ou não recepção pelo aspecto formal da norma, materialmente vai de encontro a um dos princípios adotados pelo constituinte de 1998, que é o da não vinculação do salário mínimo.

Ainda que pudéssemos alegar que quando se trata de princípios, o leque e a interpretação podem ser extensivos, é clara a contradição entre a lei estadual e o texto positivo da Constituição, não havendo defesa quanto a sua inconstitucionalidade.

Objetivamente, a norma já se encontra revogada, pois a revogação de normas inconstitucionais se dá de maneira tácita. Contudo, como uma verdadeira abominação jurídica continua a produzir seus efeitos, por não ter sido julgada materialmente incongruente com a atual Constituição.

Sendo o STF o guardião da Constituição, não cabe outra saída senão apresentar tal triste realidade a esse Egrégio Excelso, para que dentro de suas funções institucionais extirpe tal teratologia de nosso ordenamento jurídico, salvaguardando os princípios que escolhemos defender a partir de 1988.

VI – DA LIMINAR

Diante das decisões conflitantes e da flagrante incongruência entre a norma estadual e a Constituição da República, fica mais do que evidenciado os requisitos da medida liminar, quais sejam, o *periculum in mora* e o *fumus bonis iuris*.

Ainda que somente esses requisitos já justifiquem a concessão da medida liminar, vale lembrar que no caso em tela a concessão de tal liminar tem o condão apenas de suspender os processos em que tenha por objeto a norma questionada, sendo perfeitamente possível, a qualquer tempo, a cassação da liminar sem perigo de sua irreversibilidade.

VII – DO PEDIDO

Ante o exposto, requer:

a) a concessão da medida liminar para que se suspenda o andamento de processos ou das decisões judiciais que envolvam a aplicação da norma em análise;

b) a intimação da Assembleia Legislativa na pessoa de seu presidente e do Governador do Estado X para que, como autoridades responsáveis pela prática do ato questionado, manifestem-se, querendo, sobre o mérito da presente ação, no prazo legal de dez dias, de acordo com o art. 6.º da Lei 9.882/1999;

c) a intimação do Advogado-Geral da União para se manifestar no prazo de cinco dias, na forma do art. 103, § 3.º, da CRFB/1988;

d) a intimação do Procurador-Geral da República, para emitir seu parecer no prazo legal, nos termos da Lei 9.882/1999;

e) a procedência do pedido, reconhecendo, assim, a não recepção ou revogação da norma objeto da presente ação, uma vez que vai de encontro ao texto constitucional, sendo verdadeira inconstitucionalidade, devendo ser retirada do ordenamento jurídico pátrio pelo guardião da Constituição, o STF.

Atribui a causa o valor de R$ (valor por extenso).

Nesses termos,

Espera deferimento.

Local e data.

Advogado/OAB

QUESTÃO 2

Determinada EC em 2011 modifica o contido no art. 201, § 7.º, II, da CRFB, diminuindo a idade para aposentadoria de homens de 65 (sessenta e cinco) para 60 (sessenta) e das mulheres de 60 (sessenta) para 55 (cinquenta e cinco), entretanto, a Lei Municipal Y, que disciplina o regime dos Servidores do Município de Carmela Dutra, em vigor desde 1998, não foi modificada, ficando todos os servidores daquele município cerceados do seu direito à aposentadoria prevista na nova redação do texto constitucional.

Tomando conhecimento do impasse, o Diretório Nacional do Partido dos Aposentados Brasileiros – PDAB –, partido político com representação no Congresso Nacional, procura você, advogado, para que tome a medida judicial mais adequada a assegurar aos servidores de todo o país em mesma situação o direito a aposentadoria pelas novas regras.

SUGESTÃO DE RESPOSTA

EXCELENTÍSSIMO SENHOR DOUTOR MINISTRO PRESIDENTE DO SUPREMO TRIBUNAL FEDERAL

Partido dos Aposentados Brasileiros – PDAB –,pessoa jurídica de direito privado, inscrito no TSE sob o CNPJ n._______, com endereço à _______, com representante no Congresso Nacional, neste ato representado por seu Presidente _______, por meio de seu advogado que esta subscreve, com instrumento de mandato anexo e endereço constante à _______, para onde devem ser remetidas as intimações, nos moldes do art. 39, I, do CPC, respeitosamente, perante Vossa Excelência, nos termos do art. art. 102, § 1.º, 103, VIII, da CRFB/1988, Lei 9.882/1999 e art. 282 do CPC, propor a presente

ARGUIÇÃO DE DESCUMPRIMENTO DE PRECEITO FUNDAMENTAL

em face da Lei Municipal Y, do município de Carmela Dutra, pelas razões fáticas e jurídicas a seguir descritas:

I – DA LEGITIMIDADE ATIVA

Partido político com representação no Congresso Nacional é um dos legitimados conhecidos como universais, que não necessitam demonstrar sua ligação com a norma objeto do controle de constitucionalidade abstrato, conhecido no meio jurídico como pertinência temática.

Deste modo, a legitimidade do PDAB para a propositura da presente ação direta se encontra no art. 103, VIII, da CRFB c/c o art. 2.º, I, da Lei 9.882/1999, e pela representação no Congresso Nacional como demonstrada em documento anexo.

II – DO PRECEITO FUNDAMENTAL VIOLADO (art. 1.º, *caput,* da Lei 9.882/1999) E DA CONTROVÉRSIA CONSTITUCIONAL (art. 1.º, parágrafo único, da Lei 9.882/1999)

A ADPF como ação última que veio fechar o rol daquelas que se incluem no controle concentrado de constitucionalidade abstrato tem, entretanto, uma particularidade em relação às outras, que é o seu parâmetro mais restrito e objeto mais amplo. Para o cabimento da ADPF, controla-se apenas as violações a preceitos fundamentais, e não a todo o arcabouço de normas constitucionais. O seu objeto, todavia, diferente das demais ações de controle, compreendem atos do Poder Público em geral, e não apenas os de caráter normativo.

Não obstante não haver uma clara e objetiva definição do que venha a ser preceito fundamental, há consenso na doutrina que assim o são os fundamentos e objetivos da República, decisões políticas fundamentais (arts. 1.º a 4.º da CRFB), os direitos fundamentais – individuais, coletivos, políticos e sociais (arts. 5.º ao 17 da CRFB), além, é claro, das cláusulas pétreas (art. 60, § 4.º) e os princípios constitucionais sensíveis (art. 34,VII).

No caso em tela, faz-se necessário apontar a diferença entre duas situações específicas, a primeira é que cabe ADPF para fazer controle de qualquer norma que venha a ferir preceito fundamental; a segunda diz respeito a controle de constitucionalidade – juízo de recepção ou não recepção – de normas de quaisquer entes que sejam pré-constitucionais, que é conhecida como "ADPF por equiparação" pela doutrina, uma vez que não há necessariamente lesão ou ameaça de lesão a preceito fundamental nesta hipótese.

O caso examinado se enquadra nas duas modalidades contidas na lei para a propositura da presente ADPF. Em primeiro lugar, há uma questão de direito intertemporal, em que a norma contestada é anterior à norma parâmetro, neste caso, a Lei do Município de Carmela Dutra é anterior à Emenda Constitucional que alterou a idade para aposentadoria, não cabendo, *a priori*, ADI.

Em segundo lugar, há violação aos preceitos da uniformidade do direito a aposentadoria, da razoabilidade e da isonomia, uma vez que há lugares no país que pessoas se aposentam com uma idade e em outros com outra.

A igualdade é um dos princípios mais caros dentro de um estado democrático de direito, sendo inadmissível numa democracia moderna – entendendo o conceito de igualdade proporcional, tratamento igual para os iguais e desigual para os desiguais – que pessoas em mesma situação sejam tratadas de forma diferente pelo Estado.

O atual art. 201, § 7.º, II possui a seguinte redação:

> "Art. 201.
>
> (...)
>
> § 7.º É assegurada aposentadoria no regime geral de previdência social, nos termos da lei, obedecidas as seguintes condições:
>
> (...)
>
> II – sessenta e cinco anos de idade, se homem, e sessenta anos de idade, se mulher, reduzido em cinco anos o limite para os trabalhadores rurais de ambos os sexos e para os que exerçam suas atividades em regime de economia familiar, nestes incluídos o produtor rural, o garimpeiro e o pescador artesanal."

Procurou o constituinte reformador diminuir a idade para a aposentadoria, tendo em vista o descanso e uma velhice mais duradoura e menos cansativa para tão valorosos brasileiros que dedicaram uma vida de trabalho e contribuição para a construção de nosso país.

Esta lei tem que atingir a todos, celetistas, servidores, funcionários, não havendo distinção quanto à profissão ou regime de trabalho, ressalvados, como dito antes, os trabalhadores em condições diferenciadas, como o próprio texto constitucional faz questão de assegurar.

A quebra do preceito fundamental da isonomia é, antes de tudo, quebra da confiança na própria democracia e no próprio Estado, pois, como cidadãos, pactuantes desse contrato social chamado Constituição da República, esperamos tratamento igualitário, justo e proporcional do Estado brasileiro. Não é razoável que brasileiros em mesma situação fática se encontrem juridicamente desigualados pelo Estado.

III – DA SUBSIDIARIEDADE

A ADPF é a *ultima ratio* para discussão de constitucionalidade de norma pela via abstrata. A exigência de não haver outro meio eficaz para solução do conflito constitucional foi, pelo STF, entendido como meio que possa resolver a questão de forma ampla, geral e imediata.

Somente outra ação de controle concentrado tem a característica intrínseca de produzir efeito vinculante e *erga omnes*, por isso a necessidade da utilização desta ação.

Assim sendo, a ADPF é o meio adequado para discussão de recepção ou não recepção de norma anterior ao parâmetro constitucional.

IV – DA LIMINAR

Diante das decisões conflitantes e da flagrante incongruência entre a norma estadual e a Constituição da República, fica mais do que evidenciado os requisitos da medida liminar, quais sejam, o *periculum in mora* e o *fumus bonis iuris*.

Ainda que somente esses requisitos já justifiquem a concessão da medida liminar, vale lembrar que, no caso em tela, a concessão de tal liminar tem o condão apenas de suspender os processos em que tenha por objeto a norma questionada, sendo perfeitamente possível, a qualquer tempo, a cassação da liminar sem perigo de sua irreversibilidade.

V – DO PEDIDO

Ante o exposto, requer:

a) a concessão da medida liminar para que se suspenda o andamento de processos ou das decisões judiciais que envolvam a aplicação da norma em análise;

b) a intimação do Prefeito de Carmela Dutra e da Câmara de Vereadores, para que, como autoridades responsáveis pela prática do ato questionado, manifestem-se, querendo, sobre o mérito da presente ação, no prazo legal de dez dias, de acordo com o art. 5.º, § 3.º, da Lei 9.882/1999;

c) a intimação do Advogado-Geral da União para se manifestar no prazo de cinco dias, na forma do art. 103, § 3.º, da CRFB/1988;

d) a intimação do Procurador-Geral da República, para emitir seu parecer no prazo legal, nos termos da Lei 9.882/1999;

e) a procedência do pedido, reconhecendo assim a não recepção ou revogação da norma objeto da presente ação, uma vez que vai de encontro ao texto constitucional, sendo verdadeira inconstitucionalidade, devendo ser retirada do ordenamento jurídico pátrio pelo guardião da Constituição, o STF.

Atribui a causa o valor R$ (valor por extenso)

Nesses termos,

Espera deferimento.

Local e data.

Advogado/OAB

QUESTÃO 3

Recentes julgados de todo o país vêm paulatinamente negando às gestantes de fetos anencéfalos o direito à interrupção daquela gravidez, por não considerarem tal modalidade de aborto como uma das permitidas pelo ordenamento brasileiro no Código Penal.

Muitos profissionais da saúde procuraram a Confederação Nacional dos Trabalhadores da Saúde – CNTS – com o objetivo de discutir a possibilidade desta entidade lutar pela permissão de tal espécie de aborto terapêutico, uma vez que consideram não haver chances de vida extrauterina para o feto, o que só causaria o sofrimento da gestante em carregar em seu ventre uma gravidez que não cumpriria seu papel ao final, haja vista a morte prematura do bebê após o parto.

Diante das decisões denegatórias do aborto, a CTNS procura você, advogado, para que mova a medida cabível a fim de assegurar às gestantes a garantia de interromper terapeuticamente a gravidez quando da gestação de feto anencéfalo, protegendo a dignidade da mãe, a liberdade e a autonomia de vontade em levar adiante ou não tal gestação.

SUGESTÃO DE RESPOSTA

EXCELENTÍSSIMO SENHOR DOUTOR MINISTRO PRESIDENTE DO SUPREMO TRIBUNAL FEDERAL

CONFEDERAÇÃO NACIONAL DOS TRABALHADORES NA SAÚDE – CNTS –, entidade sindical de âmbito nacional, inscrita sob o CNPJ n. _______ com sede à _______,neste ato representado por seu Presidente _______, por meio de seu advogado que esta subscreve, com instrumento de mandato anexo e endereço constante no rodapé da presente, para onde devem ser remetidas as intimações, nos moldes do art. 39, I, do CPC, respeitosamente, perante Vossa Excelência, nos termos dos arts. 102, § 1.º, 103, IX, da CRFB/1988, Lei 9.882/1999 e art. 282 do CPC, propor a presente

ARGUIÇÃO DE DESCUMPRIMENTO DE PRECEITO FUNDAMENTAL

Em face das diversas decisões do Poder Judiciário postadas em anexo, que insistem em aplicar os arts. 124, 126, *caput*, e 128, I e II, do CP, a fim de proibir a interrupção voluntária da gravidez de gestantes de fetos anencéfalos pelas razões fáticas e jurídicas a seguir descritas:

I – DA PERTINÊNCIA TEMÁTICA

A legitimidade ativa para a propositura da ação por confederação sindical de âmbito nacional é dada pela própria Constituição no seu art. 103, IX c/c o art. 2.º, I, da Lei 9.882/1999.

Como é cediço na jurisprudência deste Tribunal, os legitimados especiais têm que demonstrar a pertinência temática para propor ações via controle abstrato de constitucionalidade. A pertinência temática é assim entendida como sendo o vínculo existente entre a atividade desempenhada pelo legitimado ativo e o próprio objeto da ação.

O vínculo existente entre a atual confederação sindical e os preceitos violados é inequívoca, uma vez que todo profissional da saúde tem o dever de lutar pela garantia da saúde física e mental dos pacientes; e são justamente esses profissionais que respondem às ações penais públicas sujeitas ao Tribunal do Júri pela realização do aborto terapêutico caso continuem sendo dadas interpretações equivocadas aos dispositivos supramencionados.

Sendo esta entidade a que luta pelos interesses da categoria nacionalmente, não restam dúvidas sobre o interesse e o vínculo da categoria com o objeto da presente ADPF.

II – DO PRECEITO FUNDAMENTAL VIOLADO

A ADPF como ação última que tem por escopo fechar o rol daquelas que se incluem no controle concentrado de constitucionalidade abstrato tem, entretanto, uma particularidade em relação às outras, que é o seu parâmetro mais restrito e objeto mais amplo. Para o cabimento da ADPF, controla-se apenas as violações a preceitos fundamentais, e não a todo o arcabouço de normas constitucionais. O seu objeto, todavia, diferente das demais ações de controle, compreendem atos do Poder Público em geral, e não apenas os de caráter normativo.

Não obstante não haver uma clara e objetiva definição do que venha a ser preceito fundamental, há consenso na doutrina que assim o são os fundamentos e objetivos da República, decisões políticas fundamentais (arts. 1.º a 4.º da CRFB), os direitos fundamentais – individuais, coletivos, políticos e sociais (Art 5.º ao 17 da CRFB), além, é claro, das cláusulas pétreas (art. 60, § 4.º) e os princípios constitucionais sensíveis (art. 34,VII).

Nesse tocante, os preceitos violados que merecem defesa desse STF podem ser enquadrados da seguinte forma: dignidade da pessoa humana (art. 1.º, IV), liberdade, legalidade (art. 5.º, II), direito à saúde (arts. 6.º e 196), que são violados quando uma decisão – ato do Poder Público – impede que uma gestante interrompa uma gravidez de feto anencéfalo.

III – DA SUBSIDIARIEDADE

A ADPF é a *ultima ratio* para discussão de constitucionalidade de norma pela via abstrata. A exigência de não haver outro meio eficaz para solução do conflito constitucional foi, pelo STF, entendido como meio que possa resolver a questão de forma ampla, geral e imediata.

Somente outra ação de controle concentrado tem a característica intrínseca de produzir efeito vinculante e *erga omnes*, por isso a necessidade da utilização desta ação.

Os artigos do Código Penal que estão sendo discutidos são anteriores à CRFB/1988, o que torna impróprio qualquer ação que vise discutir a constitucionalidade ou não dessas normas. O juízo, neste caso, é de recepção ou não recepção da presente norma pela Constituição.

Assim, não havendo outro meio para a produção dos efeitos pretendidos de interpretação conforme a Constituição de direito pré-constitucional contido nos artigos mencionados anteriormente, com eficácia vinculante e para todos, a ADPF se mostra o meio adequado.

IV – DOS FATOS

Diante da atual ordem constitucional e da não possibilidade de vida extrauterina dos fetos anencéfalos, muitas ações têm inundado o Judiciário, o qual vem se negando a prestação de assistência a essas gestantes que têm uma única certeza depois de toda a gestação, a de que seus filhos virão a falecer.

V – DO DIREITO

Antes que se pense que esta ação tem o viés de trazer ao Judiciário a filosófica questão sobre a possibilidade ou não do aborto, sobre se é ou não direito da mulher interromper a gestação ou não, afirmamos que não é o caso.

Quando da discussão filosófica acima posta, estamos discutindo se a mulher tem ou não o direito a interromper uma gravidez que vá gerar um ser com potencial de sobreviver à vida extrauterina; o anencéfalo, cientificamente comprovado em laudos anexos, não pode!

O que há de se discutir nesta ação é o martírio das mães, as quais sabendo que carregam um feto que não tem chance de continuar vivo após o parto, por uma concepção deturpada de Justiça são obrigadas a se torturem e carregarem em seu ventre um ser fadado à morte prematura.

Não há de se discutir os direitos fundamentais e o choque de direitos entre mãe e feto, uma vez que não há possibilidade de esse nascituro viver e se desenvolver fora do útero. O que há aqui é uma afronta à dignidade da pessoa humana, uma condição análoga à tortura, pois, obrigar uma mãe a gestar, sentir as dores do parto, passar cada dia daquela gravidez convivendo com um feto que era para estar se desenvolvendo, se apegando, enjoando, amando, cada dia mais aquele ser que irá morrer pouco tempo depois de nascer, é, no mínimo, crueldade.

Assim, essa gravidez fere o direito à integridade física da mulher, da integridade moral e psicológica, torturando aquela mãe a cada dia que passa a conviver com a triste realidade de que todo aquele processo pelo qual ela deveria passar, na perspectiva de criar um filho, não servirá senão para dor e sofrimento, com a morte já anunciada. Se obrigar uma gestante que queira interromper este tipo de gravidez a gestá-la até o fim não se enquadra objetivamente no conceito de tortura, então não sabemos o que esta vem a ser.

O aborto de feto anencéfalo é, na mais reacionária posição possível, pelo crivo jurídico e não político, no máximo, uma situação atípica. Haja vista que na situação concreta não há interesse conflitante, nem ponderação de valores a ser feita, uma vez que está em jogo apenas o direito à dignidade da mãe, a liberdade e a autonomia sobre o próprio corpo, pois não há a vida do feto a ser ponderada do outro lado.

O conceito jurídico de liberdade é não fazer aquilo que a lei proíba e, ainda assim, esta lei tem que estar amparada em matéria e forma com a Constituição da República. Assim, tudo o que não é proibido por lei é permitido. Dessa forma, por não haver impedimento legal ao aborto de feto anencéfalo, não há porquê da proibição.

O art. 196 da carta política prevê como sendo a saúde um direito de todos e dever do Estado. Desse pequeno trecho já pode-se extrair que o Estado tem a obrigação de zelar e promover a saúde, seja física ou mental, não cabendo espaço por questões formais, morais, religiosas, filosóficas ou de qualquer outra natureza de deixar de promovê-la e gerar tortura psicológica.

Nesse diapasão, é obrigação do Estado, caso a gestante queira se submeter a esse processo, a realizar o aborto de feto anencéfalo e amenizar a dor desta mãe que já fora tão maltratada por essa adversidade. Importante, por fim, se faz salientar que só se submeterá ao aborto terapêutico aquela gestante que o quiser! A autonomia da vontade da gestante deve prevalecer nesses casos.

VI – DA LIMINAR

É insofismável que no decorrer da peça foram demonstrados os *periculum in mora* e o *fumus boni iuris*. O direito dessas gestantes de fetos anencéfalos é ferido paulatinamente, tendo sua dignidade extirpada enquanto é obrigada, na maioria das vezes, a levar adiante uma gravidez que resultará em mais uma dor, um filho morto ou a abortar e ser considerada uma criminosa. Em ambos os casos, o transtorno é incalculável.

O perigo da demora se mostra objetivo, quando somos levados a pensar que esse aborto terapêutico é realizado em sua maioria pelo SUS e que a maior parte das pessoas que espera por uma decisão vê sua gestação acontecendo dia após dia, tornando cada vez mais complicada a realização do aborto terapêutico.

Presentes os requisitos, o Judiciário, tendo como obrigação a defesa desses princípios tão caros à democracia brasileira, tem, senão, que suspender os processos em que se dê interpretação equivocada aos artigos do Código Penal, com a finalidade de impedir o aborto de feto anencéfalo pela gestante e garantir que o SUS faça tal procedimento, desde que a gestante possua laudo, por médico habilitado, que ateste a anomalia – anencefalia – do feto.

VII – DO PEDIDO

Ante o exposto, requer:

a) a concessão da medida cautelar para que se suspenda o andamento dos processos que proíbam as gestantes a abortarem fetos anencéfalos e garanta a imediata realização do procedimento do aborto terapêutico às gestantes, com laudo médico atestando a anomalia do feto, que desejem realizar o procedimento.

b) a intimação da Presidência da República e do Congresso Nacional, autoridades responsáveis pela autoria da lei impugnada, manifestem-se, querendo, sobre o mérito da presente ação, no prazo legal de dez dias, de acordo com o art. 5.º, § 3.º, da Lei 9882/1999;

c) a intimação do Advogado-Geral da União para se manifestar no prazo de cinco dias, na forma do art. 103, § 3.º, da CRFB/1988;

d) a intimação do Procurador-Geral da República, para emitir seu parecer no prazo legal, nos termos da Lei 9.882/1999;

e) a procedência do pedido para que se dê ao aborto terapêutico de feto anencéfalo interpretação conforme à Constituição e seja declarada inconstitucional qualquer interpretação em sentido contrário dos arts. 124, 126 e 128, I e II, do Código Penal, com efeitos vinculantes, retroativos e eficácia *erga omnes*.

Atribui a causa o valor R$ (valor por extenso)

Nesses termos,

Espera deferimento.

Local e data.

Advogado/OAB

OBSERVAÇÃO: OUTRA AÇÃO DE CONTROLE, A CHAMADA "AÇÃO DIRETA INTERVENTIVA" É DE TITULARIDADE EXCLUSIVA DO PROCURADOR-GERAL DA REPÚBLICA (ART. 36, III, CRFB), POR ISSO O ADVOGADO NÃO ATUA.

REMÉDIOS CONSTITUCIONAIS

TÍTULO VII
HABEAS CORPUS

CAPÍTULO I
COMPETÊNCIA

STF	a) Sendo **paciente** Presidente da República, o Vice-Presidente, os membros do Congresso Nacional, seus próprios Ministros, Procurador-Geral da República, os Ministros de Estado e os Comandantes da Marinha, do Exército e da Aeronáutica, ressalvado o disposto no art. 52, I, os membros dos Tribunais Superiores, os do Tribunal de Contas da União e os chefes de missão diplomática de caráter permanente. b) Sendo **coator** Tribunal Superior, ou quando o coator ou o paciente for autoridade ou funcionário cujos atos estejam sujeitos diretamente à jurisdição do Supremo Tribunal Federal, ou se trate de crime sujeito à mesma jurisdição em uma única instância.
STJ	a) Quando o **coator** ou o **paciente** forem Governadores dos Estados e do Distrito Federal, os desembargadores dos Tribunais de Justiça dos Estados e do Distrito Federal, os membros dos Tribunais de Contas dos Estados e do Distrito Federal, os dos Tribunais Regionais Federais, dos Tribunais Regionais Eleitorais e do Trabalho, os membros dos Conselhos ou Tribunais de Contas dos Municípios e os do Ministério Público da União que oficiem perante tribunais. b) Ainda quando o **coator** for tribunal sujeito à jurisdição do STJ, Ministro de Estado ou Comandante da Marinha, do Exército ou da Aeronáutica, ressalvada a competência da Justiça Eleitoral.
TSE	Das decisões que denegarem *habeas corpus* no TRE.
TRF	Quando a autoridade coatora for juiz federal.
Juiz Federal	Em matéria criminal de sua competência ou quando o constrangimento provier de autoridade cujos atos não estejam diretamente sujeitos a outra jurisdição.
Justiça do trabalho	Quando o ato questionado envolver matéria sujeita à sua jurisdição.

CAPÍTULO II
MODELO DE PETIÇÃO INICIAL

EXCELENTÍSSIMO SENHOR DOUTOR DESEMBARGADOR PRESIDENTE DO TRIBUNAL DE JUSTIÇA DO ESTADO ...

Nome, (nacionalidade, estado civil) advogado, inscrito na Ordem dos Advogados do Brasil sob o n.______, e CPF/MF sob o n. _______, residente e domiciliado à Rua _______, n. _______, Bairro _______, Cidade _______, Cep _______, no Estado _______, vem à presença de V. Exa., respaldado do art. 5, LXVIII, da Constituição da República, e arts. 647 ao 667 do Código de Processo Penal, impetrar ordem de

***HABEAS CORPUS* COM PEDIDO DE LIMINAR**

em favor de (nome do paciente), nacionalidade, estado civil, profissão, portador da carteira de identidade n. _______, inscrito no CPF/MF sob o n. _______, residente e domiciliado à _______, contra ato do Meritíssimo Juiz de Direito da _______ Vara Criminal da Comarca de _______, pelos fatos e razões jurídicas que passa a expor:

DOS FATOS

NOTA: Relatar os fatos apresentados na questão.

DO DIREITO

NOTA: Utilizar artigos da Constituição da República, como o art. 5.º, XV e LXVIII, da CRFB; jurisprudência, súmula, princípios e doutrina.

DA MEDIDA LIMINAR

NOTA: Na liminar deve ser demonstrado o *fumus boni juris* que se apresenta pelo cerceamento inconstitucional à liberdade de locomoção.

O *periculum in mora* também estará comprovado pelo simples cerceamento à locomoção.

DO PEDIDO

Pelo exposto, requer:

a) a concessão da liminar para determinar a expedição do **alvará de soltura** em favor do paciente;

NOTA: Se o *habeas corpus* for preventivo, deve-se substituir o pedido "a" para constar: "a concessão da liminar para determinar a expedição do **salvo conduto** em favor do paciente;"

b) a notificação da autoridade coatora para prestar informações no prazo legal;

c) seja julgado o mérito, para confirmando o pedido liminar, conceder ao paciente seu direito fundamental constitucional à liberdade de locomoção.

NOTA: Se necessário, nos termos do art. 656 do Código de Processo Penal, seja designado dia e hora para apresentação do paciente.

Apesar de ser ação gratuita nos moldes do art. 5.º, LXXVII, da CRFB/1988, atribui a causa por questões formais o valor de R$ _______ (valor por extenso).

Nestes termos,

Espera deferimento.

Local e data.

Advogado/OAB

CAPÍTULO III
EXERCÍCIOS DE FIXAÇÃO

QUESTÃO 1

No dia 20 de junho de 2010, Ramon da Silva, brasileiro, solteiro, estudante de direito, foi confundido com um fugitivo do hospital psiquiátrico Mente Sana, em Petrópolis, Rio de Janeiro, o que levou aos funcionários do hospital numa ronda atrás do fugitivo a recolherem e o levarem até o hospital psiquiátrico.

Após a entrevista com o internado, o hospital concluiu que ele estava alucinado, num surto psicótico de transtorno de personalidade, uma vez que não assumia ser o fugitivo daquele hospital.

Conseguindo fazer contato com a família via uma ligação telefônica, ele explicou o que estava acontecendo e pediu para que o tirassem dali o mais rápido possível, contando toda a história que sabia. A mãe de Ramon, desesperada com o sofrimento do filho, procurou você, advogado, contando-lhe que Ramon era um rapaz estudioso e jamais esteve internado em clínicas psiquiátricas ou apresentou qualquer problema mental.

Como advogado de Ramon, proponha a medida cabível a fim de garantir a liberdade do rapaz, da maneira mais célere possível.

SUGESTÃO DE RESPOSTA

EXCELENTÍSSIMO SENHOR DOUTOR JUIZ DE DIREITO DA ______ VARA CÍVEL DA COMARCA DE PETRÓPOLIS – ESTADO DO RIO DE JANEIRO

Nome, nacionalidade, estado civil, advogado, inscrito na Ordem dos Advogados do Brasil sob o n. _______, e CPF/MF sob o n. _______, residente e domiciliado à Rua _______, n. _______, Bairro _______, Cidade _______, Cep _______, no Estado _______, vem à presença de V. Exa., respaldado do art. 5.º, LXVIII, da Constituição da República, e arts. 647 ao 667 do Código de Processo Penal, impetrar ordem de

NOTA: É importante ressaltar que tanto o advogado como a mãe de Ramon (paciente) podem impetrar este *habeas corpus*.

HABEAS CORPUS COM PEDIDO DE LIMINAR

em favor de Ramon da Silva, brasileiro, solteiro, estudante, portador da carteira de identidade n. _______, inscrito no CPF/MF sob o n. _______, residente e domiciliado à _______, contra ato do DIREITOR DO HOSPITAL PSIQUIÁTRICO MENTE SANTA, pessoa jurídica de direito privado, inscrita sob o CNPJ _______, localizado à _______, pelos fatos e razões jurídicas que passa a expor:

I – LEGITIMIDADE ATIVA

O *habeas corpus*, como preceitua o art. 654 do CPP, é remédio constitucional que pode ser impetrado por qualquer pessoa, em seu favor ou favor de outrem, como também pelo Ministério Público.

A proteção à liberdade é tão cara ao constituinte e aos princípios da nossa República que o juiz, em tendo conhecimento de cerceamento ilegal da liberdade, pode de ofício ordenar que cesse o motivo da lesão ou ameaça ao direito fundamental amparado por este remédio; assim preceitua o art. 654, § 2.º, do CPP.

Dessa forma, não resta provada que a legitimidade ativa se dá a qualquer um do povo, portanto, este que rediz essa exordial é legitimado para a impetração do remédio.

II – LEGITIMIDADE PASSIVA

A Constituição se refere à autoridade coatora como sendo o legitimado passivo contra quem se impetra *habeas corpus* por cerceamento ou ameaça ao direito constitucional da liberdade. Contudo, é pacífico na doutrina e na jurisprudência a possibilidade de impetração do referido remédio contra atos de particulares, como se vê neste caso em tela.

Como narrado nesta exordial, o responsável pela coação ilegal ao direito da liberdade de locomoção é particular, clínica psiquiátrica, sendo perfeitamente possível a impetração de *habeas corpus* contra ato ilegal desta pessoa jurídica de direito privado que venha a cercear ou ameaçar direito à liberdade de locomoção.

III – DOS FATOS

No dia 20 de junho de 2010, o paciente fora recolhido pelo impetrado como se fosse um dos internos daquela clínica que havia fugido.

Após a entrevista com o paciente, o impetrado constatou que aquele sofria um surto psicótico de transtorno de personalidade, em que não assumia sua verdadeira identidade, o que levou a sua internação naquele estabelecimento.

Ocorre que o paciente, Ramon da Silva, nunca fora paciente daquela instituição e jamais esteve internado em clínicas psiquiátricas.

IV – DO DIREITO

É de entendimento pacífico na doutrina e na jurisprudência que num Estado Democrático de Direito, a liberdade se configura não apenas como um direito fundamental a ser protegido, mas também como pilar desta sociedade. Assim, qualquer violação ilegal desta liberdade é uma violação ao próprio espírito democrático e à própria democracia e cidadania.

No caso em tela, o que ocorre é uma das violações mais gritantes ao direito constitucional assegurado pelo art. 5.º, XV, que é o da liberdade de locomoção. Pasme-se, que tal violação não aconteceu por parte do Estado, ente assegurado pela nossa carta como sendo àquele a quem confiamos em alguns poucos casos o cerceamento da mesma, mas ao contrário, ocorreu por uma empresa privada.

Tal fato, por si só, já mereceria o ataque por via do remédio heroico. Contudo, em algumas raras exceções, por ser a rede privada hospitalar uma concessão pública, também poderíamos admitir o cerceamento de tal liberdade, desde que por decisão judicial ou vontade dos tutores ou curadores legais, dependendo da enfermidade mental que o tutelado/curatelado tenha.

Ocorre que, objetivamente, o paciente está em pleno gozo de suas capacidades mentais, não tendo sido jamais internado em qualquer tipo de instituição psiquiátrica e sendo vontade sua, e de sua família, a imediata libertação do estabelecimento impetrado, pois não há manifestação de vontade nem ordem judicial suficientes para justificar o cerceamento de tal direito fundamental.

Por ser a liberdade um direito tão caro à República Federativa do Brasil, o constituinte fez questão de criar um remédio próprio para o cerceamento de tal direito que é o *habes corpus*, com previsão no art. 5.º, LXVIII, da CRFB, sendo o remédio adequado para as ameaças ou lesões ao direito da liberdade de locomoção.

Ademais, como atesta a própria instituição, o motivo alegado para o cárcere do paciente é que este seria outra pessoa, como mostram as provas anexadas aos autos. Desse modo, não há plausível justificativa para que o paciente continue tendo sua liberdade cerceada, uma vez que não é a pessoa que deveria estar sofrendo tal restrição.

V – DA MEDIDA LIMINAR

A demonstração do *fumus boni juris* se faz necessária à concessão de qualquer liminar, sendo, no caso em tela, mais que configurado quando do fático cerceamento do paciente de forma equivocada e arbitrária por instituição psiquiátrica. O paciente jamais fora internado em tal instituição, não sendo possível, dessa forma, ter realizado qualquer fuga que justificasse sua reinternação e não libertação.

O *periculum in mora*, também requisito fundamental da concessão das liminares, é sensível, ao passo que a liberdade do paciente foi cerceada de forma arbitrária, sem devida justificativa ou decisão judicial, demonstrando--se verdadeira ilegalidade, sendo, portanto, tal cerceamento inconstitucional.

VI – DO PEDIDO

Pelo exposto, Requer:

a) a concessão da liminar para determinar a imediata libertação do paciente da clínica impetrada, sob pena de crime de desobediência;

b) a notificação da autoridade coatora para prestar informações no prazo legal;

c) seja julgado o mérito, para confirmando o pedido liminar,conceder ao paciente seu direito fundamental constitucional à liberdade de locomoção.

Apesar de ser ação gratuita nos moldes do art. 5.º, LXXVII, da CRFB/1988, atribui a causa por questões formais o valor de R$ _______ (__).

Nestes termos,

Espera deferimento.

Local e data.

Advogado/OAB

QUESTÃO 2

Durante operação da Polícia Federal, em maio de 2009, foi detectada o possível envolvimento de lobistas e parlamentares num esquema de corrupção. As investigações levaram à instauração de uma Comissão Parlamentar de Inquérito na Câmara dos Deputados para apuração de tais acusações.

O Deputado Roberval dos Santos, brasileiro, casado, foi indiciado e intimado a depor, no prazo de uma semana, na CPI, pois teve seu nome vinculado às investigações. Por conta disso, procurou você, advogado, para que lhe auxiliasse e tomasse as medidas cabíveis a fim de garantir o seu direito constitucional ao silêncio, uma vez que sob juramento, caso não respondesse as perguntas ou entrasse em contradição, poderia ser preso em flagrante naquela CPI.

Como advogado de Roberval, redija a medida necessária para garantir o seu silêncio durante o depoimento na CPI, a fim de que sua liberdade não seja cerceada em caso de não resposta a alguma questão formulada pelos Deputados.

SUGESTÃO DE RESPOSTA

EXCELENTÍSSIMO SENHOR DOUTOR MINISTRO PRESIDENTE DO SUPREMO TRIBUNAL FEDERAL

Nome, nacionalidade, estado civil, advogado, inscrito na Ordem dos Advogados do Brasil sob o n._______, e CPF/MF sob o n. _______, residente e domiciliado à Rua _______, vem à presença de V. Exa., respaldado do art. 5.º, LXVIII, da Constituição da República, e arts. 647 ao 667 do Código de Processo Penal, impetrar ordem de

> **NOTA**: É importante ressaltar que tanto o advogado como Roberval podem impetrar tal remédio neste caso.

HABEAS CORPUS **COM PEDIDO DE LIMINAR**

em favor de Roberval dos Santos, brasileiro, casado, profissão, portador da carteira de identidade n. _______, inscrito no CPF/MF sob o n. _______, residente e domiciliado à _______, contra ato da CÂMARA DOS DEPUTADOS, localizado à _______, pelos fatos e razões jurídicas que passa a expor:

I – LEGITIMIDADE ATIVA

O *habeas corpus*, como preceitua o art. 654 do CPP é remédio constitucional que pode ser impetrado por qualquer pessoa, em seu favor ou a favor de outrem, como também pelo Ministério Público.

A proteção à liberdade é tão cara ao constituinte e aos princípios da nossa República que o juiz, em tendo conhecimento de cerceamento ilegal da liberdade, pode de ofício ordenar que cesse o motivo da lesão ou ameaça ao direito fundamental amparado por este remédio; assim preceitua o art. 654, § 2.º, do CPP.

Dessa forma, não resta provada que a legitimidade ativa se dá a qualquer um do povo, portanto, este que rediz tal exordial é legitimado para a impetração do remédio.

II – LEGITIMIDADE PASSIVA

A Constituição se refere à autoridade coatora como sendo o legitimado passivo contra quem se impetra *habeas corpus* por cerceamento ou ameaça ao direito constitucional da liberdade.

Como narrado nesta exordial, o responsável pela possível coação ilegal ao direito da liberdade de locomoção é a Câmara dos Deputados, que pode não respeitar o direito constitucional ao silêncio e atentar contra a liberdade do paciente.

III – DOS FATOS

Com a operação da Polícia Federal, chegou-se à conclusão da possibilidade de haver um forte esquema de corrupção envolvendo alguns membros do Poder Legislativo Federal.

Diante da possibilidade de envolvimento de membros do Legislativo no esquema descoberto pela PF, a Câmara dos Deputados resolveu instaurar uma CPI para investigar este envolvimento e tirar conclusões a serem enviadas ao MP.

Dentre os que tiveram nome citado nas investigações da Polícia Federal se encontra o paciente que, por esse motivo, foi indiciado na CPI a prestar esclarecimentos do seu envolvimento.

IV – DO DIREITO

É de entendimento pacífico na doutrina e na jurisprudência que num Estado Democrático de Direito, a liberdade se configura não apenas como um direito fundamental a ser protegido, mas também como pilar desta sociedade. Assim, qualquer violação ilegal desta liberdade é uma violação ao próprio espírito democrático e à própria democracia e cidadania.

Por ser indiciado em CPI, o paciente é suspeito de envolvimento em ato ilícito, ao contrário seria apenas testemunha daquela. A fim de garantir seu exercício de plenitude de defesa consagrado no art. 5.º, LV, da CRFB, e o direito ao silêncio, no art. 5.º, LXIII, c/c o art. 186, parágrafo único, do CPP, o paciente impetrou o presente *writ*, meio mais célere de conhecer da possível lesão ao direito da liberdade de locomoção.

Apesar de *a priori* os poderes da CPI serem somente investigativos e as resoluções dali serem encaminhadas ao Ministério Público, por estarem os indiciados e as testemunhas sob juramento, em diversos casos, a suscitação do uso do direito constitucional do silêncio nos depoimentos têm levado estes à prisão em flagrante por perjúrio.

Para evitar que tal arbitrariedade possa se dar e cercear o direito à liberdade é que o presente *writ* se torna meio adequado e eficaz para evitar lesão a tão caro direito fundamental.

V – DA MEDIDA LIMINAR

A demonstração do *fumus boni juris* se faz necessária à concessão de qualquer liminar, sendo, no caso em tela, mais que configurado quando da possibilidade da constrição ilegal da liberdade devido a possível contradição ou exercício regular do direito constitucional ao silêncio.

O *periculum in mora*, também requisito fundamental da concessão das liminares, é sensível, uma vez que o prazo para o depoimento dado pela CPI é de sete dias ou uma semana. Dessa forma, é iminente a possibilidade da constrição ilegal da liberdade.

VI – DO PEDIDO

Pelo exposto, requer:

a) a concessão da liminar para determinar a expedição de salvo conduto em favor do paciente;

b) a notificação da autoridade coatora para prestar informações no prazo legal;

c) seja julgado o mérito, para confirmando o pedido liminar, conceder ao paciente seu direito fundamental constitucional à liberdade de locomoção.

Apesar de ser ação gratuita nos moldes do art. 5.º, LXXVII, da CRFB/1988, atribui a causa por questões formais o valor de R$ ______ (__).

Nestes termos,

Espera deferimento.

Local e data.

Advogado/OAB

QUESTÃO 3

José Afonso, brasileiro, desempregado, um conhecido delinquente do centro do Rio de Janeiro pelos lojistas, nunca havia sido preso pelas práticas de roubo e pequenos furtos que cometia. Inconformados com a impunidade do rapaz, os comerciantes da área em que ele costumava cometer os ilícitos, ofereceram a PMs daquela região uma bonificação caso conseguissem prender José.

Os PMs então prenderam um morador de rua, Pedro, e lhe ofereceram um acréscimo em dinheiro caso ele convencesse José Afonso a praticar um roubo numa joalheria com dia e horário marcados, onde eles armariam uma emboscada para realizar a prisão e só levariam José Afonso preso. Pedro, intimidado e sem muitas saídas, aceitou a proposta e conseguiu convencer José Afonso a realizar o assalto à joalheria.

No dia, local e hora marcados tudo ocorreu como planejado e José foi preso em flagrante pela prática de roubo com arma de fogo. Uma associação de direitos humanos, soube por um dos comerciantes que não aceitou usar daquelas artimanhas para prender José que tal flagrante havia sido armado só para tirar José Afonso das ruas.

Você, advogado da associação, depois de entrevistar José Afonso, entrou com o pedido de relaxamento de prisão, tendo em vista a ilegalidade do flagrante, o que foi negado pelo Juiz da 1.ª Vara Criminal da Comarca da Capital. Diante de tal decisão, redija a medida judicial cabível, a fim de garantir a liberdade de José Afonso.

SUGESTÃO DE RESPOSTA

EXCELENTÍSSIMO SENHOR DOUTOR DESEMBARGADOR PRESIDENTE DO TRIBUNAL DE JUSTIÇA DO ESTADO DO RIO DE JANEIRO

Nome, nacionalidade, estado civil, advogado, inscrito na Ordem dos Advogados do Brasil sob o n. _______, e CPF/MF sob o n. _______, residente e domiciliado à _______________, vem à presença de V. Exa., respaldado do art. 5.º, LXVIII, da Constituição da República, e arts. 647 ao 667 do Código de Processo Penal, impetrar ordem de

***HABEAS CORPUS* COM PEDIDO DE LIMINAR**

em favor de José Afonso, brasileiro, estado civil, desempregado, portador da carteira de identidade n. _______, inscrito no CPF/MF sob o n. _______, residente e domiciliado à ________, contra ato do JUIZ DE DIREITO DA 1.ª VARA CRIMINAL DA COMARCA DA CAPITAL, localizada à _______, pelos fatos e razões jurídicas que passa a expor:

I – LEGITIMIDADE ATIVA

O *habeas corpus*, como preceitua o art. 654 do CPP, é remédio constitucional que pode ser impetrado por qualquer pessoa, em seu favor ou favor de outrem, como também pelo Ministério Público.

A proteção à liberdade é tão cara ao constituinte e aos princípios da nossa República que o juiz, em tendo conhecimento de cerceamento ilegal da liberdade, pode de ofício ordenar que cesse o motivo da lesão ou ameaça ao direito fundamental amparado por este remédio; assim preceitua o art. 654, § 2.º, do CPP.

Dessa forma, não resta provada que a legitimidade ativa se dá a qualquer um do povo, portanto, este que rediz essa exordial é legitimado para a impetração do remédio.

II – LEGITIMIDADE PASSIVA

A Constituição se refere à autoridade coatora como sendo o legitimado passivo contra quem se impetra *habeas corpus* por cerceamento ou ameaça ao direito constitucional da liberdade.

Como narrado nesta exordial, o responsável pela possível coação ilegal ao direito da liberdade de locomoção é JUIZ DE DIREITO DA 1.ª VARA CRIMINAL DA COMARCA DA CAPITAL, que não observando uma ilegalidade na prisão do paciente, não a relaxou quando pôde, tornando-se, desta maneira, a autoridade coatora responsável pelo cerceamento ilegal da liberdade do paciente.

III – DOS FATOS

Acontece que no dia ________, às ________ horas, na localidade _________, o paciente foi preso em flagrante pela Polícia Militar pela prática de crime de roubo.

Este flagrante, segundo depoimentos anexos, foi resultado de uma armação conjunta realizada pelos policiais militares, Pedro, um morador de rua, e os comerciantes do centro do Rio de Janeiro, com a única finalidade de fazer preso o paciente.

Devido à ilegalidade no APF, o advogado do paciente interpôs pedido de relaxamento de prisão, a fim de vê-lo solto. Contudo, apesar das ilegalidades constantes no APF, o juiz da 1.ª Vara Criminal decidiu por manter o paciente preso, o que ensejou a impetração do presente *writ*.

IV – DO DIREITO

É de entendimento pacífico na doutrina e na jurisprudência que num Estado Democrático de Direito, a liberdade se configura não apenas como um direito fundamental a ser protegido, mas também como pilar desta sociedade. Assim, qualquer violação ilegal desta liberdade é uma violação ao próprio espírito democrático e à própria democracia e cidadania.

O paciente é vítima de um plano quase que diabólico, friamente calculado, com o único e exclusivo objetivo de causar a perda de sua liberdade. Como mostram as provas que se encontram anexadas ao *writ*, o flagrante em que o paciente foi preso pela prática de roubo é ilegal, uma vez que preparado.

A liberdade, direito fundamental assegurado pela Constituição, é um direito indisponível, porém, pode ser cerceado em alguns poucos casos estabelecidos na Constituição e regulamentado pela legislação infraconstitucional. A Constituição se preocupou de forma tão veemente com esta liberdade, que criou um remédio só para tutela de tal direito fundamental.

Assim, com o intuito de coibir abusos à restrição da liberdade é que o STF pacificou entendimento por meio da Súmula 145, que diz:

"Súmula 145. Não há crime, quando a preparação do flagrante pela polícia torna impossível a sua consumação."

Desta súmula da corte constitucional, vemos que quando há arquitetação, de forma a preparar o flagrante enquanto por outra via se tomam medidas para que o crime não se consume, este crime não é considerado consumado, pois é impossível a sua consumação.

Esta espécie de flagrante, desumana, ardilosa, é rechaçada pelo nosso ordenamento jurídico, pois constitui verdadeira afronta aos direitos constitucionais do cidadão, pois é uma forma covarde de fazer uma pessoa cometer um ato, em tese, ilícito.

Nesse diapasão, o paciente, que se encontra preso, está sofrendo constrangimento ilegal, pois sua prisão não possui legalidade; sendo, portanto, ilegal e inconstitucional.

V – DA MEDIDA LIMINAR

A demonstração do *fumus boni juris* se faz necessária à concessão de qualquer liminar, sendo, no caso em tela, mais que configurado quando da constrição ilegal da liberdade, devido à prisão ilegal do paciente.

O *periculum in mora*, também requisito fundamental da concessão das liminares, é sensível, já que a liberdade fora atingida de forma ilegal, e quanto mais tempo a prisão ilegal permanecer, maior será o dano à liberdade do paciente.

VI – DO PEDIDO

Pelo exposto, requer:

a) a concessão da liminar para determinar a expedição de alvará de soltura em favor do paciente;

b) a notificação da autoridade coatora para prestar informações no prazo legal;

c) seja julgado o mérito, para confirmando o pedido liminar, conceder ao paciente seu direito fundamental constitucional à liberdade de locomoção.

Apesar de ser ação gratuita nos moldes do art. 5.º, LXXVII, da CRFB/1988, atribui a causa por questões formais o valor de R$ ______ (__).

Nestes termos,

Espera deferimento.

Local e data.

Advogado/OAB

TÍTULO VIII
MANDADO DE SEGURANÇA

CAPÍTULO I
COMPETÊNCIA

O critério determinante de competência para julgamento é estabelecido de acordo com a autoridade coatora, conforme passa a expor:

Supremo Tribunal Federal	Contra atos do Presidente da República, das Mesas da Câmara dos Deputados e do Senado Federal, do Tribunal de Contas da União, do Procurador-Geral da República e do próprio Supremo Tribunal Federal; (art. 102, I, *d).*
Superior Tribunal de Justiça	Contra ato de Ministro de Estado, dos Comandantes da Marinha, do Exército e da Aeronáutica ou do próprio Tribunal; (art. 105, I, *b*)
Tribunal Regional Federal	Contra ato do próprio Tribunal ou de juiz federal; (art. 108, I, *c*)
Juiz Federal	Contra ato de autoridade federal, excetuados os casos de competência dos tribunais federais. (art. 109, VIII)

Importante ainda o art. 2.º da Lei 12.016/2009: "Considerar-se-á federal a autoridade coatora se as consequências de ordem patrimonial do ato contra o qual se requer o mandado houverem de ser suportadas pela União ou entidade por ela controlada."

Já no caso de autoridade coatora estadual ou municipal, seria necessário analisar a Constituição do Estado específico para saber quais autoridades têm foro especial.

CAPÍTULO II

MODELO DE PETIÇÃO INICIAL

EXCELENTÍSSIMO SENHOR DOUTOR JUIZ DE DIREITO DA _______ VARA ______ DA COMARCA DE

Nome, nacionalidade, estado civil, profissão, portador da carteira de identidade n. ______, inscrito no CPF/MF sob o n. ______, residente e domiciliado à ______, por seu advogado que assina *in fine*, conforme procuração anexa, com endereço constante à ______, para, nos termos do art. 39, I, do CPC, receber avisos e quaisquer intimações, vem, respeitosamente, perante Vossa Excelência, nos termos dos arts. 282 e 283 do CPC, art.5.º, LXIX, da CRFB/1988, e Lei 12.016/2009, impetrar

MANDADO DE SEGURANÇA COM PEDIDO LIMINAR

NOTA:

- Se for PREVENTIVO, deve-se colocar a indicação.
- Se for COLETIVO, deve-se colocar a indicação e substituir a fundamentação, tirando o art. 5.º, LXIX, e colocando no seu lugar art. 5.º, LXX, da CRFB/1988.
- Só não se faz referência a liminar nos casos das matérias em que é vedada a sua concessão, nos termos do art.7.º,§ 2.º, da Lei 12.016/2009.

contra ato coator praticado pela autoridade ______, vinculada à pessoa jurídica ______, com sede domiciliada no(a) ______, pelas razões de fato e de direito a seguir alinhadas.

I – DA LEGITIMIDADE PASSIVA

NOTA: Bom afirmar que "apesar de conhecida a controvérsia", os arts. 6.º e 7.º, I e II, da Lei 12.016/2009, pacificaram o tema, sendo importante elencar não só a autoridade coatora, mas também a pessoa jurídica à qual ele se vincula, uma vez que suportará os efeitos do ato ou inércia.

II – DO DIREITO LÍQUIDO E CERTO

NOTA:

- Neste ponto, afirme que existe direito líquido e certo do impetrante quanto à sua titularidade, extensão e liquidez, comprovado com a documentação anexa, o que permite a impetração do presente MS.
- Se for MS preventivo, para que exista interesse em sua impetração, é necessário existência de justo receio (iminência e certeza de que o ato acontecerá, gerando a lesão), por isso, é bom afirmar que está provado que o *ato coator* está em vias de se realizar, restando provado que ele deverá acontecer.

III – DA RESIDUALIDADE

NOTA: Assim como ADPF, o mandado de segurança só poderá ser impetrado se não houver outra ação cabível. Apesar de não ser necessário, é prudente demonstrar a impossibilidade de HC, HD ou mesmo de ação popular.

IV – DA TEMPESTIVIDADE

Mandado de segurança caduca (Súmula 632 do STF) no prazo de 120 dias a contar da ciência, pelo interessado, do ato impugnado.

Não existe prazo para impetração do mandado de segurança preventivo.

V – DA LESÃO (se repressivo) OU DO JUSTO RECEIO DE LESÃO (se preventivo)

NOTA: Transcrever os fatos, reproduzindo a questão da prova (trabalho de "recorte e cole"). De novo, NÃO INVENTE FATOS.

VI – DO MÉRITO OU DO DIREITO

NOTA: Utilizar de artigos da CRFB, princípios, súmulas, doutrina e jurisprudência.

VII – DA CONCESSÃO DA MEDIDA LIMINAR

NOTA: A liminar está prevista no art. 7.º, III, da Lei 12.016/2009.

Como as outras demandas, nesta ação também tem que demonstrar os requisitos:

a) *fumus boni iuris* – que consiste em demonstrar a plausibilidade do direito;

b) *periculum in mora* – no caso, demonstrar a real possibilidade da medida se tornar ineficaz caso só seja deferida ao final.

Atenção! Existem quatro hipóteses em que é negada a liminar (art. 7.º, § 2.º, da Lei 12.016/2009). São elas:

- compensação de crédito tributário;
- liberação de bens e mercadorias provenientes do exterior;
- concessão de aumento, extensão de vantagens ou pagamento de qualquer natureza;
- reclassificação ou equiparação de servidor público.

VIII – DO PEDIDO

Ante o exposto, requer:

a) seja concedida liminarmente a segurança perseguida, com a expedição de ofício à autoridade coatora determinando que se suspenda o ato lesivo e cumpra as determinações legais nos moldes do art. 9.º da Lei 12.016/2009, assegurando ao impetrante o direito de _______ até o julgamento final;

NOTA:

- Lembrar que quando houver mandado de segurança coletivo em que tenha como legitimado passivo pessoa jurídica de direito público, **ANTES** da liminar deve-se requerer a oitiva do representante judicial da pessoa jurídica no prazo de 72 horas (art. 22, § 2.º, da Lei 12.016/2009).
- Se tiverem provas em poder da autoridade coatora ou repartição pública, pode ser necessário **ANTES** do pedido liminar a intimação do órgão responsável para juntada dos documentos no prazo de dez dias (art. 6.º, § 1.º, da Lei 12.016/2009).

b) seja notificada a autoridade coatora para, recebendo cópia da petição e dos documentos anexados, prestar informações, no prazo de dez dias, na forma do art. 7.º, I, da Lei 12.016/2009;

c) que, por obediência ao art. 7.º, II, da Lei 12.016/2009, se dê ciência ao órgão de representação judicial da pessoa jurídica à qual se vincula a autoridade coatora, para, querendo, prestar informações;

d) a intimação do ilustre membro do Ministério Público, para que opine e se manifeste nos atos e termos do presente *mandamus*, no prazo improrrogável de dez dias;

e) a concessão da segurança em caráter definitivo, para fins de invalidar o ato coator atacado, reconhecendo sua ilegalidade/abuso de poder, e assim protegendo o direito invocado;

NOTA: Sendo MS Preventivo, requer a concessão da segurança para determinar que não se pratique o ato coator apontado.

f) a condenação dos impetrados nas custas processuais.

NOTA: não pode requerer a condenação em honorários advocatícios (art. 25 da Lei 12.016/2009).

Atribui a causa o valor de R$ (valor por extenso).

Nesses termos,

Espera deferimento.

Local e data.

Advogado/OAB

CAPÍTULO III
EXERCÍCIOS DE FIXAÇÃO

QUESTÃO 1 (OAB/FGV 2010.01)

O secretário de administração do estado-membro Y, com a finalidade de incentivar o aprimoramento profissional de certa categoria de servidores públicos, criou, por meio de lei específica, tabela de referências salariais com incremento de 10% entre uma e outra, estando a mudança de referência baseada em critérios de antiguidade e merecimento. O pagamento do mencionado percentual seria feito em seis parcelas mensais e sucessivas. Os servidores que adquiriram todas as condições para o posicionamento na referência salarial subsequente já haviam recebido o pagamento de três parcelas quando sobreveio a edição de medida provisória revogando a sistemática estabelecida na lei. Assim, no mês seguinte à edição dessa medida, o valor correspondente à quarta parcela foi excluído da folha de pagamento. Em decorrência dessa exclusão, os servidores requereram à Secretaria Estadual de Planejamento e Gestão a respectiva inserção na folha de pagamento, sob pena de submeter a questão ao Poder Judiciário.

Em resposta, o secretário indeferiu o pedido, fundado nos seguintes argumentos:

a) em razão da revogação da lei, promovida pela medida provisória, os servidores não mais teriam direito ao recebimento do percentual;
b) seria possível a alteração do regime remuneratório, em face da ausência de direito adquirido a regime jurídico, conforme já reconhecido pelo Supremo Tribunal Federal;
c) os servidores teriam, na hipótese, mera expectativa de direito, e não direito adquirido;
d) não cabe ao Poder Judiciário atuar em área própria do Poder Executivo e conceder o reajuste pleiteado, sob pena de ofensa ao princípio constitucional da separação dos poderes.

Em face da situação hipotética apresentada, na qualidade de advogado(a) contratado(a) pelo sindicato dos servidores, redija a medida judicial cabível para impugnação do ato da autoridade que determinou a exclusão do pagamento dos servidores dos percentuais previstos em lei, destacando os argumentos necessários à adequada defesa dos interesses de seus clientes.

SUGESTÃO DE RESPOSTA

EXCELENTÍSSIMO SENHOR DOUTOR DESEMBARGADOR PRESIDENTE DO TRIBUNAL DE JUSTIÇA DO ESTADO Y

SINDICATO DOS SERVIDORES DO ESTADO Y, pessoa jurídica de direito privado, inscrito sob o CNPJ n. _______ e com endereço à _______, neste ato representado por seu presidente _______, por seu advogado que assina *in fine*, conforme procuração anexa, com endereço constante à _______, para, nos termos do art. 39, I, do CPC, receber avisos e quaisquer intimações, vem, respeitosamente, perante Vossa Excelência, nos termos dos arts. 282 e 283 do CPC, art. 5.º, LXX, *b*, da CRFB/1988, e Lei 12.016/2009, impetrar

MANDADO DE SEGURANÇA COLETIVO COM PEDIDO LIMINAR

contra ato coator praticado pelo SECRETÁRIO DE ADMINISTRAÇÃO DO ESTADO Y, vinculado ao ESTADO Y, com sede à _______, pelas razões de fato e de direito a seguir alinhadas.

I – DA LEGITIMIDADE PASSIVA

Bom afirmar que "apesar de conhecida a controvérsia", os arts. 6.º e 7.º, I e II, da Lei 12.016/2009, pacificou o tema, sendo importante elencar não só a autoridade coatora, mas também a pessoa jurídica à qual ele se vincula, uma vez que suportará os efeitos do ato ou inércia.

Desse modo, o Secretário de Administração do Estado Y e o próprio Estado Y são as autoridades coatoras praticantes do ato lesivo ao direito líquido e certo do impetrante.

II – DO DIREITO LÍQUIDO E CERTO

O direito líquido e certo contido em lei violada ou na iminência de sê-la é requisito para o cabimento do MS. Dessa forma, o direito líquido e certo se configura na presente ação, como a documentação anexa, pelo direito dos servidores a receber as três parcelas subsequentes do acréscimo salarial, uma vez que já configurava patrimônio dos mesmos e a lei não pode prejudicar o direito adquirido nem a irredutibilidade dos provimentos do servidor público.

III – DA RESIDUALIDADE

Assim como ADPF, o mandado de segurança só poderá ser impetrado se não houver outra ação cabível. Desse modo, só cabe MS quando não couber outro remédio para a tutela dos direitos lesados ou passíveis de lesão.

Por não ser possível tais direitos mencionados serem tutelados por outro remédio – HC, HB, MI e AP – por ser residual o remédio para a tutela de tais direitos, é o Mandado de Segurança.

IV – DO MÉRITO OU DO DIREITO

É bem verdade que o STF já reconheceu que o servidor não tem direito a regime jurídico. Dessa forma, a administração pode, legitimamente, fazer alterações no regime jurídico, inclusive, excluindo algumas vantagens, gratificações ou reajustes.

Entretanto, o que se discute aqui é se os servidores tinham ou não à época da edição da Medida Provisória adquirido o direito à remuneração, o que parece pacífico que sim, uma vez que a própria administração pagou as três primeiras parcelas salariais. Vale ressaltar no seu mister que os funcionários já haviam cumprido os requisitos legais e que a lei específica já havia assegurado o pagamento a eles, sendo apenas o pagamento feito de forma parcelada. Nesse tocante, fica visível que o acréscimo salarial já integrava o patrimônio jurídico dos servidores, o que faz com que esse direito mereça o invólucro da garantia constitucional do direito adquirido prevista no art. 5.º, XXXVI, da CRFB. Desse modo, pode a administração cortar o percentual para futuros servidores ou para aqueles que ainda não atingiram os requisitos legais e possuem mera expectativa de direito, mas não pode retirar do patrimônio daqueles que já fazem *jus* ao percentual.

Caso fosse permitida a subtração das parcelas, haveria outra flagrante inconstitucionalidade, além da já aludida ao direito adquirido. Tal inconstitucionalidade seria vista pela violação do art. 37, XV, da CRFB, que diz que os ocupantes de cargos ou empregos públicos têm como característica dos seus vencimentos a irredutibilidade. Isto acontece porque, como o percentual já figurava como patrimônio jurídico dos servidores, sua exclusão é clara afronta ao princípio da irredutibilidade dos vencimentos. Ou seja, apesar de poder mudar o regime jurídico dos servidores, esta mudança tem que observar os pressupostos do art. 37 da CRFB, a fim de não ser uma mudança inconstitucional.

V – DA LESÃO

O secretário de administração do Estado-Membro Y criou, por meio de lei específica, tabela de referências salariais com incremento de 10% entre uma e outra, estando a mudança de referência baseada em critérios de antiguidade e merecimento. O pagamento do mencionado percentual seria feito em seis parcelas mensais e sucessivas.

Os servidores que adquiriram todas as condições para o posicionamento na referência salarial subsequente já haviam recebido o pagamento de três parcelas quando sobreveio a edição de medida provisória revogando a sistemática estabelecida na lei. Assim, no mês seguinte à edição dessa medida, o valor correspondente à quarta parcela foi excluído da folha de pagamento.

Em decorrência dessa exclusão, os servidores requereram à Secretaria Estadual de Planejamento e Gestão a respectiva inserção na folha de pagamento, sob pena de submeter a questão ao Poder Judiciário.

O secretário indeferiu o pedido formulado pelos servidores, com base nos seguintes argumentos:

a) em razão da revogação da lei, promovida pela medida provisória, os servidores não mais teriam direito ao recebimento do percentual;

b) seria possível a alteração do regime remuneratório, em face da ausência de direito adquirido a regime jurídico, conforme já reconhecido pelo Supremo Tribunal Federal;

c) os servidores teriam, na hipótese, mera expectativa de direito, e não direito adquirido;

d) não cabe ao Poder Judiciário atuar em área própria do Poder Executivo e conceder o reajuste pleiteado, sob pena de ofensa ao Princípio Constitucional da Separação dos Poderes.

VI – DA CONCESSÃO DE LIMINAR

Diante de todos os princípios e fatos relatados até o presente momento, o *fumus boni juris* está mais que configurado quando da possibilidade real de não haver pagamento das parcelas a que os servidores fazem *jus*.

O *periculum in mora* se dá na medida em que houve suspensão do pagamento das parcelas subsequentes e os servidores estão sendo lesados em suas verbas de natureza alimentícia, o que por si só já é uma grande violação à sua dignidade.

VII – DO PEDIDO

Ante o exposto, requer:

a) A notificação do representante judicial da pessoa jurídica para que seja ouvido no prazo de 72 horas, como preceitua o art. 22, § 2.º, da Lei 12.016/2009;

b) seja concedida liminarmente a segurança perseguida, com a expedição de ofício à autoridade coatora determinando que se suspenda o ato lesivo e cumpra as determinações legais nos moldes do art. 9.º da Lei 12.016/2009, assegurando ao impetrante o direito de receber a 4.ª, 5.ª e 6.ª parcelas do reajuste, uma vez que seu caráter é alimentar e pode afetar a esfera da dignidade dos servidores;

c) seja notificada a autoridade coatora para, recebendo cópia da petição e dos documentos anexados, prestar informações, no prazo de dez dias, na forma do art. 7.º, I, da Lei 12.016/2009;

d) que, por obediência ao art. 7.º, II, da Lei 12.016/2009, se dê ciência ao órgão de representação judicial da pessoa jurídica à qual se vincula a autoridade coatora, para, querendo, prestar informações;

e) a intimação do ilustre representante do Ministério Público, para que opine e se manifeste nos atos e termos do presente *mandamus*, no prazo improrrogável de dez dias;

f) a concessão da segurança em caráter definitivo, para fins de invalidar o ato coator atacado, reconhecendo sua ilegalidade/abuso de poder e assim protegendo o direito invocado;

g) diante da ofensa ao direito adquirido e à irredutibilidade dos vencimentos que haja concessão da ordem, no sentido de garantir aos servidores os reajustes devidos por lei;

h) A condenação do impetrado nas custas processuais.

Atribui a causa o valor de R$ ______ (__).

Nesses termos,

Espera deferimento.

Local e data.

Advogado/OAB

QUESTÃO 2 (OAB/FGV 2010.02 – ALTERADA)

Mévio de Tal, com 42 anos de idade, pretende candidatar-se a cargo vago, mediante concurso público, organizado pelo Estado X, tendo, inclusive, se matriculado em escola preparatória. Com a publicação do edital, é surpreendido com a limitação, da nomeação e posse dos candidatos com idade de, no máximo, 25 anos. Inconformado, apresenta requerimento ao responsável pelo concurso, que aduz o interesse público, tendo em vista que, quando mais jovem, maior tempo permanecerá no serviço público o aprovado no certame, o que permitirá um menor déficit nas prestações previdenciárias, um dos problemas centrais do orçamento do Estado na contemporaneidade. O responsável pelo concurso é o Governador do Estado X. Não há previsão legal para o estabelecimento de idade mínima, sendo norma constante do edital do concurso.

Não há necessidade de produção de provas, e o prazo entre a publicação do edital e da impetração da ação foi menor que 120 dias.

Na qualidade de advogado contratado por Mévio, redija a peça cabível ao tema, observando:

a) competência do Juízo;
b) legitimidade ativa e passiva;
c) fundamentos de mérito constitucionais e legais vinculados;
d) os requisitos formais da peça inaugural;
e) necessidade de tutela de urgência.

SUGESTÃO DE RESPOSTA

EXCELENTÍSSIMO SENHOR DOUTOR DESEMBARGADOR PRESIDENTE DO TRIBUNAL DE JUSTIÇA DO ESTADO X

MÉVIO DE TAL, nacionalidade, estado civil, profissão, inscrito no RG n. _______, e no CPF n. _______, com endereço à _______, por seu advogado que assina *in fine*, conforme procuração anexa, com endereço constante à _______, para, nos termos do art. 39, I, do CPC, receber avisos e quaisquer intimações, vem, respeitosamente, perante Vossa Excelência, nos termos dos arts. 282 e 283 do CPC, art.5.º, LXIX, da CRFB/1988, e Lei 12.016/2009, impetrar

MANDADO DE SEGURANÇA PREVENTIVO COM PEDIDO LIMINAR

contra ato coator praticado pelo GOVERNADOR DO ESTADO X, vinculado ao ESTADO X, pessoa jurídica de direito público, com sede à _______, pelas razões de fato e de direito a seguir alinhadas.

I – DA LEGITIMIDADE PASSIVA

Bom afirmar que "apesar de conhecida a controvérsia", os arts. 6.º e 7.º, I e II, da Lei 12.016/2009, pacificou o tema, sendo importante elencar não só a autoridade coatora, mas também a pessoa jurídica à qual ele se vincula, uma vez que suportará os efeitos do ato ou inércia.

Dessa forma, é pacífico dizer que a autoridade coatora é o Governador do Estado X, e a pessoa jurídica de direito público a qual se vincula é o próprio Estado X.

II – DO DIREITO LÍQUIDO E CERTO

O direito líquido e certo contido em lei violada ou na iminência de sê-la é requisito para o cabimento do MS. Desta forma, o direito líquido e certo se configura na presente ação, como a documentação anexa, pelo direito constitucional à isonomia, em que todos são iguais perante a lei. Nesse caso, há um corte no princípio da isonomia e fere-se o subprincípio da não discriminação, pois não é razoável um teto de idade de 25 anos para o provimento de cargos em concurso público, tornando-se verdadeira discriminação aos candidatos de mais idade.

Doutra forma, podemos destacar que o ente público não age dentro da estrita legalidade, ou seja, não há previsão legal de restrição por idade para provimento em cargos públicos, o que torna a medida desproporcional, irrazoável e ilegal.

III – DA RESIDUALIDADE

Assim como a ADPF, o mandado de segurança só poderá ser impetrado se não houver outra ação cabível. Desse modo, só cabe MS quando não couber outro remédio para a tutela dos direitos lesados ou passíveis de lesão.

Tendo em vista que os direitos mencionados não são passíveis de serem tutelados por outro remédio – HC, HB, MI e AP – por ser residual, o meio adequado para a tutela de tais direitos é o mandado de segurança.

IV – DO JUSTO RECEIO DE LESÃO

O impetrante pretende realizar concurso público a cargo vago no Estado X. Contudo, com a publicação do Edital, surpreendeu-se com a limitação de idade de 25 anos para nomeação e posse, caso aprovado no concurso.

Diante de tal absurdo, inconformado, apresentou o impetrante recurso na seara administrativa ao responsável pela organização do certame, tendo como resposta que a limitação visava proteger o interesse público, tendo em vista que, quanto mais jovem fossem os candidatos a ocuparem os cargos vagos, mais tempo demorariam para se aposentar, ajudando a resolver o déficit da previdência do aludido Estado-Membro da federação.

Não restou ao impetrante senão outra via que a judicial para proteger seus direitos e interesses.

V – DO MÉRITO OU DO DIREITO

O próprio edital é a base e a fonte da inconstitucionalidade, pois não amparado por lei alguma, muito menos na Constituição Federal, restringe a idade dos postulantes a cargos públicos a 25 anos de idade.

Por mais que possa se invocar o interesse público, há clara afronta à estrita legalidade – que é a legalidade das autoridades administrativas – quer seja só fazer aquilo que a lei prevê, uma vez que não há em nosso ordenamento previsão constitucional ou legal que dê margem à discriminação por idade de candidatos.

A Suprema Corte do País, inclusive, vem entendendo que normas editalícias só podem fazer restrições a limites de idade, quando houver expressa previsão legal e, ainda, se for adequado ao cargo pleiteado.

Dessa forma, ainda que o concurso vise garantir o princípio do concurso público e esteja a ilegalidade baseada pela autoridade coatora no interesse público, não se pode usar da Constituição nem dos princípios constitucionais para se cometer verdadeiras injustiças!

VI – DA CONCESSÃO DE LIMINAR

Diante de todos os princípios e fatos relatados até o presente momento, o *fumus boni juris* está mais que configurado no sentido de que não há disposição constitucional que imponha limite de idade em 25 anos para provimento de cargos em concurso público.

O *periculum in mora* se dá na medida em que se a limitação contida no edital não for suprimida, o impetrante, caso aprovado no concurso público, terá o real perigo de não ser nomeado e empossado, mesmo tendo sido aprovado, o que será verdadeiro cerceamento à sua liberdade de escolha de profissão, cerceamento a um concurso público de acesso a todos, gerando verdadeiro dano ao candidato e verdadeira ilegalidade do concurso como um todo.

VII – DO PEDIDO

Ante o exposto, requer:

a) seja concedida liminarmente a segurança perseguida, com a expedição de ofício à autoridade coatora determinando que se suspenda o ato lesivo e cumpra as determinações legais nos moldes do art. 9.º da Lei 12.016/2009, assegurando ao impetrante em caso de aprovação no concurso público o direito de ser nomeado e empossado para o provimento em cargo público no Estado X;

b) seja notificada a autoridade coatora para, ora Governador do Estado X, em recebendo cópia da petição e dos documentos anexados, prestar informações, no prazo de dez dias, na forma do art. 7.º, I, da Lei 12.016/2009;

c) que, por obediência ao art. 7.º, II, da Lei 12.016/2009, se dê ciência ao órgão de representação judicial da pessoa jurídica à qual se vincula a autoridade coatora, ora o Estado X, para, querendo, prestar informações;

d) a intimação do ilustre membro do Ministério Público, para que opine e se manifeste nos atos e termos do presente *mandamus*, no prazo improrrogável de dez dias;

e) a concessão da segurança em caráter definitivo, para fins de invalidar o ato coator atacado, reconhecendo sua ilegalidade/abuso de poder, e assim protegendo o direito invocado;

f) diante da irrazoabilidade, discriminação e ilegalidade do ato atacado, que seja conhecido do mérito da ação para anular a parte do edital que discrimine os candidatos por critério de idade, uma vez que não há amparo legal para a medida;

g) A condenação do impetrado nas custas processuais.

Atribui a causa o valor de R$ ______ (__).

Nesses termos,

Espera deferimento.

Local e data.

Advogado/OAB

QUESTÃO 3 (OAB/CESPE 2008.01 – ALTERADA)

O Presidente da República apresenta ao Congresso Nacional proposição legislativa que trata de criação, transformação em estado ou reintegração ao estado de origem de territórios federais. O trâmite da proposição tem início na Câmara dos Deputados. Após análise nas comissões específicas, que não veem vício de qualquer natureza na proposição legislativa, esta segue para votação em plenário. Durante uma sessão tumultuada, com a ausência de 213 deputados federais e sob protesto da bancada oposicionista presente, a proposição é votada com o seguinte resultado: 197 votos favoráveis, 95 votos contrários e 8 abstenções. A proposição é, então, dada por aprovada em 31.03.2008, e encaminhada para análise e deliberação do Senado Federal. Ainda quando em trâmite no Senado Federal, um deputado federal que não esteve presente no momento da votação procura os serviços de um advogado, alegando que tem dúvidas sobre o trâmite regular da proposição legislativa na Câmara dos Deputados. Informa, ainda, que há previsão de a proposição legislativa ser votada no Senado Federal em um prazo de sete dias.

Em face da situação hipotética apresentada, na qualidade de advogado(a) do deputado federal, redija a peça jurídica mais adequada ao caso, levando em conta que a citada proposição legislativa ainda se encontra em trâmite no Senado Federal e atentando aos seguintes aspectos:

- competência do órgão julgador;
- legitimidade ativa e passiva;
- argumentos de mérito;
- requisitos formais da peça judicial proposta.

SUGESTÃO DE RESPOSTA

EXCELENTÍSSIMO MINISTRO PRESIDENTE DO SUPREMO TRIBUNAL FEDERAL

Nome, nacionalidade, estado civil, Deputado Federal, portador do documento de identidade n. _______, e inscrito no CPF/MF n. ________, com endereço à _______, por seu advogado que assina *in fine*, conforme procuração anexa, com endereço constante à _______, para, nos termos do art. 39, I, do CPC, receber avisos e quaisquer intimações, vem, respeitosamente, perante Vossa Excelência, nos termos dos arts. 282 e 283 do CPC, art. 5.º, LXIX, da CRFB/1988, e Lei 12.016/2009, impetrar

MANDADO DE SEGURANÇA COM PEDIDO LIMINAR

contra ato coator praticado pela CÂMARA DOS DEPUTADOS FEDERAL, vinculado à UNIÃO FEDERAL, pessoa jurídica de direito público, com sede à _______, pelas razões de fato e de direito a seguir alinhadas.

I – DA LESÃO

O impetrante, Deputado Federal, se deparou com uma situação teratológica que feriu gravemente o seu direito, como parlamentar de ter um processo legislativo legal, plural e justo.

Ocorre que, como demonstraremos a seguir, o projeto de lei complementar n. _______, que trata sobre criação, transformação em estado ou reintegração ao estado de origem de territórios federais –, por tratar desta matéria, se faz necessária lei complementar – foi votado na Câmara dos Deputados com quórum de 197 votos favoráveis e, por consequência, foi considerado aprovado e encaminhado ao Senado Federal para debate e votação que ocorrerá no prazo de sete dias.

Contudo, a aprovação acima supracitada é inconstitucional, pois como PLC seria necessária à aprovação por, no mínimo, 50% mais um dos deputados da câmara, pois lei complementar exige quórum de maioria absoluta da casa, e não dos presentes. Tal número seria o de 257 votos favoráveis ao projeto de lei em questão, uma vez que a câmara conta com 513 deputados federais.

Diante de tal desrespeito ao texto constitucional é que se configura o direito do deputado a um processo legislativo dentro dos parâmetro constitucionais, justo, plural e acima de tudo, não viciado, para que haja proteção ao Estado brasileiro e à democracia como um todo.

II – DA LEGITIMIDADE ATIVA

O deputado federal, como deflagrador do processo legislativo e como parte ativa da arte legiferante, é o legitimado ativo para a propositura da presente peça mandamental, uma vez que é o seu direito a um processo justo, legal, constitucional, que obedeça à lei maior e aos regimentos internos da Câmara de Deputados e do Senado Federal, que estão sendo violados.

Ainda que representante do povo, é ele, o deputado federal – quando a lesão vier de processo viciado na Câmara dos Deputados –, quem é parte ativa no processo de elaboração e votação das leis; é a pessoa a quem outorgamos tal prerrogativa e, por isso, em nome próprio tem o direito de recorrer ao *mandamus* quando aquela casa de leis fere o seu direito a um processo legislativo justo e constitucionalmente coadunado.

III – DA LEGITIMIDADE PASSIVA

Bom afirmar que "apesar de conhecida a controvérsia", os arts. 6.º e 7.º, I e II, da Lei 12.016/1999, pacificou o tema, sendo importante elencar não só a autoridade coatora, mas também a pessoa jurídica à qual ele se vincula, uma vez que suportará os efeitos do ato ou inércia.

Assim, como votado na Câmara dos Deputados e não observada a sua inconstitucionalidade naquela casa de leis e tendo sido o resultado proclamado pelo presidente da sessão que aprovou o PLC com o quórum menor do que o exigido, não restam dúvidas sobre a legitimidade passiva ser da própria Câmara dos Deputados e da União Federal, que é a pessoa jurídica a quem se vincula a câmara dos deputados.

IV – DO DIREITO LÍQUIDO E CERTO

O direito líquido e certo contido em lei violada ou na iminência de sê-la é requisito para o cabimento do MS. Desta forma, o direito líquido e certo se configura na presente ação, como a documentação anexa, pelo direito constitucional do parlamentar de ter um processo legislativo que respeite a ordem democrática e a Constituição acima de qualquer coisa.

Fazendo a leitura do art. 18, § 3.º, da CRFB, à luz do art. 69 da mesma Constituição, chegamos à conclusão de que os projetos de lei sobre criação, cisão, distribuição de terras de territórios só podem ser feitos por lei complementar, e esta só é aprovada por maioria absoluta, como vemos a seguir:

> "Art. 18. A organização político-administrativa da República Federativa do Brasil compreende a União, os Estados, o Distrito Federal e os Municípios, todos autônomos, nos termos desta Constituição.
>
> (...)
>
> § 3.º Os Estados podem incorporar-se entre si, subdividir-se ou desmembrar-se para se anexarem a outros, ou formarem novos Estados ou Territórios Federais, mediante aprovação da população diretamente interessada, através de plebiscito, e do Congresso Nacional, por lei complementar."

> "Art. 69. As leis complementares serão aprovadas por maioria absoluta."

Assim, não resta dúvida sobre a lesão ao direito líquido e certo do parlamentar.

V – DA RESIDUALIDADE

Assim como a ADPF, o mandado de segurança só poderá ser impetrado se não houver outra ação cabível. Deste modo, só cabe MS quando não couber outro remédio para a tutela dos direitos lesados ou passíveis de lesão.

Tendo em vista que os direitos mencionados não são passíveis de serem tutelados por outro remédio – HC, HB, MI e AP – por ser residual, o meio adequado para a tutela de tais direitos é o mandado de segurança.

VI – DO DIREITO

Quanto às regras para a produção de normas deste tipo, a Constituição da República é clara – como demonstrado anteriormente – de que tal proposição só pode ser feita em forma de lei complementar e que para sua aprovação necessária é a maioria absoluta dos parlamentares da respectiva casa legislativa.

Não obstante o quórum de instalação da sessão que iria votar o PLC estivesse correto, pois haviam à época da instalação 300 deputados na Câmara Federal, o quórum necessário a sua aprovação é de maioria absoluta, ou seja,

50% mais um, que seria em números concretos o valor de 257 deputados favoráveis à proposição.

Por só terem votado favoráveis ao projeto o número de 197 deputados, a proposição deveria ter sido arquivada como não aprovada e jamais poderia ter sido enviada ao Senado Federal como aprovada para que os senadores pudessem deliberar sobre o tema.

O processo legislativo justo, democrático e constitucional é uma garantia do parlamentar, mas antes de tudo, é uma garantia do povo brasileiro. Primeiro, pois esta é a vontade imperante em nossa carta magna; segundo, porque já seria uma nova lei lançada ao mundo jurídico eivada de inconstitucionalidade formal, uma vez que não teria respeitado os quesitos objetivos impostos pela Constituição para aprovação de Projeto de Lei Complementar.

A rigidez constitucional, exigindo quóruns diferentes de acordo com determinadas matérias é proteção ao cidadão. Ainda que o PLC seja materialmente benevolente, a esse é exigido o quórum mínimo de 50% mais um – maioria absoluta – para sua aprovação. Hoje, ele pode ser materialmente bom, garantidor, amanhã pode visar o retrocesso e a retirada de direitos, por isso o cidadão e o Estado brasileiro têm que estar protegidos.

Deste modo, sempre que o legislador infraconstitucional quiser fazer uma proposição legislativa que embarque o tema em tela (incorporação, desmembramento, subdivisão, anexação de estados ou territórios), deverá, obrigatoriamente, fazê-lo por lei complementar, respeitando o quórum de instauração e aprovação de 257 deputados, ou seja, maioria absoluta, como versa o art. 69 da CRFB.

VII – DA CONCESSÃO DE LIMINAR

Diante de todos os princípios e fatos relatados até o presente momento, o *fumus boni juris* está mais que configurado, quando da possibilidade real de votação e aprovação de uma lei formalmente inconstitucional pelo Senado Federal, além de ter sido considerada aprovada uma lei que, pelos mandamentos constitucionais, não o foi.

Importante se faz salientar que, depois de aprovado pelo Senado, caso não haja emenda nem veto do Presidente da República, não há mais participação da Câmara dos Deputados neste processo, tendo, portanto, havido flagrante lesão ao direito do parlamentar.

O *periculum in mora* se dá na medida em que o prazo para votação do aludido projeto de lei complementar no Senado Federal é de sete dias, que há iminência de perda do objeto do *mandamus* e que o Senador Federal poderá perder seu precioso tempo em deliberar e votar uma matéria que não foi, de fato, aprovada pela Câmara dos Deputados, que se encontra eivada de inconstitucionalidade formal, levando à frente este processo legislativo viciado.

VIII – DO PEDIDO

Ante o exposto, requer:

a) seja concedida liminarmente a segurança perseguida, com a expedição de ofício à autoridade coatora determinando que se suspenda o ato lesivo e cumpra as determinações legais nos moldes do art. 9.º da Lei 12.016/2009, assegurando ao impetrante a nulidade do presente processo legislativo, fazendo com que o PLC em questão seja arquivado, uma vez que não aprovado na Câmara dos Deputados;

b) seja notificada a autoridade coatora para, ora Presidente da Câmara dos Deputados, para em recebendo cópia da petição e dos documentos anexados, prestar informações, no prazo de dez dias, na forma do art. 7.º, I, da Lei 12.016/2009;

c) que, por obediência ao art. 7.º, II, da Lei 12.016/2009, se dê ciência ao órgão de representação judicial da pessoa jurídica à qual se vincula a autoridade coatora, ora a UNIÃO FEDERAL para, querendo, prestar informações;

d) a intimação do ilustre representante do Ministério Público, para que opine e se manifeste nos atos e termos do presente *mandamus*, no prazo improrrogável de dez dias;

e) a concessão da segurança em caráter definitivo, para fins de invalidar o ato coator atacado, reconhecendo sua ilegalidade/abuso de poder e assim protegendo o direito invocado;

f) Diante da inconstitucionalidade da medida, seja concedida a ordem no mérito para declarar a nulidade do processo legislativo após a votação e declarar o projeto de lei complementar não aprovado, exigindo-se, assim, o seu arquivamento;

g) A condenação do impetrado nas custas processuais.

Atribui a causa o valor de R$ (valor por extenso).

Nesses termos,

Espera deferimento.

Local e data.

Advogado/OAB

TÍTULO IX
MANDADO DE INJUNÇÃO

CAPÍTULO I
COMPETÊNCIA

A competência dependerá da autoridade ou do órgão público competente para a confecção da norma infraconstitucional regulamentadora.

Didadicamente, podemos esquematizar da seguinte forma:

Supremo Tribunal Federal	Quando a elaboração da norma regulamentadora for atribuição do Presidente da República, do Congresso Nacional, da Câmara dos Deputados, do Senado Federal, das Mesas de uma dessas Casas Legislativas, do Tribunal de Contas da União, de um dos Tribunais Superiores, ou do próprio Supremo Tribunal Federal (art. 102, I, *q*, da CRFB).
Superior Tribunal de Justiça	Quando a elaboração da norma regulamentadora for atribuição de órgão, entidade ou autoridade federal, da administração direta ou indireta, excetuados os casos de competência do Supremo Tribunal Federal e dos órgãos da Justiça Militar, da Justiça Eleitoral, da Justiça do Trabalho e da Justiça Federal (art. 105, I, *h*, da CRFB).
Tribunal Regional Federal	Se o ato impugnado for do próprio tribunal ou de juiz que lhe for vinculado.
Juízes Federais	Divergência: 1.ª posição: Os mandados de injunção contra ato omissivo de autoridade federal, excetuados os casos de competência dos TRFs. 2.ª posição: Juízes federais não julgam MI por ausência de previsão expressa.
Justiça Estadual	Será estabelecida na respectiva Constituição e nas leis de organização judiciária, observados os princípios estabelecidos na Constituição Federal.

CAPÍTULO II

MODELO DE PETIÇÃO INICIAL

EXCELENTÍSSIMO SENHOR DOUTOR MINISTRO PRESIDENTE DO SUPREMO TRIBUNAL FEDERAL

Nome, nacionalidade, estado civil, profissão, portador da carteira de identidade n. _______, inscrito no CPF/MF sob o n. _______, residente e domiciliado à _______, por seu advogado que esta subscreve, com procuração anexa e endereço à _______, para onde devem ser remetidas as intimações (art. 39, I, do CPC), respeitosamente, à presença de Vossa Excelência, nos termos do art. 5.º, LXXI, da CRFB/1988, art. 24, parágrafo único, da Lei 8.038/1990, impetrar

MANDADO DE INJUNÇÃO

em face da ausência de regulamentação, que torna inviável o exercício de direito constitucional de _______ em razão da inércia do _______ (Autoridade omissa, prestar atenção nas competências exclusivas), pelos fatos e direitos a seguir expostos:

I – DOS FATOS

NOTA: Descrever os fatos narrados no enunciado da questão.

II – DO DIREITO

NOTA:

- Demonstrar que a norma é de eficácia limitada e não produz efeitos fim até ser regulamentada.
- Explicar como a jurisprudência tem se portado em relação aos efeitos da decisão em mandado de injunção (decisões concretistas).

III – DO PEDIDO

Ante o exposto, requer:

a) a notificação da autoridade omissa para prestar informações no prazo legal (ou em dez dias);

b) a intimação do membro do Ministério Público para se manifestar;

c) a concessão do direito pleiteado, em virtude da procedência do pedido;

d) a condenação do impetrado nos ônus de sucumbência, notadamente no que se refere às custas processuais.

Atribui a causa o valor de R$ (valor por extenso).

Nesses termos,

Espera deferimento.

Local e data.

Advogado/OAB

CAPÍTULO III

EXERCÍCIOS DE FIXAÇÃO

QUESTÃO 1 (OAB 2008/CESPE.3)

Joana Augusta laborou, durante 26 anos, como enfermeira do quadro do hospital universitário ligado a determinada universidade federal, mantendo, no desempenho de suas tarefas, em grande parte de sua carga horária de trabalho, contato com agentes nocivos causadores de moléstias humanas, bem como com materiais e objetos contaminados.

Em conversa com um colega, Joana obteve a informação de que, em razão das atividades que ela desempenhava, poderia requerer aposentadoria especial, com base no § 4.º, do art. 40, da Constituição Federal de 1988.

A enfermeira, então, requereu administrativamente sua aposentadoria especial, invocando como fundamento de seu direito o referido dispositivo constitucional.

No dia 30 de novembro de 2008, Joana recebeu notificação de que seu pedido havia sido indeferido, tendo a administração pública justificado o indeferimento com base na ausência de lei que regulamente a contagem diferenciada do tempo de serviço dos servidores públicos para fins de aposentadoria especial, ou seja, sem uma lei que estabeleça os critérios para a contagem do tempo de serviço em atividades que possam ser prejudiciais à saúde dos servidores públicos, a aposentadoria especial não poderia ser concedida.

Nessa linha de entendimento, Joana deveria continuar em atividade até que completasse o tempo necessário para a aposentadoria por tempo de serviço.

Inconformada, Joana procurou escritório de advocacia, objetivando ingressar com ação para obter sua aposentadoria especial.

Em face dessa situação hipotética, na qualidade de advogado(a) contratado(a) por Joana, redija a petição inicial da ação cabível para a defesa dos interesses de sua cliente, atentando, necessariamente, para os seguintes aspectos:

a) competência do órgão julgador;

b) legitimidade ativa e passiva;

c) argumentos de mérito;

d) requisitos formais da peça judicial proposta.

SUGESTÃO DE RESPOSTA

EXCELENTÍSSIMO SENHOR DOUTOR MINISTRO PRESIDENTE DO SUPREMO TRIBUNAL FEDERAL

Joana Augusta, nacionalidade _______, estado civil _______, funcionária pública, portadora da carteira de identidade n. _______, inscrita no CPF/MF sob o n. _______, residente e domiciliada à _______, por seu advogado que esta subscreve, com procuração anexa e endereço à _______, para onde devem ser remetidas as intimações (art. 39, I, do CPC), respeitosamente, à presença de Vossa Excelência, nos termos do art. 5.º, LXXI, da CRFB/1988, art. 24, parágrafo único, da Lei 8.038/1990, impetrar

MANDADO DE INJUNÇÃO

Em face da ausência de regulamentação, que torna inviável o exercício de direito constitucional de aposentadoria especial previsto no art. 40, § 4.º, II, da CRFB, por inércia do PRESIDENTE DA REPÚBLICA, pelos fatos e direitos a seguir expostos:

I – DA NORMA CONSTITUCIONAL DE EFICÁCIA LIMITADA

Entende-se como tal a norma constitucional que sozinha não tem força para produzir seus efeitos, necessitando de ato administrativo ou legislativo infraconstitucional para que possa produzi-los e se tornar eficaz.

Este é o caso da norma em questão atacada pelo presente *writ*, pois o art. 40, § 4.º, II, da CRFB, garante aos funcionários públicos que pratiquem atividade de risco, aposentadoria especial. Entretanto, não há norma infraconstitucional regulamentadora de tal direito, o que impossibilita o seu exercício.

II – DA LEGITIMIDADE ATIVA

É legitimado ativo para propor mandado de injunção qualquer um do povo que tenha direito ou prerrogativa assegurada pela Constituição de 1988, em norma de eficácia limitada, e por falta de regulamentação da norma constitucional esteja impedido de exercê-lo.

Nessa linha, a autora do presente *writ* é legitimada ativa para propô-lo, tendo em vista que é funcionária pública da área de saúde e, por ausência de norma infraconstitucional regulamentadora da aposentadoria especial, não pode exercer seu direito constitucional insculpido no art. 40, § 4.º, II, da CRFB.

III – DA LEGITIMIDADE PASSIVA

Nesse caso, por ser de competência privativa do Presidente da República, a aposentadoria especial deveria ter sido proposta como projeto de lei pelo Executivo (art. 61, § 1.º, II, *c*). Em não fazendo, tornou-se legitimado passivo, pois agiu por omissão na não regulamentação da norma, objeto do presente *writ*.

IV – DOS FATOS

A impetrante por 26 anos laborou como enfermeira do quadro funcional do hospital público _______, ligado à Universidade Federal. Devido ao trabalho de enfermeira, esteve em contato com diversas moléstias, pondo em risco, por diversas vezes, a sua saúde e, por que não, sua vida.

Tendo conhecimento da norma constitucional do art. 40, § 4.º, II, a impetrante requereu sua aposentadoria administrativamente, o que lhe foi negado devido à falta de previsão legal para tal concessão.

Desta forma, não restou a impetrante senão buscar o Judiciário para a resolução do problema em tela.

V – DO DIREITO

Como já exposto anteriormente, a norma de eficácia limitada é aquela que não tem condão de produzir seus efeitos plenamente sem a posterior regulamentação por norma infraconstitucional. Assim, ainda que previsto o direito na carta da República, não se faz possível ao titular do direito subjetivo à invocação da norma exercê-lo, pois a norma garante direito em abstrato e não dá diretrizes de forma ou conteúdo.

Nesse sentido, o legislador constituinte, de forma extremamente sensível, previu um remédio às suas doenças, sendo estas as omissões legislativas. O MI é o remédio constitucional que tem por fim dar concretude a um direito constitucional previsto, porém não regulamentado; ou seja, previsto em norma constitucional como direito subjetivo do cidadão, mas sem possibilidade de exercício por falta de regulamentação.

Esta ilustre Corte constitucional tem inclusive entendido desta forma, que o MI, diferente da ADO, tem caráter concretista, ou seja, de dar resposta e possibilidade de exercício a direito constitucional não regulamentado pelo legislador ordinário, ou por membro da administração.

Assim, fica evidenciado pelo trazido até aqui, e pela falta de regulamentação do art. 40, § 4.º, II da CRFB, que é cristalino o direito da impetrante à aposentadoria especial, não obstante a sua não regulamentação. Não sendo possível que o cidadão, o titular do direito, seja penalizado pela omissão do Legislativo e/ou do Executivo.

VI – DO PEDIDO

Ante o exposto, requer:

a) a notificação da autoridade omissa para prestar informações no prazo legal;

b) a intimação do representante do Ministério Público para se manifestar;

c) a concessão do direito pleiteado, em virtude da procedência do pedido;

d) a condenação do impetrado nos ônus de sucumbência, notadamente no que se refere às custas processuais.

Atribui a causa o valor de R$ 1.000,00 (hum mil reais).

Nesses termos,

Espera deferimento.

Local e data.

Advogado/OAB

QUESTÃO 2

Depois de uma aula de direito constitucional na sua faculdade, Lúcia se sentiu inspirada pelo regime democrático e republicano, começando, assim, a leitura sistemática do texto constitucional.

Imbuída deste espírito, Lúcia, brasileira, em pleno gozo dos seus direitos políticos, se sentiu extremamente atraída pela ideia de participar e fiscalizar os atos da administração pública, devido ao disposto no art. 37, § 3.º, da CRFB.

Animada, Lúcia começou a procurar na legislação infraconstitucional pátria a regulamentação do referido artigo, a fim de garantir a sua participação na administração pública, sem sucesso, entretanto, em sua busca.

Na aula seguinte, ela perguntou ao professor da disciplina o porquê de não conseguir achar a legislação regulamentadora do artigo supracitado. O professor, então, explicou a Lúcia que esta é uma das omissões existentes em nossa legislação pátria e que se Lúcia desejasse fazer valer seu direito, ela teria que procurar um advogado e entrar com a ação constitucional supridora de omissão em caso concreto.

De posse desta informação, Lúcia procurou você, advogado(a), para impetrar a ação cabível, a fim de ver assegurado o seu direito de participação na administração pública, conforme o disposto no art. 37, § 3.º, I, da CRFB.

Diante de tal questão, redija a peça correta apontando os seguintes aspectos:

a) competência do órgão julgador;
b) legitimidade ativa e passiva;
c) argumentos de mérito;
d) requisitos formais da peça judicial proposta.

SUGESTÃO DE RESPOSTA

EXCELENTÍSSIMO SENHOR DOUTOR MINISTRO PRESIDENTE DO SUPREMO TRIBUNAL FEDERAL

LÚCIA, brasileira, estado civil _______, estudante, portadora da carteira de identidade n. _______, inscrita no CPF/MF sob o n. _______, residente e domiciliada à _______, por seu advogado que esta subscreve, com procuração anexa e endereço constante à _______, para onde devem ser remetidas as intimações (art. 39, I, do CPC), respeitosamente, à presença de Vossa Excelência, nos termos do art. 5.º, LXXI, da CRFB/1988, art. 24, parágrafo único, da Lei 8.038/1990, impetrar

MANDADO DE INJUNÇÃO

Em face da ausência de regulamentação, que torna inviável o exercício de direito constitucional de participação na administração pública previsto no art. 37, § 3.º, I, da CRFB, por inércia do CONGRESSO NACIONAL e do PRESIDENTE DA REPÚBLICA, pelos fatos e direitos a seguir expostos:

I – DA NORMA CONSTITUCIONAL DE EFICÁCIA LIMITADA

Entende-se como tal a norma constitucional que sozinha não tem força para produzir seus efeitos, necessitando de ato administrativo ou legislativo infraconstitucional para que possa produzi-los e se tornar eficaz.

Este é o caso da norma em questão, atacada pelo presente *writ*, pois o art. 37, § 3.º, da CRFB, garante ao cidadão, na forma da lei, a participação na administração pública. Entretanto, não há norma infraconstitucional regulamentadora de tal direito, o que impossibilita o seu exercício.

II – DA LEGITIMIDADE ATIVA

É legitimado ativo para propor mandado de injunção qualquer um do povo que tenha direito ou prerrogativa assegurada pela Constituição de 1988, em norma de eficácia limitada, e por falta de regulamentação da norma constitucional esteja impedido de exercê-lo.

Nessa linha, a impetrante do presente *writ* é legitimada ativa para propô-lo, tendo em vista que é cidadã brasileira, e por ausência de norma infraconstitucional regulamentadora da participação do cidadão na administração pública, não pode exercer seu direito constitucional insculpido no art. 37, § 3.º, da CRFB.

III – DA LEGITIMIDADE PASSIVA

Por outro lado, o legitimado passivo do mandado de injunção é a autoridade – ou autoridades – que têm a competência constitucional para suprir a omissão legislativa ou administrativa e não o fizeram.

IV – DOS FATOS

A impetrante, ao ler o texto constitucional, se sentiu compelida pelo espírito republicano a participar das decisões da administração pública, conforme o contido no art. 37, § 3.º, I, da CRFB.

Entretanto, diante da falta de regulamentação da determinada norma constitucional de eficácia limitada, a impetrante se viu de mãos atadas e impossibilitada de exercer o seu direito constitucional.

Não restou senão a via judicial para a concretização de seu direito assegurado pela Carta Magna de 1988.

V – DO DIREITO

Como já exposto anteriormente, a norma de eficácia limitada é aquela que não tem condão de produzir seus efeitos plenamente sem a posterior regulamentação por norma infraconstitucional. Assim, ainda que previsto o direito na Carta da República, não se faz possível ao titular do direito subjetivo à invocação da norma exercê-lo, pois a norma garante direito em abstrato e não dá diretrizes de forma ou conteúdo.

Nesse sentido, o legislador constituinte, de forma extremamente sensível, previu um remédio às suas doenças, sendo estas as omissões legislativas. O MI é o remédio constitucional que tem por fim dar concretude a um direito constitucional previsto, porém não regulamentado; ou seja, previsto em norma constitucional como direito subjetivo do cidadão, mas sem possibilidade de exercício por falta de regulamentação.

Esta ilustre Corte constitucional tem inclusive entendido desta forma, que o MI, diferente da ADO, tem caráter concretista, ou seja, de dar resposta e possibilidade de exercício a direito constitucional não regulamentado pelo legislador ordinário, ou por membro da administração.

Assim, fica evidenciado pelo trazido até aqui, e pela falta de regulamentação do art. 37, § 3.º, I, da CRFB, que é cristalino o direito da impetrante à participação na administração, não obstante a sua não regulamentação, não sendo possível que o cidadão, o titular do direito, seja penalizado pela omissão do Legislativo e/ou do Executivo.

VI – DO PEDIDO

Ante o exposto, requer:

a) a notificação da autoridade omissa para prestar informações no prazo legal;

b) a intimação do representante do Ministério Público para se manifestar;

c) a concessão do direito pleiteado, em virtude da procedência do pedido.

Atribui a causa o valor de R$ 1.000,00 (hum mil reais).

Nesses termos,

Espera deferimento.

Local e data.

Advogado/OAB

QUESTÃO 3

O prefeito do Município K do Estado X, por várias vezes, se comprometeu em conceder o reajuste anual aos servidores municipais, mas nunca cumpriu. Depois de cinco anos de longas batalhas na esfera sindical e da luta dos servidores, o sindicato resolve procurar a justiça para fazer valer o direito contido no art. 37, X, da CRFB.

Assim, você, advogado(a), é procurado pelo SEPUMK – SINDICATO DOS SERVIDORES PÚBLICOS DO MUNICÍPIO K – para dar resposta aos questionamentos sindicais quanto à omissão inconstitucional do prefeito da cidade, que vem inviabilizando o exercício do direito ao reajuste anual previsto na Magna Carta de 1988, em seu art. 37, X.

Diante deste cenário, redija a peça processual, a fim de garantir exercício do direito subjetivo dos associados, diante da omissão inconstitucional provocada pelo prefeito, expondo os seguintes pontos:

a) competência do órgão julgador;
b) legitimidade ativa e passiva;
c) argumentos de mérito;
d) requisitos formais da peça judicial proposta.

SUGESTÃO DE RESPOSTA

EXCELENTÍSSIMO SENHOR DOUTOR JUIZ DE DIREITO DA FAZENDA PÚBLICA DA COMARCA K DO ESTADO X

SEPUMK – SINDICATO DOS SERVIDORES PÚBLICOS DO MUNICÍPIO K –, pessoa jurídica de direito privado, inscrito no Ministério do Trabalho sob o n. _______, com inscrição no CNPJ n. _______, com sede à _______, neste ato representado por seu presidente _______, por seu advogado que esta subscreve, com procuração anexa e endereço constante à _______, para onde devem ser remetidas as intimações (art. 39, I, do CPC), respeitosamente, à presença de Vossa Excelência, nos termos do art. 5.º, LXXI, da CRFB/1988, art. 24, parágrafo único, da Lei 8.038/1990, impetrar

MANDADO DE INJUNÇÃO COLETIVO

Em face da ausência de regulamentação, que torna inviável o exercício de direito constitucional do reajuste anual previsto no art. 37, X, da CRFB, por inércia do PREFEITO DO MUNICÍPIO K, pelos fatos e direitos a seguir expostos:

I – DA NORMA CONSTITUCIONAL DE EFICÁCIA LIMITADA

Entende-se como tal, a norma constitucional que sozinha não tem força para produzir seus efeitos, necessitando de ato administrativo ou legislativo infraconstitucional para que possa produzi-los e se tornar eficaz.

Este é o caso da norma em questão atacada pelo presente *writ*, pois o art. 37, X, da CRFB, garante ao servidor público o reajuste anual de sua remuneração. Entretanto, não há norma infraconstitucional regulamentadora de tal direito, o que impossibilita o seu exercício.

II – DA LEGITIMIDADE ATIVA

É legitimado ativo para propor mandado de injunção qualquer um do povo que tenha direito ou prerrogativa assegurada pela Constituição de 1988, em norma de eficácia limitada, e por falta de regulamentação da norma constitucional esteja impedido de exercê-lo.

Contudo, como não existe legislação específica para o mandando de injunção, apenas referência no art. 24, parágrafo único, da Lei 8.038/1990, até que haja norma regulamentadora do MI, aplicam-se as normas do mandado de segurança.

Assim, não há porquê negar a possibilidade da impetração do MI coletivo, aplicando-se o contido na CRFB para o MS coletivo em seu art. 5.º, LXX, *b*.

Dessa forma, com a interpretação sistemática das leis de tutelas coletivas, é perfeitamente possível a substituição processual deste sindicato, como impetrante do presente MI coletivo, na forma do art. 5.º, LXXI c/c o art. 24, parágrafo único, da Lei 8.038/1990, na forma do art. 5.º, LXX, da CRFB.

Nesse diapasão, é perfeitamente plausível, inclusive pacífico na Suprema Corte, a possibilidade de entidade sindical impetrar o MI coletivo em defesa dos direitos da categoria como substituto processual.

III – DA LEGITIMIDADE PASSIVA

Por outro lado, o legitimado passivo do mandado de injunção é a autoridade – ou autoridades – que têm a competência constitucional para suprir a omissão legislativa ou administrativa e não o fizeram.

Nesse caso, como é competência privativa do chefe do Executivo o aumento e reajuste dos subsídios na forma do art. 37, X c/c o art. 61, § 1.º, II, *a*, da CRFB, sob o prisma da simetria constitucional, a atribuição de iniciativa ao chefe do Executivo Federal é também as do estadual e municipal, no que couber, em suas respectivas esferas.

Deste modo, resta sólido e cristalino que o prefeito do Município K é a autoridade que deveria ter emanado o ato, mas preferiu manter-se em sua omissão inconstitucional.

IV – DOS FATOS

Há cinco anos os servidores do Município K não têm recebido os reajustes anuais previstos no art. 37, X, da CRFB. Diversas foram as tentativas diplomáticas de se resolver o problema, que restaram vãs ao final do processo.

Mesmo após diversas manifestações e greves dos servidores municipais daquela cidade, o impetrado continuava a prometer a atualização, mas sem nada fazer.

Diante de tantos transtornos, não restou ao impetrante senão a via judicial para a solução da presente lide e omissão inconstitucional.

V – DO DIREITO

Como já exposto anteriormente, a norma de eficácia limitada é aquela que não tem condão de produzir seus efeitos plenamente sem a posterior regulamentação por norma infraconstitucional. Assim, ainda que previsto o direito na carta da República, não se faz possível ao titular do direito subjetivo à invocação da norma exercê-lo, pois a norma garante direito em abstrato e não dá diretrizes de forma ou conteúdo.

Nesse sentido, o legislador constituinte, de forma extremamente sensível, previu um remédio às suas doenças, sendo estas as omissões legislativas. O MI é o remédio constitucional que tem por fim dar concretude a um direito constitucional previsto, porém não regulamentado; ou seja, previsto em norma constitucional como direito subjetivo do cidadão, mas sem possibilidade de exercício por falta de regulamentação.

A nossa Suprema Corte, em muitas decisões, tem inclusive entendido dessa forma, que o MI, diferente da ADO, tem caráter concretista, ou seja, de dar resposta e possibilidade de exercício a direito constitucional não regulamentado pelo legislador ordinário, ou por membro da administração.

Assim, fica evidenciado pelo trazido até aqui, e pela falta de observância, por mais de cinco anos, ao mandamento do art. 37, X, da CRFB, que é cristalino o direito do impetrante ao reajuste anual dos servidores municipais, não obstante a sua não regulamentação, não sendo possível que o cidadão, o titular do direito, seja penalizado pela omissão inconstitucional do Executivo do município K.

VI – DO PEDIDO

Ante o exposto, requer:

a) a notificação da autoridade omissa para prestar informações no prazo legal;

b) a intimação do membro do Ministério Público para se manifestar;

c) a concessão do direito pleiteado, em virtude da procedência do pedido;

d) a condenação do impetrado nos ônus de sucumbência, notadamente no que se refere às custas processuais.

Atribui à causa o valor de R$ (valor por extenso).

Nesses termos,

Espera deferimento.

Local e data.

Advogado/OAB

TÍTULO X

HABEAS DATA

CAPÍTULO I

COMPETÊNCIA

A competência para julgamento do *habeas data* estão estabelecidas pela Constituição (arts. 102, I, *d*, II, *a*; 105, I, *b*; 108, I, *c*; 109, VIII) e esquematizadas pelo art. 20 da Lei 9.507/1997, *in litteris*:

> "Art. 20. O julgamento do *habeas data* compete:
>
> I – originariamente:
>
> a) ao Supremo Tribunal Federal, contra atos do Presidente da República, das Mesas da Câmara dos Deputados e do Senado Federal, do Tribunal de Contas da União, do Procurador-Geral da República e do próprio Supremo Tribunal Federal;
>
> b) ao Superior Tribunal de Justiça, contra atos de Ministro de Estado ou do próprio Tribunal;
>
> c) aos Tribunais Regionais Federais contra atos do próprio Tribunal ou de juiz federal;
>
> d) a juiz federal, contra ato de autoridade federal, excetuados os casos de competência dos tribunais federais;
>
> e) a tribunais estaduais, segundo o disposto na Constituição do Estado;
>
> f) a juiz estadual, nos demais casos;
>
> II – em grau de recurso:
>
> a) ao Supremo Tribunal Federal, quando a decisão denegatória for proferida em única instância pelos Tribunais Superiores;
>
> b) ao Superior Tribunal de Justiça, quando a decisão for proferida em única instância pelos Tribunais Regionais Federais;
>
> c) aos Tribunais Regionais Federais, quando a decisão for proferida por juiz federal;

d) aos Tribunais Estaduais e ao do Distrito Federal e Territórios, conforme dispuserem a respectiva Constituição e a lei que organizar a Justiça do Distrito Federal;

III – mediante recurso extraordinário ao Supremo Tribunal Federal, nos casos previstos na Constituição."

CAPÍTULO II
MODELO DE PETIÇÃO INICIAL

EXCELENTÍSSIMO SENHOR DOUTOR JUIZ DE DIREITO DA ______ VARA ______ DA COMARCA DE ______

Nome, nacionalidade, estado civil, profissão, portador da carteira de identidade n. _______, inscrito no CPF/MF sob o n. _______, residente e domiciliado à _______, por seu advogado que esta subscreve, com procuração e endereço anexo, para onde devem ser remetidas as intimações (art. 39, I, do CPC), respeitosamente, perante Vossa Excelência, nos termos do art. 5.º, LXXII, da CRFB/1988, e na Lei 9.507/1997, e arts. 282 a 285 do CPC, impetrar o presente

> **NOTA**: Para conceder mais possibilidades ao leitor, nesta ação apresentamos outra forma na qual pode ser abordada a representatividade (procuração e endereço do advogado).

HABEAS DATA

Em face do ato do(a) ._______ (autoridade coatora), pelos fatos e fundamentos a seguir expostos.

I – DA GRATUIDADE

> **NOTA:** Tópico não obrigatório, mas prudente. Citar o art. 5.º, LXXVII, da CRFB/1988.

II – DA RESISTÊNCIA EM PRESTAR INFORMAÇÕES (OU RETIFICAR, OU AINDA ANOTAR CONTESTAÇÃO OU EXPLICAÇÃO)

NOTA: Segundo o art. 7.º da Lei 9.507/1997, caberá *habeas data*:

"I – para assegurar o conhecimento de informações relativas à pessoa do impetrante, constantes de registro ou banco de dados de entidades governamentais ou de caráter público;

II – para a retificação de dados, quando não se prefira fazê-lo por processo sigiloso, judicial ou administrativo;

III – para a anotação nos assentamentos do interessado, de contestação ou explicação sobre dado verdadeiro mas justificável e que esteja sob pendência judicial ou amigável."

Contudo, não cabe *habeas data* se não houver recusa da autoridade administrativa (Súmula 2 do STJ) ou ao menos omissão (art. 8.º, parágrafo único, da Lei 9.507/1997). Logo, essa perseguição administrativa do direito tem que constar neste tópico.

III – DOS FATOS

NOTA: Reproduzir os fatos narrados no enunciado da questão, deixar claro a negativa no fornecimento de informações do impetrante.

IV – DO DIREITO

NOTA: Fundamentos jurídicos, buscar nos artigos da CRFB, princípios, súmulas, doutrina e jurisprudência.

V – DO PEDIDO

De acordo com o que foi acima exposto, requer:

a) a notificação da autoridade coatora, sobre os fatos narrados, assim, se for de interesse prestar informações;

b) oitiva do representante do Ministério Público no prazo legal (ou no prazo de cinco dias);

c) que julgue procedente o pedido, determinando ao impetrado o fornecimento das informações aqui pleiteadas (ou retificação ou ainda da anotação feita nos assentamentos do impetrante – dependendo do caso apresentado);

d) a condenação do impetrado nos ônus de sucumbência, notadamente no que se refere às custas processuais.

Na oportunidade, requer a juntada dos documentos que instruem a presente inicial.

Apresar de ser ação gratuita, nos moldes do art. 5, LXXVII, da CRFB/1988, atribui a causa, por questões formais, o valor de R$ (valor por extenso).

Nesses termos,

Espera deferimento.

Local e data.

Advogado/OAB

CAPÍTULO III

EXERCÍCIOS DE FIXAÇÃO

QUESTÃO 1 (OAB/FGV 2010.03)

Tício, brasileiro, casado, engenheiro, na década de 1970 participou de movimentos políticos que faziam oposição ao Governo então instituído. Por força de tais atividades, foi vigiado pelos agentes estatais e, em diversas ocasiões, preso para averiguações. Seus movimentos foram monitorados pelos órgãos de inteligência vinculados aos órgãos de Segurança do Estado, organizados por agentes federais. Após longos anos, no ano de 2010, Tício requereu acesso à sua ficha de informações pessoais, tendo o seu pedido indeferido, em todas as instâncias administrativas. Esse foi o último ato praticado pelo Ministro de Estado da Defesa, que lastreou seu ato decisório, na necessidade de preservação do sigilo das atividades do Estado, uma vez que os arquivos públicos do período desejado estão indisponíveis para todos os cidadãos.

Tício, inconformado, procura aconselhamentos com seu sobrinho Caio, advogado, que propõe apresentar ação judicial para acessar os dados do seu tio.

Na qualidade de advogado contratado por Tício, redija a peça cabível ao tema, observando: a) competência do Juízo; b) legitimidade ativa e passiva; c) fundamentos de mérito constitucionais e legais vinculados; d) os requisitos formais da peça inaugural.

SUGESTÃO DE RESPOSTA

EXCELENTÍSSIMO SENHOR DOUTOR MINISTRO PRESIDENTE DO SUPERIOR TRIBUNAL DE JUSTIÇA

TÍCIO, brasileiro, casado, engenheiro, portador da carteira de identidade n. _______, inscrito no CPF/MF sob o n. _______, residente e domiciliado à rua _______, por seu advogado que esta subscreve, com procuração e endereço anexo, para onde devem ser remetidas as intimações (art. 39, I, do CPC), respeitosamente, perante Vossa Excelência, nos termos do art. 5.º, LXXII, da CRFB/1988, e na Lei 9.507/1997 e arts. 282 a 285 do CPC, impetrar o presente:

HABEAS DATA

Em face do ato do Ministro do Estado da Defesa, pelos fatos e fundamentos a seguir expostos.

I – DA GRATUIDADE

Importante salientar no começo deste remédio que por mandamento constitucional, caracteriza-se ação gratuita nos moldes do art. 5.º, LXXVII, da CRFB/1988, c/c o art. 21 da Lei 9.507/1997.

II – DA TENTATIVA ADMINISTRATIVA FRUSTRADA

Há previsão expressa e entendimento pacificado na jurisprudência que, para a concessão do *habeas data*, é necessária a recusa pela autoridade coatora em atender ao pedido do impetrante administrativamente.

Tal requisito é, inclusive, sumulado pelo Superior Tribunal de Justiça em sua Súmula 2 e está contido no I do parágrafo único do art. 8.º da Lei 9.507/1997, sendo, inclusive, a recusa ou omissão, por prazo superior a dez dias, ensejadores do presente remédio constitucional.

Nesses termos, o impetrante faz constar em anexo a cópia do processo administrativo que negou o seu acesso às suas informações, como forma de preencher os requisitos de recebimento do presente *writ*.

III – DA LEGITIMIDADE ATIVA

A legitimidade para a impetração de *habeas data* é sempre do impetrante para informações de si, ou seja, é um remédio personalíssimo. Essa interpretação é que se extrai do mandamento constitucional do art. 5.º, LXXII, *a*, da CRFB.

Assim, neste caso, Tício, é o legitimado ativo para a impetração do presente remédio constitucional.

IV – DA LEGITIMIDADE PASSIVA

Da leitura do art. 5.º, LXXII, *a*, da CRFB, c/c o art. 1.º, parágrafo único, e 7.º, I, da Lei 9.507/1997, podemos extrair que o legitimado passivo é sempre registro ou banco de dados de entidades governamentais ou de caráter público. Ou seja, é sempre quem tem o poder-dever de conceder vistas, retificação ou anotação de dados referentes ao legitimado ativo.

Nesse tom, concluímos que o chefe máximo da instância administrativa que poderia rever os atos coatores de seus subordinados é, senão, o Ministro do Estado da Defesa, ora autoridade coatora; portanto, legitimado passivo da presente lide.

V – DOS FATOS

Durante os chamados "anos de chumbo", o impetrante participou de movimentos políticos que eram oposição ao governo à época instituído. Devido à tal militância, o impetrante foi vigiado pelas autoridades estatais e preso para averiguações por diversas vezes, tendo, inclusive, seus movimentos monitorados pelos agentes federais ligados à órgãos de Segurança do Estado brasileiro.

No ano de 2010, o impetrante requereu acesso à sua ficha de informações pessoais, tendo seu pedido de plano negado por todas as esferas administrativas. A última autoridade coatora a negar a vista ao impetrante foi o Ministro de Estado da Defesa, que o fez sob a justificativa de que há necessidade de sigilo dos documentos daquela época, bem como de algumas documentações do Estado.

Inconformado, não restou ao impetrante senão a vida judicial para ver seu direito garantido.

VI – DO DIREITO

É insofismável o direito do impetrante em ter acesso às suas informações pessoais, seja durante a ditadura militar ou a qualquer tempo, pois assim assegura a Constituição Federal em seu art. 5.º, XIV e XXXIII, que reproduzimos *in verbis* a seguir:

> "Art. 5.º:
>
> XIV – é assegurado a todos o acesso à informação e resguardado o sigilo da fonte, quando necessário ao exercício profissional;
>
> XXXIII – todos têm direito a receber dos órgãos públicos informações de seu interesse particular, ou de interesse coletivo ou geral, que serão prestadas no prazo da lei, sob pena de responsabilidade, ressalvadas aquelas cujo sigilo seja imprescindível à segurança da sociedade e do Estado."

Contudo, o impetrado faz sua defesa justamente com base na parte final do art. 5.º, XXXIII, da CF, que diz: "ressalvadas aquelas cujo sigilo seja imprescindível à segurança da sociedade e do Estado", ora no que as informações referentes ao impetrante poderia trazer de tão danoso ao Estado brasileiro?

A própria justificativa da negação de vistas às informações pessoais do impetrante já traz em si os motivos pelo qual esta merece ser concedida, pois o Brasil ainda não ajustou suas contas com o período mais turbulento e turvo de sua história, tendo seus filhos o direito de saber o que Estado fazia àquela época com relação às suas vidas privadas, muitas vezes violadas por este Estado que deveria protegê-la.

Não parece oferecer perigo à paz ou à segurança nacional informações de caráter pessoal, ainda mais quando o impetrante é a parte interessada e o objeto das informações contidas nos arquivos do Ministério da Defesa.

Ainda que fosse essa a prática e os valores defendidos na Constituição daquela época, com o advento da Constituição de 1988, o acesso à informação, a liberdade de expressão, de opinião e a publicidade dos atos públicos foram princípios petrificados, justamente para manter a democracia e o Estado democrático de direito. Não se admitindo, assim, que o Estado esconda do cidadão as suas informações, principalmente quando a ele estas interessam.

Sendo tais informações de caráter personalíssimo, não vêm a público e à disposição de todos, não sendo, em todo caso, emissão de documentos, mas sim, mero acesso do interessado às informações contidas em poder do Estado. Nesse diapasão, não há de se falar em dano ou perigo à sociedade, uma vez que o impetrante só necessita saber os porquês que levaram, àquela época, o Estado a interferir em sua vida privada, cerceando, por vezes, até sua liberdade.

Todo cidadão tem direito à sua própria história, ao seu passado, às suas informações. Não condiz mais com a concepção de Estado contemporâneo o conceito de sigilo ser a regra, e publicidade, a exceção. A publicidade é, inclusive, prevista no art. 37, *caput*, da Constituição Federal. Desse modo, não faz *jus* o argumento do Ministério da Defesa que tais informações, se acessadas, pudessem trazer risco à segurança nacional.

VII – DO PEDIDO

De acordo com o que foi acima exposto, requer:

a) a notificação da autoridade coatora, sobre os fatos narrados, assim, se for de interesse prestar informações, de acordo com o art. 9º da Lei 9.507/1997);

b) a oitiva do representante do Ministério Público no prazo legal pelo contido no art. 12 da Lei 9.507/1997;

c) pedido de prioridade de julgamento conforme o exposto art. 19 da Lei 9.507/1997;

d) que julgue procedente o pedido, determinando ao impetrado o fornecimento das informações aqui pleiteadas;

e) a condenação do impetrado nos ônus de sucumbência, notadamente no que se refere às custas processuais.

Na oportunidade, requer a juntada dos documentos que instruem a presente inicial.

Apesar de ser ação gratuita, nos moldes do art. 5.º, LXXVII, da CRFB/1988, atribui a causa, por questões formais, o valor de R$ (valor por extenso).

Nesses termos,

Espera deferimento.

Local e data.

Advogado/OAB

QUESTÃO 2

Em dezembro de 2010, Romualdo dos Santos, brasileiro, casado, motorista, foi multado no Rio de Janeiro quando transportava cargas para uma firma que o contratou. A multa se baseou na seguinte infração prevista no CTB: art. 187, I – Transitar em local/horário não permitido – uma infração média que lhe custaria quatro pontos na CNH.

Contudo, ao receber a multa do município do Rio de Janeiro, Romualdo constatou que em vez de lhe atribuírem uma falta média pela infração cometida, lhe atribuíram uma infração gravíssima, com subsequente aumento do valor a ser pago e contabilizando sete pontos na carteira.

Acontece que, no período dos últimos 12 meses, Romualdo já havia cometido infrações que totalizavam 15 pontos em sua carteira, caso a multa continuasse errada e marcando sete pontos, ele teria sua carteira suspensa, o que prejudicaria seu trabalho. Sendo a infração contabilizada de maneira correta, ou seja, quatro pontos, Romualdo teria seus pontos zerados no final do ano, não atingiria o permitido pela legislação e poderia continuar o seu trabalho.

Diante dessa realidade, Romualdo recorreu ao Detran do Rio de Janeiro, pedindo a retificação do valor e da pontuação atribuída à infração. Passados 15 dias desde o recurso administrativo, Romualdo não obteve resposta da autoridade carioca, com medo de ter sua habilitação suspensa devido ao erro cometido pelo DETRAN-RJ. Romualdo procura você, advogado(a), para que entre com a medida cabível, a fim de retificar os dados referentes à multa de trânsito.

SUGESTÃO DE RESPOSTA

EXCELENTÍSSIMO SENHOR DOUTOR JUIZ DE DIREITO DA ______ VARA DE FAZENDA PÚBLICA DO RIO DE JANEIRO

ROMUALDO DOS SANTOS, brasileiro, casado, motorista, portador da carteira de identidade n. ______, inscrito no CPF/MF sob o n. ______, residente e domiciliado à rua _______, por seu advogado que esta subscreve, com procuração e endereço anexo, para onde devem ser remetidas as intimações (art. 39, I, do CPC), respeitosamente, perante Vossa Excelência, nos termos do art. 5.º, LXXII, da CRFB/1988, e na Lei 9.507/1997 e arts. 282 a 285 do CPC, impetrar o presente:

HABEAS DATA

Em face do ato do DEPARTAMENTO ESTADUAL DE TRÂNSITO DO RIO DE JANEIRO – DETRAN-RJ, pelos fatos e fundamentos a seguir expostos:

I – DA GRATUIDADE

Importante salientar no começo deste remédio que, por mandamento constitucional, caracteriza-se ação gratuita nos moldes do art. 5.º, LXXVII, da CRFB/1988 c/c o art. 21 da Lei 9.507/1997.

II – DA TENTATIVA ADMINISTRATIVA FRUSTRADA

Há previsão expressa e entendimento pacificado na jurisprudência que, para a concessão do *habeas data*, é necessária a recusa pela autoridade coatora em atender ao pedido do impetrante administrativamente.

Tal requisito é, inclusive, sumulado pelo Superior Tribunal de Justiça em sua Súmula 2 e está contido no I do parágrafo único do art. 8.º da Lei 9.507/1997, sendo, inclusive, a recusa ou omissão, por prazo superior a dez dias, ensejadores do presente remédio constitucional.

Nesses termos, o impetrante faz constar em anexo a cópia do processo administrativo que demonstra a omissão da autoridade coatora em retificar os dados do impetrante, como forma de preencher os requisitos de recebimento do presente *writ*.

III – DA LEGITIMIDADE ATIVA

A legitimidade para a impetração de *habeas data* é sempre do impetrante para informações de si, ou seja, é um remédio personalíssimo. Essa interpretação é que se extrai do mandamento constitucional do art. 5.º, LXXII, *a* e *b*, da CRFB, e art. 7.º, I, II e III, da Lei 9.507/1997.

Assim, nesse caso, Romualdo, é o legitimado ativo para a impetração do presente remédio constitucional.

IV – DA LEGITIMIDADE PASSIVA

Da leitura do art. 5.º, LXXII, *a* e *b*, da CRFB c/c o art. 1.º, parágrafo único, e 7.º, I, da Lei 9.507/1997, podemos extrair que o legitimado passivo é sempre registro ou banco de dados de entidades governamentais ou de caráter público. Ou seja, é sempre quem tem o poder-dever de conceder vistas, retificação ou anotação de dados referentes ao legitimado ativo.

Nesse tom, concluímos que o órgão ou entidade governamental possuidora de registro público é o DETRAN-RJ, uma vez que possui a informação do impetrante e, dentro do prazo legal, não se manifestou acerca das considerações feitas pelo impetrante, de forma a caracterizar a omissão ensejadora do presente remédio constitucional.

V – DOS FATOS

Em dezembro de 2010 em uma viagem de trabalho ao Rio de Janeiro, o impetrante foi multado pela prática da infração constante no art. 187, I, do CTB – Transitar em local/horário não permitido – uma infração média que lhe custaria quatro pontos na CNH. Contudo, a autoridade coatora, ao lançar a multa para o impetrante, se equivocou na pontuação e considerou a pontuação de sete pontos à infração supramencionada.

Ocorre que as infrações que computam sete pontos na CNH do condutor são as gravíssimas. De posse desta informação, o impetrante recorreu administrativamente, requerendo a retificação dos dados referentes à pontuação aplicada pela infração cometida por ele.

Decorrido o prazo de 15 dias, mais que o prazo legal de dez dias sem resposta, não restou ao requerente senão a via judicial para fazer valer seu direito à retificação dos pontos atribuídos a ele, erroneamente, pelo cometimento da infração média contida no CTB.

VI – DO DIREITO

O direito à informação contido na Constituição Federal, em seu art. 5.º, XIV e XXXIII, traz consigo um subprincípio que é fundamental à ordem democrática, que o direito à verdade, pois, não cabe só ter direito às informações conservadas pelo governo, mas sim, antes de tudo, que tais informações sejam verídicas. Tanto é assim o que pretende assegurar o sistema de inteligência constitucional, que o constituinte originário, ao fazer a previsão do presente *writ*, assinalou que caberia o *habeas data* em caso de recusa ou omissão pelo decurso do prazo, ao acesso, à retificação ou anotação de documentação referente ao cidadão, neste caso, impetrante.

Nesse sentido, fica claro que o impetrante tem direito à retificação de seus dados, principalmente, quando se constata ser uma falha administrativa, um erro material, que pune o impetrante desproporcionalmente por uma infração por ele cometida.

O impetrante não nega ter praticado a infração, contudo, tem o legítimo interesse de ser punido na medida proporcional e razoável de seu desvio de conduta. Ora, se o CTB, diploma legal que prevê as infrações e sanções penais e administrativas cometidas no trânsito, diz que a infração constante no art. 187, I, é uma infração média, o que leva à contabilização de quatro pontos na CNH do infrator, não pode a administração pública atribuir outra pontuação, nem mais benéfica ou maléfica para o infrator, sob pena de ferir a estrita legalidade administrativa e estar criando direito novo sem a competência para tal.

VII – DO PEDIDO

De acordo com o que foi acima exposto, requer:

a) a notificação da autoridade coatora, sobre os fatos narrados, assim, se for de interesse prestar informações, de acordo com o art. 9º da Lei 9.507/1997);

b) a oitiva do representante do Ministério Público no prazo legal pelo contido no art. 12 da Lei 9.507/1997;

c) pedido de prioridade de julgamento conforme o exposto art. 19 da Lei 9.507/1997;

d) que julgue procedente o pedido, determinando ao impetrado a retificação dos dados aqui pleiteados;

e) a condenação do impetrado nos ônus de sucumbência, notadamente no que se refere às custas processuais.

Na oportunidade, requer a juntada dos documentos que instruem a presente inicial.

Apesar de ser ação gratuita, nos moldes do art. 5.º, LXXVII, da CRFB/1988, atribui a causa, por questões formais, o valor de R$ (valor por extenso).

Nesses termos,

Espera deferimento.

Local e data.

Advogado/OAB

QUESTÕES 3

Em julho de 2010, Junior Malheiros, brasileiro, solteiro, empresário, tentou abrir uma linha de crédito para o financiamento de um carro, mas chegando à concessionária se deparou com a triste realidade de que seu nome havia sido incluído no Serviço de Proteção ao Crédito – SPC –, pelo não adimplemento de obrigação em que era avalista de seu amigo, Carlos, na compra de grande quantidade de material eletrônico para a abertura da loja do amigo.

Diante de tal informação, Junior recorreu ao SPC, para que apesar de reconhecer legítima a cobrança contra o seu nome solidariamente, que fizesse constar em seu cadastro que a dívida não era dele e que ele era apenas avalista de Carlos, além do fato de que a presente demanda se encontrava na justiça, pois Carlos alegava ter pago tudo que devia e que a cobrança era injusta.

O pleito de Junior não foi atendido, de forma que não restou a ele senão contratar você, advogado(a), para redigir a medida cabível, a fim de assegurar o direito à explicação no órgão de proteção ao crédito, que ele não era o inadimplente, apesar da obrigação solidária, que era apenas avalista e que a negativação aconteceu durante processo judicial em curso sem trânsito em julgado.

SUGESTÃO DE RESPOSTA

EXCELENTÍSSIMO SENHOR DOUTOR JUIZ DE DIREITO DA ______ VARA CIVIL DO ESTADO DO ______

JUNIOR MALHEIROS brasileiro, solteiro, empresário, portador da carteira de identidade n. ______, inscrito no CPF/MF sob o n. ______, residente e domiciliado à rua ______, por seu advogado que esta subscreve, com procuração e endereço anexo, para onde devem ser remetidas as intimações (art. 39, I, do CPC), respeitosamente, perante Vossa Excelência, nos termos do art. 5.º, LXXII, da CRFB/1988, e na Lei 9.507/1997 e arts. 282 a 285 do CPC, impetrar o presente:

HABEAS DATA

Em face do ato do SERVIÇO DE PROTEÇÃO AO CRÉDITO – SPC –, pelos fatos e fundamentos a seguir expostos:

I – DA GRATUIDADE

Importante salientar no começo deste remédio que, por mandamento constitucional, caracteriza-se ação gratuita nos moldes do art. 5.º, LXXVII, da CRFB/1988 c/c o art. 21 da Lei 9.507/1997.

II – DA LEGITIMIDADE ATIVA

A legitimidade para a impetração de *habeas data* é sempre do impetrante para informações de si, ou seja, é um remédio personalíssimo. Essa interpretação é que se extrai do mandamento constitucional do art. 5.º, LXXII, e *b*, da CRFB, e art. 7.º, I, II e III, da Lei 9.507/1997.

Assim, nesse caso, Junior, pelo previsto no art. 7.º, I, da Lei 9.507/1997, é o legitimado ativo para a impetração do presente remédio constitucional.

III – DA LEGITIMIDADE PASSIVA

Da leitura do art. 5.º, LXXII, *a* e *b*, da CRFB c/c o art. 1.º, parágrafo único, e 7.º, I, da Lei 9.507/1997, podemos extrair que o legitimado passivo é sempre registro ou banco de dados de entidades governamentais ou de caráter público. Ou seja, é sempre quem tem o poder-dever de conceder vistas, retificação ou anotação de dados referentes ao legitimado ativo.

Nesse tom, concluímos que, mesmo sendo um órgão privado, por possuir um cadastro legítimo de entidade governamental ou público, o SPC é o legitimado passivo, uma vez que possui a informação do impetrante e, dentro do prazo legal, não se manifestou acerca das considerações feitas pelo impetrante, de forma a caracterizar a omissão ensejadora do presente remédio constitucional.

IV – DOS FATOS

Em julho de 2010, o impetrante se dirigiu a uma agência automotora a fim de comprar um veículo por meio de um financiamento. Contudo, ao verificar os órgãos de proteção ao crédito, a concessionária constatou que o impetrante possuía inscrição como pagador inadimplente, o que foi um espanto para o impetrante e não possibilitou a concretização do negócio.

O impetrante descobriu que seu nome havia sido negativado indevidamente sem o aviso prévio devido à uma demanda que, inclusive, está sendo discutida judicialmente, na qual ele era avalista de seu amigo, Carlos, comerciante.

Sabendo desta negativação, o impetrante recorreu administrativamente para que constasse anotado ao seu cadastro a sua posição como avalista e que havia processo judicial acerca do adimplemento da obrigação questionada, para que ficasse claro que sua responsabilidade para com a obrigação não era direta e que, mesmo que fosse, a demanda estava *sub judice*.

Tendo a negativa da anotação por parte do SPC, não restou senão apelar a via judicial para ver seu pleito atendido.

V – DO DIREITO

O direito à informação contido na Constituição Federal em seu art. 5.º, XIV e XXXIII, traz consigo um subprincípio que é fundamental à ordem democrática, que o direito à verdade, pois, não cabe só ter direito às informações conservadas pelo governo, mas sim, antes de tudo, que tais informações sejam verídicas. Tanto é assim o que pretende assegurar o sistema de inteligência constitucional, que o constituinte originário, ao fazer a previsão do presente *writ*, assinalou que caberia o *habeas data* em caso de recusa ou omissão pelo decurso do prazo, ao acesso, à retificação ou anotação de documentação referente ao cidadão, neste caso, impetrante.

Este caso se enquadra na última hipótese de cabimento do *habeas data*, aquela que foi inserida pelo legislador ordinário. A hipótese de anotação nos assentamentos do interessado, de contestação ou explicação sobre dado verdadeiro, mas justificável, e que esteja sob pendência judicial ou amigável (art. 7.º, III, da Lei 9.507/1997).

Esta hipótese trazida pelo legislador infraconstitucional veio a resguardar o direito de anotação, esclarecimento do cidadão, quando qualquer informação sua constante em cadastro público possa trazer dubiedade de interpretação.

Esse esclarecimento e anotação pode ser considerado uma forma de garantia da ampla defesa, do contraditório, como forma do interessado se explicar e expor o que realmente aquela informação significa.

No caso em tela, fica claro a vontade do impetrado em constranger o impetrante a pagar dívida de terceiro, ainda que a responsabilidade seja solidária devido ao seu aval. Contudo, mesmo sendo solidária a responsabilidade, essa se dá quando da execução ou cobrança do título, e não de realizar a obrigação, o que é responsabilidade do avalizado.

Nesse diapasão, o impetrado, inclusive, fez constar inscrito como inadimplente o impetrado depois de instaurado processo judicial que visava discutir a existência ou não da obrigação em jogo.

Desse modo, não resta dúvida o direito do impetrado, uma vez que seu nome está inscrito no SPC, em fazer constar na sua anotação no cadastro do impetrado que tal inscrição está sendo discutida judicialmente e que não descumpriu a obrigação principal, pois era avalista, e não responsável direto no cumprimento da obrigação.

VI – DA TENTATIVA ADMINISTRATIVA FRUSTRADA

Há previsão expressa e entendimento pacificado na jurisprudência que, para a concessão do *habeas data*, é necessária a recusa pela autoridade coatora em atender ao pedido do impetrante administrativamente.

Tal requisito é, inclusive, sumulado pelo Superior Tribunal de Justiça em sua Súmula 2 e está contido no inc. I, do parágrafo único, do art. 8.º, da Lei 9.507/1997, sendo, inclusive, a recusa ou omissão, por prazo superior a dez dias, ensejadores do presente remédio constitucional.

Nesses termos, o impetrante faz constar em anexo a cópia do processo administrativo que demonstra a recusa da autoridade coatora em fazer as devidas anotações no cadastro do impetrante, como forma de preencher os requisitos de recebimento do presente *writ*.

VII – DO PEDIDO

De acordo com o que foi acima exposto, requer:

a) a notificação da autoridade coatora, sobre os fatos narrados, assim, se for de interesse prestar informações, de acordo com o art. 9.º da Lei 9.507/1997);

b) a oitiva do representante do Ministério Público no prazo legal pelo contido no art. 12 da Lei 9.507/1997;

c) pedido de prioridade de julgamento, conforme o exposto art. 19 da Lei 9.507/1997;

d) que julgue procedente o pedido, determinando ao impetrado a anotação aqui pleiteada na inscrição do impetrante;

e) a condenação do impetrado nos ônus de sucumbência, notadamente no que se refere às custas processuais.

Na oportunidade, requer a juntada dos documentos que instruem a presente inicial.

Apesar de ser ação gratuita, nos moldes do art. 5.º, LXVII, da CRFB/1988, atribui a causa, por questões formais, o valor de R$ (valor por extenso).

Nesses termos,

Espera deferimento.

Local e data.

Advogado/OAB

TÍTULO XI

AÇÃO POPULAR

CAPÍTULO I

COMPETÊNCIA

De todos os remédios constitucionais, a ação popular é a mais fácil para se constatar a competência.

Segundo entendimento do Supremo Tribunal Federal, de regra, a ação popular será proposta na primeira instância, salvo nas hipóteses do art. 102, I, *f* e *n* (ACO 622-QO, Rel. p/ o ac. Min. Ricardo Lewandowski, julgamento em 07.11.2007, Plenário, *DJE* de 15.02.2008 e Pet 3.674-QO, Rel. Min. Sepúlveda Pertence, julgamento em 04.10.2006, Plenário, *DJ* de 19.12.2006).

Nesses termos, o Supremo Tribunal Federal somente julgará ação popular em duas hipóteses:

a) nas causas e nos conflitos entre a União e os Estados, a União e o Distrito Federal, ou entre uns e outros, inclusive as respectivas entidades da administração indireta;
b) na ação em que todos os membros da magistratura sejam direta ou indiretamente interessados, e aquela em que mais da metade dos membros do tribunal de origem estejam impedidos ou sejam direta ou indiretamente interessados.

Salvo essas duas exceções, a causa será julgada, **no local do ato,** pelo Juiz estadual ou federal de primeira instância, a depender do direito violado, se municipal, estadual ou federal.

CAPÍTULO II

MODELO DE PETIÇÃO INICIAL

EXMO. SR. DR. JUIZ DE DIREITO (OU FEDERAL) DA ______ VARA ______ DA COMARCA (OU SEÇÃO JUDICIÁRIA, OU AINDA, SUBSEÇÃO JUDICIÁRIA) DE ______

Nome, nacionalidade, estado civil, profissão, portador do título de eleitor n. ______, da carteira de identidade n. ______, inscrito no CPF/MF sob o n. ______, residente e domiciliado à ______, por seu advogado que esta subscreve, com procuração e endereço anexo, para onde devem ser remetidas as intimações (art. 39, I, do CPC), respeitosamente, perante Vossa Excelência, com fundamento no art. 5.º, LXXIII, da CF/1988, e nos arts. 2.º, 3.º e 4.º da Lei 4.717/1965, mover:

AÇÃO POPULAR

Em face do ato praticado pelo (incluir no polo passivo a pessoa jurídica, agente que praticou o ato e os beneficiários do ato – esses últimos podem não constar, caso a questão da prova não informe – art. 6.º da Lei 4.717/1965), com base nas razões de fato e de direito a seguir expostas:

I – DA LEGITIMIDADE ATIVA – CONDIÇÃO DE CIDADÃO

NOTA: Apesar de não ser um tópico obrigatório, prudente abrir espaço para discorrer sobre a condição de cidadão ativo (eleitor) que o impetrante goza.

II – DOS FATOS

NOTA: Basta transcrever os fatos relatados na questão da prova.

III – DO DIREITO

NOTA: Demonstrar a ilegalidade ou lesividade e sustentar sua nulidade com doutrina, jurisprudência, artigos da Constituição, leis etc.

IV – DA MEDIDA LIMINAR

NOTA: Discorrer sobre os requisitos *fumus boni iuris* e *periculum in mora*, pois estes são pressupostos de admissibilidades dessa medida.

V – DO PEDIDO

Ante o exposto, requer:

a) seja deferida liminar, para suspender o ato lesivo;

b) a citação dos impetrados para, querendo, responder a presente ação no prazo legal;

c) a intimação do ilustre representante do Ministério Público para intervir no feito até o final;

d) seja julgado procedente o pedido para anular o ato (ou contrato) administrativo guerreado;

e) a condenação da autoridade coatora a ressarcir o erário em quantia a ser apurada em futura liquidação;

f) seja condenado os impetrantes nos ônus da sucumbência.

Pretende provar o alegado por todos os meios em direito admitidos, em especial por meio da produção de prova documental e oral.

Apesar de ser ação gratuita, nos termos do art. 5.º, LXXIII, da CRFB/1988, atribui a causa, por questões formais, o valor de R$ (valor por extenso).

Nesses termos,

Espera deferimento.

Local e data.

Advogado/OAB

CAPÍTULO III

EXERCÍCIOS DE FIXAÇÃO

QUESTÃO 1 (OAB/FGV – VI EXAME UNIFICADO – 2011.3)

Esculápio da Silva, brasileiro, casado, engenheiro, domiciliado na capital do Estado de WYK, é comunicado por amigos que a Administração do Estado está providenciando um plano de obras custosas e pretendendo que elas sejam entregues, independentemente de licitação, a empresas com vínculos pessoais com dirigentes do seu partido político. Os valores correspondentes às obras são incluídos no orçamento, observado o devido processo legislativo. Quando da realização das obras, aduz a necessidade de urgência diante de evento artístico de grande repercussão a realizar-se em aproximadamente um ano, o que inviabilizaria a realização de procedimento licitatório e designa três empresas para repartir as verbas orçamentárias, cabendo a cada uma realizar parte da obra preconizada. As empresas Mastodonte S.A., Mamute S.A. e Dente de Sabre S.A. aceitam, de bom grado, o encargo e assinam os contratos com a Administração. O valor das obras corresponde a um bilhão de reais. Inconformado com esse fato, Esculápio da Silva, cidadão que gosta de participar ativamente da defesa da Administração Pública e está em dia com seus direitos políticos, procura orientação jurídica e, após, resolve ajuizar a competente ação.

Na qualidade de advogado, elabore a peça cabível, observando: a) competência do juízo; b) legitimidade ativa e passiva; c) fundamentos de mérito constitucionais e legais vinculados; d) os requisitos formais da peça; e) tutela de urgência. (Valor: 5,0)

SUGESTÃO DE RESPOSTA

EXCELENTÍSSIMO SENHOR DOUTOR JUIZ DE DIREITO DA ... VARA DE FAZENDA PÚBLICA DA COMARCA DA CAPITAL DO ESTADO WYK

Esculápio da Silva, brasileiro, casado, engenheiro, portador do título de eleitor nº... e da carteira de identidade nº..., inscrito no CPF/MF nº ..., residente e domiciliado à ... Estado de WYK, por seu advogado infra-assinado com instrumento de mandato anexo e endereço constante à ..., para onde devem ser remetidas as intimações na forma do art. 39, I do CPC, vem, perante Vossa Excelência, com base no art. 5.º, LXXIII da Constituição da República e na L. 4.717/1965 mover:

AÇÃO POPULAR COM PEDIDO DE LIMINAR

Em desfavor do ESTADO WYK, pessoa jurídica de direito público, neste ato representado por seu governador, com sede à ...; empresa Mastodonte S.A., pessoa jurídica de direito privado, neste ato representado por seu presidente, com endereço à ...; Mamute S.A., pessoa jurídica de direito privado, neste ato representado por seu presidente, com endereço à .... e Dente de Sabre S.A., pessoa jurídica de direito privado, neste ato representado por seu presidente, com endereço à ... pelos fatos e fundamentos jurídicos que passa a expor:

I – DA LEGITIMIDADE ATIVA

O art. 5.º, LXXIII, da CRFB e a Lei 4.717/1965 exigem como condição para legitimidade em ação popular a cidadania ativa, isto é, o direito de participar da vida política do País, o poder de manifestar a sua vontade para formação da imensa vontade nacional, enfim, o direito de votar.

Paralelo a isso, o art. 1º, § 3º, da Lei 4.717/1965 esclarece que "a prova da cidadania, para ingresso em juízo, será feita com o título eleitoral, ou com documento que a ele corresponda". Motivo pelo qual, de acordo com as provas anexadas a presente inicial, o autor possui legitimidade para propor a presente ação.

II – DOS FATOS

O autor foi comunicado por amigos que a Administração do Estado réu estava providenciando um plano de obras custosas e pretendendo que elas fossem entregues, independentemente de licitação, a empresas com vínculos pessoais com dirigentes do seu partido político.

Os valores correspondentes às obras foram incluídos no orçamento, observando o devido processo legislativo. Quando da realização das obras, a Administração afirmou a necessidade de urgência diante de evento artístico de grande repercussão a realizar-se em aproximadamente um ano, o que inviabilizaria a realização de procedimento licitatório e designou três empresas para repartir as verbas orçamentárias, cabendo a cada uma realizar parte da obra preconizada.

Nesses termos, as empresas Mastodonte S.A., Mamute S.A. e Dente de Sabre S.A. aceitaram o encargo e assinaram os contratos com a Administração.

Bom notar que o valor das obras corresponde a um bilhão de reais.

Inconformado com os fatos supratranscritos, o autor procura o Judiciário para evitar lesão ao patrimônio público.

III – DO DIREITO

A presente ação popular proposta busca tutelar os direitos difusos, como o patrimônio público.

A referida contratação, sem observar o procedimento licitatório, ofende frontalmente os princípios regentes da administração pública.

O art. 37, *caput*, da Constituição da República determina ao administrador a observância dos princípios da legalidade, impessoalidade, moralidade, publicidade e eficiência.

Legalidade foi abalroada na medida em que não foi observado o art. 37, XXI, da Constituição da República e o que preceitua o art. 2.º da Lei 8.666/1990, *in verbis:*

> Art. 37, XXI, CRFB: "XXI – ressalvados os casos especificados na legislação, as obras, serviços, compras e alienações serão contratados mediante processo de licitação pública que assegure igualdade de condições a todos os concorrentes, com cláusulas que estabeleçam obrigações de pagamento, mantidas as condições efetivas da proposta, nos termos da lei, o qual somente permitirá as exigências de qualificação técnica e econômica indispensáveis à garantia do cumprimento das obrigações."
>
> Art. 2.º da L. 8.666/1990: "As obras, serviços, inclusive de publicidade, compras, alienações, concessões, permissões e locações da Administração Pública, quando contratadas com terceiros, serão necessariamente precedidas de licitação, ressalvadas as hipóteses previstas nesta Lei."

A não realização de procedimento licitatório ofende o princípio da moralidade e da impessoalidade por óbvio, uma vez que o administrador contratará com quem lhe for mais conveniente e não o mais competente ou que apresentar melhor proposta.

Eficiência na Administração Pública impõe ao administrador colher para a sociedade o máximo de benefício com o menor custo possível, ora, a não realização de licitação impede que o administrador descubra se existe proposta mais vantajosa para os administrados, verdadeiros titulares do poder estatal (art. 1.º, p.ú. da CRFB).

Ademais, o art. 2.º, "b" e "d" da Lei da ação popular (L. 4.717/1965) estabelece que são nulos os atos lesivos ao patrimônio das entidades mencionadas no artigo anterior, nos casos de vício de forma e inexistência dos motivos, como aconteceu no caso em comento.

IV – DA MEDIDA LIMINAR

Impõe-se a necessidade de tutela de urgência em razão do sério risco de dano que a medida poderá causar, não conceder a liminar de imediato, fará com que a administração disponha de recursos financeiros vultuosos trazendo prejuízos irreparáveis, ou de difícil reparação para sociedade (*periculum in mora*).

Uma vez demonstrado o perigo na demora da prestação jurisdicional, impõe observar que a verossimilhança da alegação (*fumus boni juris*) está presente pelos próprios fatos alegados nesta exordial aliados às provas que instruem os autos.

V – DO PEDIDO

Ante o exposto requer:

a) seja deferida liminar, para suspender o ato lesivo, sendo, de imediato, suspenso o contrato celebrado entre os réus;

b) a citação dos impetrados para, querendo, responder a presente ação no prazo legal;

c) a intimação do ilustre membro do Ministério Público para intervir no feito até o final;

d) seja julgado procedente o pedido para anular o contrato administrativo guerreado;

e) a condenação dos réus para ressarcir o erário de eventual prejuízo decorrente do pagamento efetuado, o que será apurado em futura liquidação;

f) sejam condenados os impetrados nos ônus da sucumbência.

Pretende provar o alegado por todos os meios em direito admitidos, em especial por meio da produção de prova documental e oral.

Apesar de ser ação gratuita nos termos do art. 5.º, LXXIII, da CRFB/1988, atribui a causa, por questões formais, o valor de R$ 1.000.000.000,00 (Um bilhão de reais).

Nesses termos,

Espera deferimento.

Local e data.

Advogado/OAB

QUESTÃO 2 (OAB/CESPE – 2009.03)

A empresa pública Água Para Todos, criada para a produção dos materiais e a prestação dos serviços pertinentes à instalação de rede hidráulica no município X, é, atualmente, presidida por Moura, que tem estreita relação de amizade com Ferreira, prefeito do referido município.

Moura observou que grande parte da receita do município X decorria do imposto sobre serviços (ISS) recolhido pela empresa Água Para Todos. Assim, valendo-se desse fato e de sua grande amizade com o prefeito, pediu-lhe que, independentemente de aprovação em concurso público, nomeasse seu filho, Moura Júnior, para o cargo efetivo de analista administrativo da prefeitura municipal. O pedido foi atendido e Moura Júnior tomou posse, só comparecendo à prefeitura ao final de cada mês para assinar o ponto.

Em retribuição ao gesto de amizade, Moura determinou ao departamento de divulgação da empresa Água Para Todos, representado por Correa, que promovesse uma homenagem ao prefeito, em veículo de comunicação de massa, parabenizando-o por seu aniversário.

A empresa Água Para Todos contratou uma produtora de mídia e um minuto em horário nobre na emissora de maior visibilidade local para a veiculação da propaganda.

No dia do aniversário do prefeito, a propaganda foi veiculada, mencionando as realizações da prefeitura municipal na gestão de Ferreira, tendo sido divulgada, ao final, a seguinte mensagem: "A Água Para Todos parabeniza o prefeito Ferreira pelo seu aniversário".

Tendo tomado conhecimento dos fatos, Durval, vereador e líder comunitário, resolveu tomar providências contra o que estava ocorrendo no município e, para tanto, procurou auxílio de profissional da advocacia.

Em face dessa situação hipotética, na condição de advogado(a) constituído(a) por Durval, redija a peça processual cabível para pleitear a declaração de nulidade do ato de nomeação de Moura Júnior, com o seu imediato afastamento do cargo, e do processo administrativo que culminou na contratação da propaganda, com a respectiva reparação do patrimônio público lesado.

SUGESTÃO DE RESPOSTA

EXCELENTÍSSIMO SENHOR DOUTOR JUIZ DE DIREITO DA _______ VARA DA FAZENDA PÚBLICA DA COMARCA X DO ESTADO ______

DURVAL, brasileiro, estado civil ______, funcionário público, portador do título de eleitor n. ______, da carteira de identidade n. ______, inscrito no CPF/MF sob o n. ______, residente e domiciliado à ______, por seu advogado que esta subscreve, com procuração e endereço anexo, para onde devem ser remetidas as intimações (art. 39, I, do CPC), respeitosamente, perante Vossa Excelência, com fundamento no art. 5.º, LXXIII, da CF/1988, e nos arts. 2.º, 3.º, 4.º da Lei 4.717/1965, mover:

AÇÃO POPULAR

Em face do ato praticado por FERREIRA, MOURA, MOURA JUNIOR, CORREA, a empresa pública ÁGUA PARA TODOS, neste ato representada por seu presidente ______, e o MUNICÍPIO X, pessoa jurídica de direito público a quem se vinculam as autoridades e pessoas acima mencionadas com base nas razões de fato e de direito a seguir expostas:

I – DA CONDIÇÃO DE CIDADÃO

Para ser legitimado ativo de ação popular, segundo o mandamento constitucional do art. 5.º, LXXIII c/c o art. 1.º da Lei 4.717/1965, é necessário ser cidadão na forma do art. 12 da CRFB, desde que em pleno gozo dos seus direitos políticos, assim entende o Egrégio Supremo Tribunal Federal.

Dessa forma, o autor da presente é legitimado a propor ação popular, uma vez que está em pleno gozo dos seus direitos políticos, tanto que foi eleito para o cargo de vereador.

II – DA LEGITIMIDADE PASSIVA

Segundo o art. 6.º da Lei 4.717/1965 reproduzido *in verbis*, são os legitimados passivos:

> "Art. 6.º A ação será proposta contra as pessoas públicas ou privadas e as entidades referidas no art. 1.º, contra as autoridades, funcionários ou administradores que houverem autorizado, aprovado, ratificado ou praticado o ato impugnado, ou que, por omissas, tiverem dado oportunidade à lesão, e contra os beneficiários diretos do mesmo."

Deste trecho, o que se entende é que os legitimados são as pessoas que dão causa ao dano, a ilegalidade, ilicitude ou ilegitimidade dos atos praticados, os funcionários ou administradores que autorizaram, aprovaram, ratificaram, ou praticaram os atos acima aludidos e os beneficiários de tal ato.

Nesse diapasão, o prefeito da cidade e o presidente da empresa pública são as autoridades que cometeram o ato lesivo ao patrimônio público; Moura Júnior, o beneficiário direto dos atos impugnados, e Correa, representante da empresa pública que realizou os atos ora atacados pelo presente remédio constitucional. Sem, é claro, excluir as pessoas jurídicas de direito público e privado, como o Município X e a empresa pública Água Para Todos, conforme elenca a legislação acima citada.

III – DOS FATOS

Devido à amizade de Ferreira, prefeito da cidade X, com Moura, presidente da empresa pública Água Para Todos, criada para a produção dos materiais e a prestação dos serviços pertinentes à instalação de rede hidráulica no município X, Moura Júnior foi nomeado analista administrativo da prefeitura do município X sem concurso público.

Em contrapartida, Moura determinou ao departamento de divulgação da empresa Água Para Todos, representado por Correa, que promovesse uma homenagem ao prefeito, em veículo de comunicação de massa, parabenizando-o por seu aniversário.

Para tal, a empresa Água Para Todos contratou uma produtora de mídia e um minuto em horário nobre na emissora de maior visibilidade local para a veiculação da propaganda, que foi veiculada no dia do aniversário do prefeito com o seguinte *slogan*: "A Água Para Todos parabeniza o prefeito Ferreira pelo seu aniversário".

IV – DO DIREITO

É sensível a ilegalidade cometida pelo administrador, prefeito do município X, uma vez que há clara lesão ao patrimônio público, quando utilizado o dinheiro público – da empresa pública – para a realização de propaganda da pessoa do prefeito, o que é vedado pela CRFB em seu art. 37, § 1.º, como vemos a seguir:

> "Art. 37. A administração pública direta e indireta de qualquer dos Poderes da União, dos Estados, do Distrito Federal e dos Municípios obedecerá aos princípios de legalidade, impessoalidade, moralidade, publicidade e eficiência e, também, ao seguinte:
>
> (...)
>
> § 1.º A publicidade dos atos, programas, obras, serviços e campanhas dos órgãos públicos deverá ter caráter educativo, informativo ou de orientação social, dela não podendo constar nomes, símbolos ou imagens que caracterizem promoção pessoal de autoridades ou servidores públicos."

Para reafirmar esta tese, a lei da ação popular, de forma didática, em seu art. 4.º, I, com leitura à luz da CRFB, traz um reforço expresso a esta vedação:

> "Art. 4.º São também nulos os seguintes atos ou contratos, praticados ou celebrados por quaisquer das pessoas ou entidades referidas no art. 1.º.

> I – A admissão ao serviço público remunerado, com desobediência, quanto às condições de habilitação, das normas legais, regulamentares ou constantes de instruções gerais."

Não bastasse a ilegalidade e o dano já provado até aqui, houve, ainda, a nomeação de um dos réus para cargo efetivo naquela prefeitura sem a devida aprovação em concurso público, o que afronta o art. 37, II, da CRFB, e o famoso princípio constitucional administrativo que é o princípio do concurso público.

Tais práticas isoladamente, por si só, são agressões à CRFB. Contudo, tais fatos conexamente ainda ferem à moralidade administrativa, em que o homem público tem que ser probo e zelar pelo direito e pelos princípios da administração pública, e não para fins pessoais, como demonstrado até aqui, o que fere também o art. 37, cabeça da CRFB.

V – DA MEDIDA LIMINAR

O *fumus boni juris* fica até aqui demonstrado pelos fatos trazidos nesta inicial, na qual há verossimilhança na alegaçao de afronta ao disposto na CRFB em seu art. 37, II c/c o art. 4.º, I, da Lei 4.717/1965, o que mostra que Moura Junior não ingressou na administração pública respeitando os princípios e as normas exigidos por nossa democracia.

O *periculum in mora* fica evidenciado, uma vez que a cada dia que continua no cargo, gera mais lesão ao erário, uma vez que a administração pública despende quantia com quem não tem o direito de estar no cargo que ocupa.

VI – DO PEDIDO

Ante o exposto, requer:

a) seja deferida liminar, para suspender o ato lesivo, sendo Moura Júnior afastado imediatamente do cargo de analista administrativo da prefeitura municipal X;

b) a citação dos impetrados para, querendo, responder a presente ação no prazo legal;

c) a intimação do ilustre representante do Ministério Público para intervir no feito até o final;

d) seja julgado procedente o pedido para anular os atos administrativos guerreados;

e) a condenação da autoridade coatora a ressarcir o erário em quantia a ser apurada em futura liquidação;

f) seja condenado os impetrantes nos ônus da sucumbência.

Pretende provar o alegado por todos os meios em direito admitidos, em especial por meio da produção de prova documental e oral.

Apesar de ser ação gratuita nos termos do art. 5.º, LXXIII, da CRFB/1988, atribui a causa, por questões formais, o valor de R$ (valor por extenso).

Nesses termos,

Espera deferimento.

Local e data.

Advogado/OAB

QUESTÃO 3
(OAB/CESPE – 2009.2)

João, nascido e domiciliado em Florianópolis – SC, indignou-se ao saber, em abril de 2009, por meio da imprensa, que o senador que merecera seu voto nas últimas eleições havia determinado a reforma total de seu gabinete, orçada em mais de R$ 1.000.000,00, a qual seria custeada pelo Senado Federal. A referida reforma incluía aquecimento e resfriamento com controle individualizado para o ambiente e instalação de ambiente físico para projeção de filmes em DVD, melhorias que João considera suntuosas, incompatíveis com a realidade brasileira. O senador declarara, em entrevistas, que os gastos com a reforma seriam necessários para a manutenção da representação adequada ao cargo que exerce.

Tendo tomado conhecimento de que o processo de licitação já se encerrara e que a obra não havia sido iniciada, João, temendo que nenhum ente público tomasse qualquer atitude para impedir o início da referida reforma, dirigiu-se a uma delegacia de polícia civil, onde foi orientado a que procurasse a Polícia Federal.

Supondo tratar-se de um "jogo de empurra-empurra", João preferiu procurar ajuda de profissional da advocacia para aconselhar-se a respeito da providência legal que poderia ser tomada no caso.

Em face dessa situação hipotética, na qualidade de advogado(a) constituído(a) por João, redija a medida judicial mais apropriada para impedir que a reforma do gabinete do referido senador da República onere os cofres públicos.

SUGESTÃO DE RESPOSTA

EXCELENTÍSSIMO SENHOR DOUTOR JUIZ DA VARA FEDERAL DE FLORIANÓPOLIS DA SEÇÃO JUDICIÁRIA DE SANTA CATARINA

JOÃO, brasileiro, estado civil _______, profissão _______, portador do título de eleitor n. _______, da carteira de identidade n. _______, inscrito no CPF/MF sob o n. _______, residente e domiciliado à _______, por seu advogado que esta subscreve, com procuração e endereço anexo para onde devem ser remetidas as intimações (art. 39, I, do CPC), respeitosamente, perante Vossa Excelência, com fundamento no art. 5.º, LXXIII, da CF/1988, e nos arts. 2.º, 3.º, 4.º da Lei 4.717/1965, mover:

AÇÃO POPULAR COM PEDIDO DE LIMINAR

Em face do ato praticado por Sr. _______, Senador da República, com domicílio profissional no prédio do Senado Federal, na Esplanada dos Ministérios, em Brasília – DF, e UNIÃO FEDERAL, pessoa jurídica de direito público a quem se vincula a autoridade coatora, com base nas razões de fato e de direito a seguir expostas:

I – DA LEGITIMIDADE ATIVA

Para ser legitimado ativo de ação popular, segundo o mandamento constitucional do art. 5.º, LXXIII, c/c o art. 1.º da Lei 4.717/1965, é necessário ser cidadão na forma do art. 12 da CRFB, desde que em pleno gozo dos seus direitos políticos, assim entende o Egrégio Supremo Tribunal Federal.

Dessa forma, o autor da presente é legitimado a propor ação popular, uma vez que está em pleno gozo dos seus direitos políticos.

II – DA LEGITIMIDADE PASSIVA

Segundo o art. 6.º da Lei 4.717/1965 reproduzido *in verbis*, são os legitimados passivos:

> "Art. 6.º A ação será proposta contra as pessoas públicas ou privadas e as entidades referidas no art. 1.º, contra as autoridades, funcionários ou administradores que houverem autorizado, aprovado, ratificado ou praticado o ato impugnado, ou que, por omissas, tiverem dado oportunidade à lesão, e contra os beneficiários diretos do mesmo."

Deste trecho, o que se entende é que os legitimados são as pessoas que dão causa ao dano, a ilegalidade, ilicitude ou ilegitimidade dos atos praticados, os funcionários ou administradores que autorizaram, aprovaram, ratificaram, ou praticaram os atos acima aludidos e os beneficiários de tal ato.

Nesse diapasão, o Senador da República _______ é aquele que realizou o ato que atenta contra moralidade pública, sendo assim, legitimado passivo, assim, com a pessoa jurídica de direito público a quem pertence, no caso, a União Federal.

III – DOS FATOS

Recentemente, foi amplamente divulgada, pela imprensa em todo o país (docs. 02, 03, 04, 05 e 06), obra que está se iniciando no gabinete de trabalho do Senador _______, em valores que custarão aos cofres públicos mais de 1 milhão de reais.

Das notícias ora postas, vê-se que partiu ordem do Gabinete do Senador para abrir licitação para a reforma do gabinete, envolvendo a compra de vários itens suntuosos, voluptuários, como bem se demonstra na reportagem, e, aliás, do que nelas também se vê, sem negativa do ora demandado, vindo este a justificar o clima instável de Brasília e a necessidade de perfeitas condições de atendimento no gabinete de senador das autoridades mais importantes do mundo.

IV – DO DIREITO

A imoralidade se encontra de forma visível ao pensar que o homem público tem que ser probo e zelar pelo direito e pelos princípios da administração pública, e não para fins pessoais, como demonstrado até aqui, o que fere o art. 37, cabeça da CRFB.

> "Art. 37. A administração pública direta e indireta de qualquer dos Poderes da União, dos Estados, do Distrito Federal e dos Municípios obedecerá aos princípios de legalidade, impessoalidade, moralidade, publicidade e eficiência e, também, ao seguinte:"

Para reafirmar esta tese, a lei da ação popular, de forma didática, em seu art. 2.º, com leitura à luz da CRFB, traz um reforço expresso a essa vedação:

> "Art. 2.º São nulos os atos lesivos ao patrimônio das entidades mencionadas no artigo anterior, nos casos de:
>
> a) incompetência;
>
> b) vício de forma;

c) ilegalidade do objeto;

d) inexistência dos motivos;

e) desvio de finalidade."

Caso não existissem condições dignas de trabalho, ou ainda dano estrutural ao gabinete do Senador, não haveria razão para impetração do presente *writ*. Contudo, num país de famélicos, onde grande parte do povo ainda vive na miséria, não podem ser admitidos tais excessos, que extrapolam o razoável e atentam contra a moralidade administrativa.

O mínimo existencial é o que há de ser garantido ao povo como um todo, para que um dia se possa pensar na possibilidade de tais exacerbações. Entretanto, não é a situação que se encontra dada.

É inadmissível que o erário público sofra danos devidos aos devaneios de individuais, homens públicos ou não. Quando pensado ainda nas atribuições de probidade e defesa da Constituição que um Senador da República deve ter, tal fato se torna ainda mais grave.

V – DA MEDIDA LIMINAR

Isso posto, a veiculação em imprensa nacional, em diversos meios de comunicação, inclusive com sua confissão de que gastou o dinheiro; contudo, entendendo serem necessários os gastos para a manutenção da dignidade da representação de residente do Senado Federal. Marca, inarredavelmente a prova inequívoca, bem como atenta vergonhosamente à moralidade administrativa, princípio expresso a ser seguido na Administração Pública, no *caput*, do art. 37, da Constituição Federal vigente, com itens suntuosos para seu Gabinete, em meio à crise mundial com perda de milhões de postos de trabalho e desaquecimento da Economia brasileira, inclusive. Configurando, desta forma, o *fumus boni juris*.

Ademais, uma vez terminado o presente certame e assinado o contrato, ainda haveria outros problemas senão, aliado à extrema dificuldade de reembolso futuro por parte do Político, mas, também, a questão dos direitos de terceiros de boa-fé, e do princípio de vedação de enriquecimento estatal sem justa causa, visto que, uma vez feitas as aquisições e obras, os contratados não mais terão de devolver o dinheiro recebido com a venda de seus produtos. Nesse sentido, presente fica o *periculum in mora* e a necessidade da imediata interrupção das obras e suspensão dos contratos à realização dos serviços de reforma do gabinete.

VI – DO PEDIDO

Ante o exposto, requer:

a) a concessão *inaudita altera pars* de tutela antecipada para sustar quaisquer atos das licitações cujo objeto atenderão às despesas objeto desta ação popular, bem como a sustação de qualquer ato que se digne a pagar tais despesas com recursos públicos;

b) a citação por precatória do réu, nos prazos e termos do IV do art. 7.º da Lei 4.717, de 1965, com cópia da presente, bem como documentos acostados;

c) a oitiva do Douto Ministério Público Federal;

d) a intimação da União, para, querendo, assim se manifestar, forte no § 3.º do art. 6.º da Lei 4.717, de 1965;

e) a confirmação da sentença com a anulação de quaisquer atos administrativos tomados pelo demandado na presente ação visando às despesas objeto da presente ação popular, bem como, caso já tenha havido alguma despesa, o ressarcimento por parte do réu, com comunicação ao Ministério Público para as devidas ações penal e de improbidade que entender pertinentes;

f) a condenação do Réu na sucumbência, a ser fixada por Vossa Excelência, nos termos do art. 12 da Lei.4.717, de 1965.

Pretende provar o alegado por todos os meios em direito admitidos, em especial por meio da produção de prova documental e oral.

Apesar de ser ação gratuita nos termos do art. 5.º, LXXIII, da CRFB/1988, atribui a causa, por questões formais, o valor de R$ 1.000.000,00 (hum milhão de reais).

Nesses termos,

Espera deferimento.

Local e data.

Advogado/OAB

QUESTÃO 4

Diante dos indícios de irregularidade nas obras do TRF da 2.ª Região, foi instaurada uma CPI na Câmara dos Deputados para investigar as irregularidades na obra. Segundo o que apontou o relatório final da CPI, a obra que estava orçada em R$ 10.000.000,00, na prática, não custaria mais que R$ 6.5000.000,00, sendo parte da obra destinada a instalações de paredes de mármore e estátuas de bronze na entrada do tribunal.

Apesar do relatório da CPI, contatando fraude de R$ 3.500.000,00, o MPF e o TCU não tomaram medidas a fim de suspender as obras nem os gastos abusivos que a CPI apurou. Essas informações foram divulgadas em toda a imprensa e chegaram aos ouvidos de dona Zuleica Rocha, uma ex-funcionária do Tribunal que estava pasma e inconformada com o que acontecia no TRF.

Consultando-se com alguns outros ex-funcionários e colegas advogados que ela fez durante os anos em que foi funcionária no tribunal, Zuleica Rocha procura você, advogado(a), para que tome as medidas cabíveis a fim de assegurar que o erário não seja onerado e que tais imoralidades não ocorram.

SUGESTÃO DE RESPOSTA

EXCELENTÍSSIMO SENHOR DOUTOR MINISTRO PRESIDENTE DO SUPREMO TRIBUNAL FEDERAL

ZULEICA ROCHA brasileira, estado civil _______, aposentada, portadora do título de eleitor n. _______, da carteira de identidade n. _______, inscrita no CPF/MF sob o n. _______, residente e domiciliada à _______, por seu advogado(a) que esta subscreve, com procuração e endereço anexo, para onde devem ser remetidas as intimações (art. 39, I, do CPC), respeitosamente, perante Vossa Excelência, com fundamento no art. 5. º, LXXIII, da CF/1988, e nos arts. 2.º, 3.º, 4.º da Lei 4.717/1965, mover:

AÇÃO POPULAR COM PEDIDO DE LIMINAR

Em face do ato praticado pelo Presidente do Tribunal Regional Federal da 2.ª Região e da União Federal, pessoa jurídica de direito público a quem se vincula a autoridade coatora, com base nas razões de fato e de direito a seguir expostas:

I – DA LEGITIMIDADE ATIVA

Para ser legitimado ativo de ação popular, segundo o mandamento constitucional do art. 5.º, LXXIII, c/c o art. 1.º, da Lei 4.717/1965, é necessário ser cidadão na forma do art. 12 da CRFB, desde que em pleno gozo dos seus direitos políticos, assim entende o Egrégio Supremo Tribunal Federal.

Dessa forma, a autora da presente é legitimada a propor ação popular, uma vez que está em pleno gozo dos seus direitos políticos ativos.

II – DA LEGITIMIDADE PASSIVA

Segundo o art. 6.º da Lei 4.717/1965 reproduzido *in verbis*, são os legitimados passivos:

> "Art. 6.º A ação será proposta contra as pessoas públicas ou privadas e as entidades referidas no art. 1.º, contra as autoridades, funcionários ou administradores que houverem autorizado, aprovado, ratificado ou praticado o ato impugnado, ou que, por omissas, tiverem dado oportunidade à lesão, e contra os beneficiários diretos do mesmo."

Deste trecho, o que se entende é que os legitimados são as pessoas que dão causa ao dano, a ilegalidade, ilicitude ou ilegitimidade dos atos praticados, os funcionários ou administradores que autorizaram, aprovaram, ratificaram, ou praticaram os atos acima aludidos e os beneficiários de tal ato.

Nesse diapasão, o Presidente do TRF da 2.ª Região é aquele que realizou o ato que atenta contra o erário e a moralidade pública, sendo assim, legitimado passivo, assim com a pessoa jurídica de direito público a quem é vinculado, no caso, a União Federal.

III – DOS FATOS

Recentemente, foi amplamente divulgada pela imprensa em todo o país (docs. 02, 03, 04, 05 e 06), o relatório da CPI que investigava as obras de reforma do TRF 2.ª Região. A referida obra, segundo a CPI, possui um superfaturamento de R$ 3.500.000,00.

Das notícias ora postas, vê-se que partiu ordem do Presidente do TRF 2.ª Região para abrir licitação para a reforma do Tribunal, envolvendo a compra de vários itens suntuosos, voluptuários, como bem se demonstra na reportagem, e, não obstante, a construção de estátuas de bronze, de valores faraônicos.

IV – DO DIREITO

A imoralidade se encontra de forma visível ao pensar que o homem público tem que ser probo e zelar pelo direito e pelos princípios da administração pública, e não para fins pessoais, como demonstrado até aqui, o que fere o art. 37, cabeça, da CRFB.

> "Art. 37. A administração pública direta e indireta de qualquer dos Poderes da União, dos Estados, do Distrito Federal e dos Municípios obedecerá aos princípios de legalidade, impessoalidade, moralidade, publicidade e eficiência e, também, ao seguinte:"

Para reafirmar essa tese, a lei da ação popular, de forma didática, em seu art. 2.º c/c o art. 3.º, com leitura à luz da CRFB, traz um reforço expresso a esta vedação:

> "Art. 2.º São nulos os atos lesivos ao patrimônio das entidades mencionadas no artigo anterior, nos casos de:
>
> a) incompetência;
>
> b) vício de forma;
>
> c) ilegalidade do objeto;
>
> d) inexistência dos motivos;
>
> e) desvio de finalidade.

> Art. 3.º Os atos lesivos ao patrimônio das pessoas de direito público ou privado, ou das entidades mencionadas no art. 1.º, cujos vícios não se compreendam nas especificações do artigo anterior, serão anuláveis, segundo as prescrições legais, enquanto compatíveis com a natureza deles."

Caso houvesse abalo à estrutura do Tribunal e o dinheiro gasto tivesse como fim a manutenção dos serviços prestados naquele TRF, a obra se justificaria com louvor.

Ademais, não bastasse a imoralidade apresentada com a reforma do tribunal de maneira suntuosa, ainda há, segundo o relato da CPI que investigou o tema, um acréscimo de mais de R$ 3.500.000,00 ao preço necessário para a realização da obra, o que configura um dano ao erário público de valor extremamente elevado.

A construção de estátuas ou qualquer outra obra faraônica só se justificaria se fossem patrimônio cultural ou histórico, mas não à revelia da população e por mera vaidade dos administradores do TRF 2.ª Região.

V – DA MEDIDA LIMINAR

Isso posto, a veiculação em imprensa nacional, em diversos meios de comunicação, inclusive com o relatório da CPI acerca do superfaturamento, marca inarredavelmente a prova inequívoca do atentando vergonhoso à moralidade administrativa, e ao erário, além do princípio expresso da Administração Pública, no *caput*, do art. 37, da Constituição Federal vigente. Não é justificável a compra dos itens suntuosos para o Tribunal, em meio à crise mundial com perda de milhões de postos de trabalho e desaquecimento da Economia brasileira, inclusive. Configurando, desta forma, o *fumus boni juris*.

Ademais, uma vez terminado o presente certame e assinado o contrato, ainda haveria outros problemas, senão aliado à extrema dificuldade de reembolso futuro por parte do Presidente do TRF, mas, também, a questão dos direitos de terceiros de boa-fé e do princípio de vedação de enriquecimento estatal sem justa causa, visto que, uma vez feitas as aquisições e obras, os contratados não mais terão de devolver o dinheiro recebido com a venda de seus produtos. Nesse sentido, presente fica o *periculum in mora* e a necessidade da imediata interrupção das obras e suspensão dos contratos à realização dos serviços de reforma do TRF da 2.ª Região.

VI – DO PEDIDO

Ante o exposto, requer:

a) a concessão *inaudita altera pars* de tutela antecipada para sustar quaisquer atos das licitações cujo objeto atenderão às despesas objeto desta ação popular, bem como a sustação de qualquer ato que se digne a pagar tais despesas com recursos públicos;

b) a citação por precatória do réu, nos prazos e termos do inc. IV, do art. 7.º, da Lei 4.717, de 1965, com cópia da presente, bem como documentos acostados;

c) a oitiva do Douto Ministério Público Federal;

d) a intimação da União, para, querendo, assim se manifestar, forte no § 3.º do art. 6.º da Lei 4.717, de 1965;

e) a confirmação da sentença com a anulação de quaisquer atos administrativos tomados pelo demandado na presente ação visando às despesas objeto da presente ação popular, bem como, caso já tenha havido alguma despesa, o ressarcimento por parte do réu, com comunicação ao Ministério Público para as devidas ações penal e de improbidade que entender pertinentes;

f) a condenação do réu na sucumbência, a ser fixada por Vossa Excelência, nos termos do art. 12 da Lei 4.717, de 1965.

Pretende provar o alegado por todos os meios em direito admitidos, em especial por meio da produção de prova documental e oral.

Apesar de ser ação gratuita nos termos do art. 5.º, LXXIII, da CRFB/1988, atribui a causa, por questões formais, o valor de R$ 3.500.000,00 (três milhões e quinhentos mil reais).

Nesses termos,
Espera deferimento.

Local e data.
Advogado/OAB

TÍTULO XII

AÇÃO CIVIL PÚBLICA

CAPÍTULO I

COMPETÊNCIA

Juízo competente, geralmente, é a primeira instância do local do dano.

Se o dano atingir a União, autarquia ou empresa pública federal, a ação será proposta na justiça federal (art. 109, I, da CRFB), caso a lesão ocorra sobre ente estadual ou municipal, o processo ficará por conta da justiça estadual.

CAPÍTULO II

MODELO DE PETIÇÃO INICIAL

EXCELENTÍSSIMO SENHOR DOUTOR JUIZ DE DIREITO (OU FEDERAL) DA VARA ______ DA COMARCA (OU SEÇÃO JUDICIÁRIA, OU AINDA, SUBSEÇÃO JUDICIÁRIA) DE ______

Nome, inscrita no CNPJ n. _______, com sede à _______, por seu advogado que esta subscreve, com procuração e endereço anexo, para onde devem ser remetidas as intimações (art. 39, I, do CPC), respeitosamente, perante Vossa Excelência, com fundamento no art. 129, § 1.º, da CF/1988, com fundamento no arts. 1.º. e 5.º da Lei 7.347/1985, propor

AÇÃO CIVIL PÚBLICA COM PEDIDO DE TUTELA ANTECIPADA

em face de _______ (pessoa jurídica que causou a lesão), pessoa jurídica de direito público _______, com sede à _______, pelos relevantes motivos de fato e de direito seguintes:

I – DOS FATOS

NOTA: Basta transcrever os fatos relatados na questão da prova.

II – DO DIREITO

NOTA: Discorrer sobre os artigos, princípios violados, utilizando-se de súmulas, doutrina e jurisprudência.

III –DA ANTECIPAÇÃO DE TUTELA

NOTA: O art. 12 da Lei 7.347/1985 possibilita concessão de liminar com ou sem justificação prévia.

Se a ação versar sobre defesa do consumidor fundamentar, a liminar no art. 84, § 3.º, do CDC.

Discorrer sobre os requisitos da liminar *fumus boni juris e periculum in mora.*

É necessário atentar para o art. 2.º da Lei 8.437/1992, o qual afirma que "No mandado de segurança coletivo e na ação civil pública, a liminar será concedida, quando cabível, após a audiência do representante judicial da pessoa jurídica de direito público, que deverá se pronunciar no prazo de setenta e duas horas."

IV – DO PEDIDO

Ante o exposto, requer:

a) o deferimento da medida liminar para que se suspenda o ato lesivo combatido (descrever o ato);

NOTA: Se no polo passivo estiver pessoa jurídica de direito público, deve-se observar o art. 2.º da Lei 8.437/1992, que exige, nessa hipótese, a audiência do representante judicial da PJ de direito público no prazo de 72 horas.

b) a citação do impetrado na pessoa de seu representante legal, para, querendo, responder, no prazo legal, aos termos da presente ação;

c) a intimação do representante do Ministério Público para intervir no feito até o final,

d) seja julgado procedente o pedido para tornar definitiva a medida liminar concedida, anulando definitivamente o (discorrer sobre o ato ou contrato);

e) a recomposição dos danos causados;

f) a condenação do impetrado a ressarcir o erário pelo prejuízo causado;

g) a condenação do impetrado a pagar indenização, sendo o valor revertido para o fundo de proteção dos direitos difusos;

h) a condenação do impetrado nos ônus da sucumbência.

NOTA: Os pedidos pertinentes dependerão do caso concreto apresentado no Exame de Ordem, podendo se aplicar apenas alguns dos exemplos de pedidos oferecidos acima.

Por fim, pretende provar o alegado por todos os meios em direito admitidos, em especial documental e oral.

Atribui a causa o valor de R$ (valor por extenso).

Nesses termos,
Espera deferimento.

Local e data.
Advogado/OAB

CAPÍTULO III
EXERCÍCIOS DE FIXAÇÃO

QUESTÃO 1

Pretendendo construir um empreendimento em local paradisíaco considerado área de proteção permanente, a Construtora Sobreira Morna S.A., requer autorização à Prefeitura do Município Y para construção. Em razão da grande influência que o presidente da empresa possui, a Prefeitura autoriza a construção.

Indignados com a situação, a Associação do Meio Ambiente – AMA – procura você, advogado, para adotar providências antes que as obras se iniciem.

Na qualidade de advogado da Associação, redija a peça processual cabível.

SUGESTÃO DE RESPOSTA

EXCELENTÍSSIMO SENHOR DOUTOR JUIZ DE DIREITO DA ______ VARA DA FAZENDA PÚBLICA DA COMARCA DO ESTADO DE ______

Associação do Meio Ambiente – AMA, pessoa jurídica de direito privado, inscrita no CNPJ n. ______, com sede à ________, neste ato representada por seu presidente _______, por seu advogado que esta subscreve, com procuração e endereço anexo, para onde devem ser remetidas as intimações (art. 39, I, do CPC), respeitosamente, perante Vossa Excelência, com fundamento no art. 129, § 1.º, da CF/1988, com fundamento nos arts. 1.º e 5 º da Lei 7.347/1985, propor

AÇÃO CIVIL PÚBLICA COM PEDIDO DE TUTELA ANTECIPADA

em face da Construtora Sobreira Morna S.A, pessoa jurídica de direito privado, localizada à _______, e Município Y, pessoa jurídica de direito público interno, com sede de seu governo na Prefeitura situada à Rua _______, pelos relevantes motivos de fato e de direito seguintes:

I – DOS FATOS

Pretendendo construir um empreendimento em local paradisíaco considerado área de proteção permanente, a Construtora Sobreira Morna S.A., requereu autorização à Prefeitura do Município Y para construção. Ato contínuo, a Prefeitura autorizou a construção em área ambiental protegida, provavelmente, em razão da grande influência que o presidente da empresa possui. Em razão da flagrante irregularidade, a impetrante vem se socorrer ao Judiciário.

II – DO DIREITO

A autorização da Prefeitura para a construção de empreendimento vai de encontro a diversos preceitos constitucionais.

O art. 225 da Carta Política impõe ao Poder Público o dever de proteger o meio ambiente, *in verbis:*

> "Art. 225. Todos têm direito ao meio ambiente **ecologicamente equilibrado**, bem de uso comum do povo e essencial à sadia qualidade de vida, impondo-se ao Poder Público e à coletividade o dever de defendê-lo e preservá-lo para as presentes e futuras gerações." (grifamos)

As condutas e atividades consideradas lesivas ao meio ambiente sujeitarão os infratores, pessoas físicas ou jurídicas, a sanções penais e administrativas, independentemente da obrigação de reparar os danos causados, como exigido pelo § 3.º do próprio art. 225.

Como se não bastasse, o § 1.º atribui a missão ao Poder Público de:

> "I – preservar e restaurar os processos ecológicos essenciais e prover o manejo ecológico das espécies e ecossistema;
>
> II – preservar a diversidade e a integridade do patrimônio genético do País e fiscalizar as entidades dedicadas à pesquisa e manipulação de material genético;
>
> III – definir, em todas as unidades da Federação, espaços territoriais e seus componentes a serem especialmente protegidos, sendo a alteração e a supressão permitidas somente através de lei, vedada qualquer utilização que comprometa a integridade dos atributos que justifiquem sua proteção;

> IV – exigir, na forma da lei, para instalação de obra ou atividade potencialmente causadora de significativa degradação do meio ambiente, estudo prévio de impacto ambiental, a que se dará publicidade;
>
> V – controlar a produção, a comercialização e o emprego de técnicas, métodos e substâncias que comportem risco para a vida, a qualidade de vida e o meio ambiente;
>
> VII – proteger a fauna e a flora, vedadas, na forma da lei, as práticas que coloquem em risco sua função ecológica, provoquem a extinção de espécies ou submetam os animais a crueldade."

Ora Excelência, verifica-se que a prática lesiva perpetrada pela empresa e pelo Município réu violou todos os preceitos constitucionais acima expostos.

Ademais, admitir a construção respaldado em elementos subjetivos, como temor, é ofensivo ao estado democrático de direito, ao princípio da impessoalidade, à moralidade administrativa e eficiência.

III – DA ANTECIPAÇÃO DE TUTELA

A autorização concedida pela prefeitura possibilita a construção imediata do empreendimento, o que consequentemente gerará o desmatamento de área de proteção permanente, sendo flagrante o *periculum in mora.*

Quanto ao outro requisito para concessão da liminar, conhecido como *fumus boni juris*, os argumentos acima expostos e as provas colacionadas aos autos cumprem o papel de apresentá-lo.

IV – DO PEDIDO

Ante o exposto, requer:

a) a notificação do representante judicial do Município Y no prazo de 72 horas, para que se manifeste sobre a concessão da liminar, na forma do art. 2.º da Lei 8.437/1992;

b) o deferimento da medida liminar para que se suspenda a execução da obra combatida;

c) a citação da Empresa ré, na pessoa de seu representante legal, para, querendo, responder, no prazo legal, aos termos da presente ação;

d) citação do Município Y, na pessoa de seu representante judicial, para, querendo, responder, no prazo legal, aos termos da presente ação;

e) a intimação do representante do Ministério Público para intervir no feito até o final;

f) seja julgado procedente o pedido, para tornar definitiva a medida liminar concedida, anulando definitivamente a autorização municipal para construção em área ambiental protegida;

g) a condenação do impetrado nos ônus da sucumbência.

Por fim, pretende, provar o alegado por todos os meios em direito admitidos, em especial documental e oral.

Atribui a causa o valor de R$ 1.000,00 (hum mil reais).

Nesses termos,

Espera deferimento.

Local e data.

Advogado/OAB

QUESTÃO 2

Em razão de vazamento de petróleo, decorrente da má exploração realizada pela empresa pretrolífera privada Wolksvon S.A., uma comunidade de pescadores vê seu único meio de sustento, o pescado, morrer. Sem condições de manutenção de suas famílias, fundam a Associação dos Lesados pela Wolksvon – ALW – e imediatamente procuram você, advogado, para adotar providências cabíveis.

Na qualidade de advogado da Associação, redija a peça processual adequada.

SUGESTÃO DE RESPOSTA

EXCELENTÍSSIMO SENHOR DOUTOR JUIZ DE DIREITO DA ______ VARA CÍVEL DA COMARCA DA ______

Associação dos Lesados pela Wolksvon – ALW –, pessoa jurídica de direito privado, inscrita no CNPJ n. ______, com sede à ______, neste ato representada por seu presidente ______, por seu advogado que esta subscreve, com procuração e endereço anexo, para onde devem ser remetidas as intimações (art. 39, I, do CPC), respeitosamente, perante Vossa Excelência, com fundamento no art. 129, § 1.º, da CF/1988, com fundamento nos arts. 1.º e 5º da Lei 7.347/1985, propor

AÇÃO CIVIL PÚBLICA COM PEDIDO DE TUTELA ANTECIPADA

em face de Wolksvon S.A, pessoa jurídica de direito privado, com sede à _______, pelos motivos de fato e de direito seguintes:

I – DA LEGITIMIDADE ATIVA

É cediço que, por previsão expressa do art. 5.º, V, *a*, da Lei 7.347/1985, as associações devem estar constituídas há mais de um ano para promover ação civil pública. Contudo, o mesmo artigo, em seu § 4.º, autoriza ao juiz excepcionar este prazo em razão das características do dano ou da relevância do bem jurídico a ser protegido. E é exatamente sobre esta última hipótese que trata o presente caso.

A associação impetrante foi constituída há menos de ano, no entanto, propõe a presente demanda, tendo por objeto a vida e a dignidade por não estarem conseguindo sustento em razão da atividade inconsequente da impetrada.

Nesse passo, requer que Vossa Excelência, com base no art. 5.º, § 4.º, da Lei 7.347/1985, afaste o requisito de pré-constituição de um ano, em razão da relevância do bem jurídico a ser protegido.

II – DOS FATOS

A empresa pretrolífera Wolksvon S.A. explora petróleo em solo brasileiro. Em razão da má exploração realizada pela empresa privada, ocorreu vazamento de petróleo. O petróleo derramado ao mar resultou na mortandade de peixes, único meio de sustento dos associados da impetrante, impedindo que estes sustentassem suas famílias. Em razão da lesão exposta, a associação autora vem a juízo requerer a tutela de seu direito.

III – DO DIREITO

Como relatado acima, a má exploração de petróleo gerou sérios danos ao meio ambiente. Danos estes talvez irreversíveis.

O ato ofende o art. 225 da CRFB, que prevê o direito ao meio ambiente ecologicamente equilibrado. Apesar de ser dever do Poder Público restaurar os processos ecológicos essenciais, quando empresa comete ato lesivo, fica obrigada a reparar o dano.

O ato inconsequente da impetrada gerou danos aos pescadores e suas famílias, pois foram ceifados do direito constitucional ao trabalho e ao sustento, basilares para almejar a dignidade da pessoa humana.

O empecilho criado pela empresa ré pode, inclusive, de forma mais drástica, atingir a vida e a saúde dos pescadores, em razão da má qualidade do pescado, comprometido pela grande quantidade de poluição na área da pesca.

O dever de reparar o dano, nesses moldes, deve, não só se restringir a limpeza da área atingida, como na reparação pecuniária por tudo que os pescadores deixaram de lucrar (lucros cessantes).

IV – DA ANTECIPAÇÃO DE TUTELA

A má execução do serviço gerou vazamento de petróleo que perdura até os dias atuais; quanto mais os dias passam, maior é a extensão da lesão, podendo gerar danos ambientais irreversíveis, sendo flagrante o *periculum in mora*. Urge, assim, a necessidade de reparação do dano como meio de conter o vazamento.

Quanto ao outro requisito para concessão da liminar, conhecido como *fumus boni iuris*, os argumentos acima expostos e as provas colacionadas aos autos cumprem o papel de apresentá-lo.

V – DO PEDIDO

Ante o exposto, requer:

a) o deferimento da medida liminar, para que adote medidas com o fim de estancar o vazamento;

b) a citação da ré na pessoa de seu representante legal, para, querendo, responder no prazo legal, aos termos da presente ação;

c) a intimação do membro do Ministério Público para intervir no feito até o final;

d) seja julgado procedente o pedido para obrigar a ré a retirar todo o petróleo derramado ao mar;

e) a condenação do réu a ressarcir pecuniariamente pelo prejuízo causado, indenizando os pescadores por tudo que deixaram de lucrar em valor a ser fixado em posterior liquidação;

f) a condenação do réu nos ônus da sucumbência.

Por fim, pretende provar o alegado por todos os meios em direito admitidos, em especial documental e oral.

Atribui a causa o valor de R$ ______ (__).

Nesses termos,

Espera deferimento.

Local e data.

Advogado/OAB

QUESTÃO 3

Prefeito do Município Y resolveu construir um Estádio para práticas desportivas. Como as obras estavam atrasadas e o fim do mandato estava se aproximando, resolveu contratar mais uma empresa, sem licitação, para acelerar as obras. Após o fim das obras, a associação transparência Y constatou que houve superfaturamento nas compras realizadas para a construção. Em razão disso, procura você para que mova a ação judicial cabível.

SUGESTÃO DE RESPOSTA

EXCELENTÍSSIMO SENHOR DOUTOR JUIZ DE DIREITO DA ______ VARA DE FAZENDA PÚBLICA DA COMARCA DE ______

Associação transparência Y, inscrita no CNPJ n. _______, com sede à _______, neste ato representado pelo seu presidente ________, por seu advogado que esta subscreve, com procuração e endereço anexo, para onde devem ser remetidas as intimações (art. 39, I, do CPC), respeitosamente, perante Vossa Excelência, com fundamento no art. 129, § 1.º, da CF/1988, com fundamento nos arts. 1.º e 5.º da Lei 7.347/1985, propor

AÇÃO CIVIL PÚBLICA

em face do Município Y, pessoa jurídica de direito público interno, com sede e seu governo na Prefeitura situada à Rua _______, n. _______, Bairro _______, CEP _______, pelos relevantes motivos de fato e de direito seguintes:

I – DOS FATOS

Prefeito do Município Y resolveu construir um Estádio para práticas desportivas. Como as obras estavam atrasadas e o fim do mandato estava se aproximando, resolveu contratar mais uma empresa, sem licitação, para acelerar as obras. Após o fim das obras, a associação transparência Y constatou que houve superfaturamento nas compras realizadas para a construção, motivo pelo qual propõe a presente ação.

II – DO DIREITO

O ato do prefeito está à margem de qualquer regra de governança pública, atinge o princípio da impessoalidade e da igualdade quando contrata sem licitação, abalroa princípios como segurança jurídica, moralidade administrativa, economicidade e eficiência.

Não se pode esquecer que não há previsão legal que autorize essa prática, fulminando o princípio da legalidade administrativa insculpido no art 37, *caput,* da CRFB.

A Lei 8.666/1993, regulamentando o art. 37, XXI, exige licitação pública para contratação de obras, serviços, compras e alienações, na qual será assegurada a igualdade de condições a todos os concorrentes, "com cláusulas que estabeleçam obrigações de pagamento, mantidas as condições efetivas da proposta, nos termos da lei, o qual somente permitirá as exigências de qualificação técnica e econômica indispensáveis à garantia do cumprimento das obrigações."

Nada disso foi observado!

Além disso, o superfaturamento realizado atinge diretamente a probidade da administração, além dos princípios acima transcritos como moralidade e eficiência.

III – DO PEDIDO

Ante o exposto, requer:

a) a citação do Município Y, na pessoa de seu representante judicial, para, querendo, responder, no prazo legal, aos termos da presente ação;

b) a intimação do representante do Ministério Público para intervir no feito até o final;

c) seja julgado procedente o pedido para anular os contratos que por ventura ainda estejam em vigor;

d) a condenação do Município réu a ressarcir o erário pelo prejuízo causado;

e) a condenação dos impetrados nos ônus da sucumbência.

Por fim, pretende provar o alegado por todos os meios em direito admitidos, em especial documental e oral.

Atribui a causa o valor de R$ ______ (__).

Nesses termos,

Espera deferimento.

Local e data.

Advogado/OAB

RECLAMAÇÃO, RECURSOS ORDINÁRIO, ESPECIAL E EXTRAORDINÁRIO

TÍTULO XIII

RECLAMAÇÃO – RCL

CAPÍTULO I

COMPETÊNCIA

O **Supremo Tribunal Federal** terá competência para julgar reclamação em três hipóteses (art. 102, I, *l*, e 103-A, § 3.º):

a) para a preservação de sua competência;

b) para garantir da autoridade de suas decisões;

c) de ato administrativo ou decisão judicial que contrariar a Súmula Vinculante aplicável ou que indevidamente a aplicar.

Já o **Superior Tribunal de Justiça** é competente para analisar reclamação em dois casos (art. 105, I, *f*):

a) para a preservação de sua competência; e

b) para garantir da autoridade de suas decisões.

Há ainda competência do **Superior Tribunal Militar,** quando (art. 6.º, I, *f*, da Lei 8.457/1992):

a) a reclamação para preservar a integridade da competência; e

b) para assegurar a autoridade de seu julgado.

CAPÍTULO II

MODELO DE PETIÇÃO INICIAL

EXCELENTÍSSIMO SENHOR DOUTOR MINISTRO PRESIDENTE DO SUPREMO TRIBUNAL FEDERAL

NOTAS:

- Quando for em face de decisão judicial que desrespeita a jurisprudência do **STJ,** deverá ficar assim: **Exmo. Sr. Dr. Ministro Presidente do SUPERIOR TRIBUNAL DE JUSTIÇA-STJ.**
- Quando for em face de decisão judicial que desrespeita a jurisprudência do **STM,** deverá ficar assim: **Exmo. Sr. Dr. Ministro Presidente do SUPERIOR TRIBUNAL MILITAR – STM.**

Nome, nacionalidade, estado civil, profissão, portador da carteira de identidade n. _______, inscrito no CPF sob o n. _______, residente e domiciliado à Rua _______, vem, por seu advogado infra-assinado, conforme procuração anexa, com endereço profissional à ________, para, nos termos do art. 39, I, do CPC, receber avisos e quaisquer intimações, respeitosamente, à presença deste Douto Juízo, nos termos dos art. 103-A, § 3.º, da CRFB/1988, e arts. 13 a 18 da Lei 8.038/1990, ajuizar a presente

RECLAMAÇÃO CONSTITUCIONAL COM PEDIDO LIMINAR

Em face da decisão proferida pelo (nome da autoridade reclamada a quem é imputada a prática do ato impugnado) contra ato administrativo que descumpriu Súmula Vinculante n. _______ desta egrégia Corte, conforme exposição de fatos e fundamentos que passa a narrar:

NOTAS:

- O art. 103-A, § 3.º da CRFB/1988 é utilizado quando houver descumprimento de Súmula Vinculante.
- Quando for para **preservação de competência do STJ** ou em face de decisão judicial que **desrespeita a jurisprudência do STJ,** deverá ser modificada a fundamentação, substituindo o art. 103-A, § 3.º, da CRFB/1988, pelo **art. 105, I, *f*, da CRFB/1988.**

- Quando for para **preservação da competência do STF ou garantia da autoridade das decisões do STF,** deverá ser modificada a fundamentação, retirando o art. 103-A, § 3.º, da CRFB/1988, substituindo-o pelo **art. 102, I, *l*, da CRFB/1988.**
- Quando for em face de decisão judicial que desrespeita a **jurisprudência do STJ ou STF,** deve-se colocar**:** em face de decisão judicial proferida em sentença na Vara _______ do respeitado Tribunal de Justiça _______, a qual viola a jurisprudência desta egrégia Corte, retirando a autoridade de suas decisões, conforme expõe a seguir.
- Quando for para **preservação da competência do STF,** deve-se colocar: para ver preservada a competência do Supremo Tribunal Federal para julgamento de matéria que fica sob sua jurisdição originária, em face de decisão do (Tribunal) de admitir para julgamento do (caso), conforme expõe a seguir.
- Quando for para **preservação da competência do STJ,** deve-se colocar: para ver preservada a competência do Superior Tribunal de Justiça para julgamento de matéria que fica sob sua jurisdição originária, em face de decisão do (Tribunal) de admitir para julgamento do (caso), conforme expõe a seguir)

I – DO EXAURIMENTO DA VIA ADMINISTRATIVA NOS TERMOS DO ART. 7.º, § 1.º, DA LEI 11.417/2006

Atenção: Esta preliminar somente é utilizada quando se tratar de ato administrativo contrário a Súmula Vinculante.

OU

I – DOS JULGAMENTOS DESRESPEITADOS

Atenção: Esta preliminar somente é utilizada quando for **em face de decisão judicial que desrespeita a jurisprudência do STJ ou STF**. Nesse caso, a pessoa deverá relatar os julgados, mostrando onde houve o desrespeito da jurisprudência do STJ ou STF.

OU

I – DA COMPETÊNCIA DO STF PARA JULGAMENTO E DO ÓRGÃO JURISDICIONAL USURPADOR DA COMPETÊNCIA

Atenção: Esta preliminar somente é utilizada quando se tratar de **preservação da competência do STF ou STJ**; aqui deverá conter o fundamento para a questão ser de competência do STF – art. 102 – ou STJ – art. 105.

II – DAS PROVAS PRÉ-CONSTITUÍDAS DOCUMENTALMENTE (art. 13 da Lei 8.038/1990)

Todas as provas que consubstanciam o direito pleiteado estão instruindo a inicial.

III – DOS FATOS

NOTA: Deve-se reproduzir o enunciado da questão.

IV – DO DIREITO

NOTA: Demonstrar a ilegalidade ou lesividade e sustentar sua nulidade com doutrina, jurisprudência, artigos da Constituição, leis etc.

V – DO PEDIDO LIMINAR NOS TERMOS DO ART. 14, II, DA LEI 8.038/1990

NOTA: Segundo o art. 14, II, da Lei 8.038/1990, o magistrado ordenará, se necessário, para evitar dano irreparável, a suspensão do processo ou do ato impugnado.

Ponderar que no presente caso se faz necessário a suspensão do ato impugnado, pois este está causando dano irreparável ao reclamante, eis que _______.

VI – DO PEDIDO

Ante o exposto, requer:

a) seja concedido o pedido liminar para, nos termos do art. 14, II, da Lei 8.038/1990, suspender o ato impugnado (ou do processo);

b) seja notificada a autoridade reclamada, para que preste informações no prazo legal de dez dias (art. 14, I, da Lei 8.038/1990);

c) requer seja dada vista ao Ministério Público pelo prazo de cinco dias, nos termos do art. 16 da Lei 8.038/1990;

d) requer julgue procedente a presente reclamação para fins de anular o ato administrativo praticado e impor à autoridade reclamada, bem como aos devidos órgãos da Administração Pública, que cumpram de imediato a presente decisão, fazendo valer o enunciado da Súmula Vinculante n. _______ desse egrégio Tribunal.

Notas:

- Quando for **decisão judicial que descumpriu Súmula Vinculante,** substituir o pedido (d) por: requer julgue procedente a presente reclamação para fins de cassar a decisão judicial expedida pela autoridade reclamada, impondo-lhe o cumprimento de imediato da presente decisão, fazendo valer o enunciado da Súmula Vinculante n. _____ desse egrégio Tribunal.

- Quando for **para preservação da competência do STF** substituir o pedido (d) por: requer julgue procedente a presente Reclamação para fins de ordenar à autoridade reclamada que suspenda de imediato o julgamento do processo apontado, remetendo os autos *in limine* ao STF, respeitando a competência do Supremo Tribunal Federal assegurada na Constituição da República.
- Quando for **para preservação da competência do STJ,** substituir o pedido (d) por: requer julgue procedente a presente Reclamação para fins de ordenar à autoridade reclamada que suspenda de imediato o julgamento do processo apontado, remetendo os autos *in limine* ao STJ, respeitando a competência do Supremo Tribunal Federal assegurada na Constituição da República.
- Quando for **em face de decisão judicial que desrespeita a jurisprudência do STJ ou STF,** substituir o pedido (d) por: requer julgue procedente a presente Reclamação para fins de cassar a decisão judicial atacada, ordenando à autoridade reclamada que faça cumprir de imediato a presente decisão, respeitando a autoridade dos julgamentos desse egrégio Superior Tribunal.

Atribui a causa o valor de R$ (valor por extenso).

Nesses termos,

Espera deferimento.

Local e data.

Advogado/OAB

CAPÍTULO III

EXERCÍCIOS DE FIXAÇÃO

QUESTÃO 1 (OAB. 2007.03 – ALTERADA)

Um contingente de servidores públicos do município A, inconformado com a política salarial adotada pelo governo municipal, decidiu, após ter realizado paralisação grevista sem qualquer sucesso, tomar providências para fazer valer um suposto direito a reajuste de 15% sobre o vencimento básico percebido. O referido valor corresponderia a um aumento remuneratório real, equiparando ao reajuste obtido, nos últimos três anos, por diversas classes profissionais. Os servidores públicos procuraram a entidade sindical correspondente, e esta decidiu ajuizar, na justiça comum, ação ordinária a fim de satisfazer o pleito apresentado. Dada a premência do tempo em ver reconhecido, pelo Judiciário, o reajuste de 15%, a entidade sindical formulou, na própria petição inicial, pedido de antecipação de tutela, sob a alegação de que, na situação, estavam em jogo verbas de caráter nitidamente alimentar, o que reforçaria a necessidade de um provimento judicial mais célere. Ao fazer uma primeira análise, o juiz do feito decidiu indeferir o pedido de tutela antecipada.

Após pedido de reconsideração formulado pela entidade sindical, o juiz decidiu reverter seu primeiro posicionamento e optou por deferir o pedido de tutela antecipada, determinando a imediata implantação em folha de pagamento do reajuste de 15% sobre o vencimento básico dos servidores públicos.

Inconformado com a decisão judicial, o município decidiu contratar serviços advocatícios para promover as medidas cabíveis e reverter a situação o quanto antes, em virtude do iminente impacto orçamentário do reajuste concedido. O advogado tentou, por todos os modos possíveis, suspender a decisão que concedeu a tutela antecipada no tribunal de justiça competente, sem ter obtido êxito.

A antecipação de tutela continua mantida, em toda sua extensão, e o mérito da ação ainda não foi apreciado.

Sabe-se que o Supremo Tribunal Federal, no julgamento da ADC-MC 4, assim decidiu: "Medida cautelar deferida, em parte, por maioria de votos, para se suspender, 'ex nunc', e com efeito vinculante, até o julgamento final da ação, a concessão de tutelar antecipada contra a Fazenda Pública, que tenha por pressuposto a constitucionalidade ou inconstitucionalidade do art. 1.º da Lei n. 9.494, de 10/9/1997, sustando-se, igualmente 'ex nunc', os efeitos futuros das decisões já proferidas, nesse sentido".

Diante da situação hipotética apresentada, na condição de advogado do município A, redija a peça judicial apropriada para o caso, a ser apresentada ao órgão judicial competente, com os argumentos que reputar pertinentes.

Obs.: O art. 1.º da Lei 9.494/1997 dispõe que: "Aplica-se à tutela antecipada prevista nos arts. 273 e 461 do Código de Processo Civil o disposto nos arts. 5.º e seu parágrafo único e 7.º da Lei nº 4.348, de 26 de junho de 1964, no art. 1.º e seu § 4.º da Lei nº 5.021, de 9 de junho de 1966, e nos arts. 1.º, 3.º e 4.º da Lei nº 8.437, de 30 de junho de 1992." Para efeito de peça ,considere que o art. 5.º, parágrafo único, e 7.º da Lei 4.348/1964, art. 1.º, § 4.º da Lei 5.021/1966, foram revogados e substituídos pelo art. 7.º, § 2.º, da Lei 12.016/2009.

SUGESTÃO DE RESPOSTA

EXCELENTÍSSIMO SENHOR DOUTOR MINISTRO PRESIDENTE DO SUPREMO TRIBUNAL FEDERAL

PREFEITO DO MUNICÍPIO A, chefe do Poder Executivo municipal, vem, por seu advogado infra-assinado, conforme procuração anexa, com endereço profissional à _______, para, nos termos do art. 39, I, do CPC, receber avisos e quaisquer intimações, respeitosamente, à presença deste Douto Juízo, nos termos dos art. 102, I, *l*, da CRFB/1988 e arts. 13 a 18 da Lei 8.038/1990, ajuizar a presente

RECLAMAÇÃO CONSTITUCIONAL COM PEDIDO LIMINAR

em face de decisão judicial proferida em sentença na Vara _______ do respeitado Tribunal de Justiça do Estado _______, a qual viola a jurisprudência desta egrégia Corte, retirando a autoridade de suas decisões, conforme se expõe a seguir:

I – DOS JULGAMENTOS DESRESPEITADOS

Essa E. Corte se manifestou na ADC-MC 4 de forma a reconhecer a constitucionalidade do art. 7.º, § 2.º, da Lei 12.016/2009, que veda expressamente a concessão de medida liminar que vise adiantar pagamentos de qualquer natureza, como reproduz-se, a seguir, *in verbis*:

> "Art. 7. Ao despachar a inicial, o juiz ordenará:
>
> (...)
>
> § 2.º Não será concedida medida liminar que tenha por objeto a compensação de créditos tributários, a entrega de mercadorias e bens provenientes do exterior, a reclassificação ou equiparação de servidores públicos e a concessão de aumento ou a extensão de vantagens ou pagamento de qualquer natureza."

E ainda dispõe a Lei 8.437/1992:

> "Art. 1.º Não será cabível medida liminar contra atos do Poder Público, no procedimento cautelar ou em quaisquer outras ações de natureza cautelar ou preventiva, toda vez em que providência semelhante não puder ser concedida em ações de mandado de segurança, em virtude de vedação legal.
>
> (...)
>
> § 3.º Não será cabível medida liminar que esgote, no todo ou em qualquer parte, o objeto da ação."

II – DAS PROVAS PRÉ-CONSTITUÍDAS DOCUMENTALMENTE (art. 13 da Lei 8.038/1990)

Todas as provas que consubstanciam o direito pleiteado estão instruindo a inicial, incluindo cópias da decisão judicial que contraria a decisão com efeitos *erga omnes* e vinculante desta E. Corte constitucional.

III – DOS FATOS

O sindicato dos servidores municipais do Município A moveu ação ordinária a fim de satisfazer o pleito apresentado. Dada a premência do tempo em ver reconhecido, pelo Judiciário, o reajuste de 15%, a entidade sindical formulou, na própria petição inicial, pedido de antecipação de tutela, sob a alegação de que, na situação, estavam em jogo verbas de caráter nitidamente alimentar, o que reforçaria a necessidade de um provimento judicial mais célere.

Ao fazer uma primeira análise, o juiz do feito decidiu indeferir o pedido de tutela antecipada.

Após pedido de reconsideração formulado pela entidade sindical, o juiz decidiu reverter seu primeiro posicionamento e optou por deferir o pedido de tutela antecipada, determinando a imediata implantação em folha de pagamento do reajuste de 15% sobre o vencimento básico dos servidores públicos.

O município, por sua vez, recorreu de todas as formas da referida decisão que concedeu a liminar, não logrando êxito, razão pela qual não houve outra saída senão o ajuizamento da presente Reclamação Constitucional.

IV – DO DIREITO

A jurisprudência dessa corte, assim como o mandamento constitucional do art. 102, I, *l* c/c o art. 13, *caput*, da Lei 8.038/1990, dispõem claramente que quando as decisões dessa corte for desrespeitada, caberá reclamação constitucional, a fim de preservar a autoridade de suas decisões.

Na ADC – MC 4, o E. STF decidiu o seguinte:

> "Medida cautelar deferida, em parte, por maioria de votos, para se suspender, 'ex nunc', e com efeito vinculante, até o julgamento final da ação, a concessão de tutelar antecipada contra a Fazenda Pública, que tenha por pressuposto a constitucionalidade ou inconstitucionalidade do art. 1.º da Lei n. 9.494, de 10/9/1997, sustando-se, igualmente 'ex nunc', os efeitos futuros das decisões já proferidas, nesse sentido".

Sabe-se que por força do art. 28, parágrafo único, da Lei 9.868/1999, as decisões do Supremo Tribunal Federal em sede de ADC têm efeitos contra todos e caráter vinculante em relação aos órgãos do Poder Judiciário e à Administração Pública federal, estadual e municipal. Ou seja, todos são obrigados a cumprir as decisões do E. STF, sob pena de não se sujeitarem às decisões dessa Corte e terem seus atos passíveis de serem controlados por Reclamação Constitucional, como se mostra neste caso em tela.

Em que pese os arts. 5.º, parágrafo único, e 7.º da Lei 4.348/1964, art. 1.º, § 4.º, da Lei 5.021/1966 terem sido revogados pelo art. 7.º, § 2.º, da Lei 12.016, as decisões do STF se prendem não ao formalismo, mas sim ao conteúdo de suas decisões.

Até mesmo medidas liminares proferidas pela Egrégia corte têm extensão ampla, atingindo todo território nacional.

A decisão do STF tem como fundamento a não permissão de medidas liminares satisfativas contra a Fazenda Pública, e estando em vigor ainda a Lei 8.437/1992, o art. 1.º da Lei 9.494/1997 retira seus fundamentos desta lei e da nova lei do Mandado de Segurança, que dispõe o mesmo em relação a adiantamento de pagamentos em decisões liminares.

Assim, o ilustre magistrado da primeira instância foi de encontro à E. Corte, não reconhecendo a autoridade de sua decisão.

V – DO PEDIDO LIMINAR NOS TERMOS DO ART. 14, II, DA LEI 8.038/1990

Pondera que no presente caso se faz necessário a suspensão do ato impugnado, pois este está causando dano irreparável ao reclamante, eis que *contra legem* e contra a decisão do STF onera o Município A em elevadas quantias, que podem, inclusive, levar à deficiência de outras atividades do municípios, eis que tais verbas não constavam para este fim nas leis de diretrizes orçamentárias.

Ademais, pelo caráter satisfativo da liminar concedida, de difícil reparação se torna o dano, devido a sua irreversibilidade, já que para recuperar os valores gastos seria necessário exigir judicialmente de cada beneficiado a devolução do valor recebido.

VI – DO PEDIDO

Ante o exposto, requer:

a) seja concedido o pedido liminar para, nos termos do art. 14, II, da Lei 8.038/1990, suspender a tutela antecipada deferida pelo juízo da Vara _______ do TJ do Estado _______;

b) seja notificada a autoridade reclamada, para que preste informações no prazo legal de 10 dias (art. 14, I, da Lei 8.038/1990);

c) requer seja dada vista ao Ministério Público pelo prazo de cinco dias, nos termos do art. 16 da Lei 8.038/1090;

d) requer julgue procedente a presente Reclamação para fins de cassar a decisão judicial atacada, ordenando à autoridade reclamada que faça cumprir de imediato a presente decisão, respeitando a autoridade dos julgamentos desse egrégio Supremo Tribunal Federal.

Atribui a causa o valor de R$ ______ (__).

Nesses termos,

Espera deferimento.

Local e data.

Advogado/OAB

QUESTÃO 2

Rodrigo Amorin, brasileiro, casado, professor, recebeu em sua casa boleto referente à cobrança de IPTU – Imposto Predial Territorial Urbano – em valor extremamente elevado, uma vez que houve erro material nas dimensões e localização do imóvel, apesar do endereço de envio constar o mesmo.

Ao se dirigir à repartição municipal do município X, foi surpreendido que para recorrer do valor do imposto deveria fazer depósito no valor do tributo, segundo previsão expressa no art. 24 da Lei 6.5013 – Lei de Processo Administrativo – daquele município. Após interposição de recurso hierárquico ao Secretário de Estado e Fazenda e esgotamento da esfera administrativa, Rodrigo teve seus recursos indeferidos, todos sob o mesmo argumento.

Sem condições de pagar o valor exorbitante daquele imposto e sabendo que tal cobrança era indevida, com base na S.V. 21 do STF, Rodrigo procura você, advogado(a), para que tome a medida cabível a fim de assegurar o direito de acesso à justiça.

SUGESTÃO DE RESPOSTA

EXCELENTÍSSIMO SENHOR DOUTOR MINISTRO PRESIDENTE DO SUPREMO TRIBUNAL FEDERAL

RODRIGO AMORIN, brasileiro, casado, professor, portador da carteira de identidade n. _______, inscrito no CPF sob o n. _______, residente e domiciliado à Rua _______, vem, por seu advogado infra-assinado, conforme procuração anexa com endereço profissional à _______, para, nos termos do art. 39, I, do CPC, receber avisos e quaisquer intimações, respeitosamente, à presença deste Douto Juízo, nos termos dos art. 103-A, § 3.º, da CRFB/1988, arts.13 a 18 da Lei 8.038/1990 c/c o art. 7.º, *caput,* da Lei 11.417/2006, ajuizar a presente

RECLAMAÇÃO CONSTITUCIONAL COM PEDIDO LIMINAR

em face da decisão proferida pelo Secretário de Fazenda do Município X contra ato administrativo que descumpriu Súmula Vinculante 21 dessa egrégia Corte, conforme exposição de fatos e fundamentos que passa a narrar:

I – DO EXAURIMENTO DA VIA ADMINISTRATIVA NOS TERMOS DO ART.7.º, § 1.º DA LEI 11.417/2006

Conforme será narrado nos fatos, houve exaurimento da via administrativa e boa-fé do reclamante em cumprir as exigências legais e levar até a última instância administrativa sua tentativa de recorrer sem a necessidade do depósito do valor do tributo.

Devido às reiteradas decisões negativas, configurou-se a causa de pedir do reclamante, com base nas decisões que descumprem enunciados de Súmula Vinculante desse Tribunal.

II – DAS PROVAS PRÉ-CONSTITUÍDAS DOCUMENTALMENTE (ART. 13, PARÁGRAFO ÚNICO, DA LEI 8.038/1990)

Todas as provas que consubstanciam o direito pleiteado estão instruindo a inicial, como a cópia das reiteradas decisões denegatórias no âmbito administrativo e integral conteúdo da Lei 65.013 do Município X que exige o depósito como prerrequisito dos recursos administrativos daquele ente federativo.

III – DOS FATOS

O reclamante recebeu em sua casa a guia do IPTU para pagamento do imposto, com informações equivocadas referentes ao valor deste. No documento, consta erro material nas dimensões e localização do imóvel, o que fez com que o valor cobrado fosse muito superior ao que de fato corresponde o presente imposto.

De posse disso, o reclamante se dirigiu à administração da prefeitura do Município X, com intuito de administrativamente recorrer do valor cobrado. Para sua surpresa, ao chegar ao setor responsável pelos recursos, se deparou com uma situação inusitada, pois para recorrer era necessário depósito no valor do tributo, sendo esta exigência prevista no art. 24 da Lei 65.013 daquele município.

Inconformado, o reclamante interpôs recurso hierárquico ao Secretário de Fazenda do Município X, última instância administrativa daquele município, a fim de poder recorrer sem a necessidade do referido depósito. Contudo, seu pleito foi negado.

Nesse diapasão, não restou senão constituir advogado e procurar o E. STF, por falta de cumprimento ao enunciado da Súmula Vinculante 21 dessa Corte constitucional.

IV – DO DIREITO

Depois da EC 45, a conhecida reforma do Judiciário, o constituinte derivado achou por bem dar ao STF poderes para dotar de eficácia vinculante algumas decisões reiteradas daquela corte. Tais decisões, depois de debatidas e votadas com quórum qualificado pelos Ministros do STF, seriam chamadas de súmulas vinculantes, na forma do art. 103-A da Carta da República e da Lei 11.417/2006.

Essas decisões têm eficácia contra todos e efeito vinculante, como disposto no art. 103-A, reproduzido didaticamente abaixo:

> "Art. 103-A. O Supremo Tribunal Federal poderá, de ofício ou por provocação, mediante decisão de dois terços dos seus membros, após reiteradas decisões sobre matéria constitucional, aprovar súmula que, a partir de sua publicação na imprensa oficial, terá efeito vinculante em

> relação aos demais órgãos do Poder Judiciário e à administração pública direta e indireta, nas esferas federal, estadual e municipal, bem como proceder à sua revisão ou cancelamento, na forma estabelecida em lei."

Nessa linha, a administração pública está obrigada a respeitar o enunciado da Súmula Vinculante, não podendo lhe negar vigência injustificada e estando passível de reclamação constitucional caso não aplicque tal enunciado, como se mostra possível neste caso concreto.

Ademais, a flagrante inconstitucionalidade da Lei 65.013 do Município X se dá pelos argumentos que levaram a corte constitucional a editar a Súmula Vinculante 21, pois cerceia os direitos fundamentais insculpidos no art. 5.º, XXXIV, *a*, e LV, quais sejam, direito de petição, a ampla defesa e o contraditório!

Nessa linha de raciocínio, para evitar os abusos dos entes federativos é que a súmula vem, com o sentido de assegurar ao cidadão mais essa garantia em detrimento do abuso estatal. Desse modo, a Súmula Vinculante foi editada com o seguinte enunciado, a fim de impedir tais abusos:

> Súmula Vinculante 21: "É inconstitucional a exigência de depósito ou arrolamento prévios de dinheiro ou bens para admissibilidade de recurso administrativo."

Desta feita, fica inequívoco o abuso do reclamado e sua insubordinação à decisão vinculante do E. STF.

V – DO PEDIDO LIMINAR NOS TERMOS DO ART. 14, II, DA LEI 8.038/1990

Pondera que no presente caso se faz necessário a suspensão do ato impugnado, pois este está causando dano irreparável ao reclamante, eis que cerceia seu direito constitucional de exercer em plenitude seu direito de petição, como a ampla defesa e o contraditório.

VI – DO PEDIDO

Ante o exposto, requer:

a) seja concedido o pedido liminar para, nos termos do art. 14, II, da Lei 8.038/1990, suspender o ato impugnado, qual seja, a exigência de depósito para recorrer administrativamente dos atos do reclamado;

b) sejam notificada a autoridade reclamada, para que preste informações no prazo legal de dez dias (art. 14, I, da Lei 8.038/1990);

c) requer seja dada vista ao Ministério Público pelo prazo de cinco dias, nos termos do art. 16 da Lei 8.038/1990;

d) requer julgue procedente a presente reclamação para fins de anular o ato administrativo praticado e impor à autoridade reclamada, bem como aos devidos órgãos da Administração Pública, que cumpram de imediato a presente decisão, fazendo valer o enunciado da Súmula Vinculante 21 desse egrégio Tribunal.

Atribui a causa o valor de R$ ______ (__).

Nesses termos,

Espera deferimento.

Local e data.

Advogado/OAB

QUESTÃO 3

Carlos Eduardo da Silva, brasileiro, solteiro, mestre de obras, foi acionado judicialmente no Juizado Especial Cível da Comarca da Capital do Município Y, do Estado X, por obra hidráulica malfeita em sua casa e sem conserto, na casa de Roberta Farias.

Após a citação do réu, a autora, temendo ficar sem água ou de ter bens afetados pelo vazamento, requer ao juiz da causa a antecipação dos efeitos da tutela, diante do iminente dano à sua propriedade e à possibilidade de ficar sem tão caro e vital bem que é a água.

O pleito da tutela de urgência tinha como objetivo obrigar que o réu fizesse o conserto ou pagasse o estimado para aquela obra, o equivalente a R$ 3.500,00 (três mil e quinhentos reais), com multa diária de R$ 350,00 (trezentos e cinquenta reais) para cada dia em que não cumprisse tal obrigação.

O juiz da causa de plano deferiu a antecipação dos efeitos da tutela, mandando que se intimasse Carlos Eduardo, ora réu da ação, na pessoa de seu advogado.

Você, advogado(a), ao tomar conhecimento da intimação, com base na Súmula 410 do STJ, moveu imediatamente o Recurso Inominado, pois reconhece o Egrégio Superior Tribunal de Justiça, em consonância com o art. 632 do CPC, que a prévia intimação pessoal do devedor constitui condição necessária para a cobrança de multa pelo descumprimento de obrigação de fazer ou não fazer.

Entretanto, a Turma Recursal reconheceu que pelo art. 475-J, § 1.º, do CPC, a intimação do patrono supre a intimação pessoal do devedor, conhecendo do recurso, mas lhe negando provimento.

Diante da decisão da Turma Recursal, faça a medida judicial cabível, a fim de assegurar a autoridade do entendimento do STJ.

SUGESTÃO DE RESPOSTA

EXCELENTÍSSIMO SENHOR DOUTOR MINISTRO PRESIDENTE DO SUPERIOR TRIBUNAL DE JUSTIÇA

CARLOS EDUARDO DA SILVA, brasileiro, solteiro, mestre de obras, portador da carteira de identidade n. _______, inscrito no CPF sob o n. _______, residente e domiciliado à Rua _______, vem, por seu advogado infra-assinado, conforme procuração anexa, com endereço profissional à _______, para, nos termos do art. 39, I, do CPC, receber avisos e quaisquer intimações, respeitosamente, à presença deste Douto Juízo, nos termos do art. 105, I, *f*, da CRFB/1988, art. 13, *caput,* da Lei 8.038/1990, e art. 1.º da Resolução 12 do STJ, ajuizar a presente:

RECLAMAÇÃO CONSTITUCIONAL COM PEDIDO LIMINAR

em face de decisão judicial proferida em acórdão na _______ Turma Recursal do respeitado Tribunal de Justiça do Estado X, a qual viola a jurisprudência desta egrégia Corte, retirando a autoridade de suas decisões, conforme se expõe a seguir.

I – DOS JULGAMENTOS DESRESPEITADOS

A Súmula 410 dessa E. Corte é o fundamento jurídico que comprova a existência de julgados anteriores acerca da matéria que levaram, justamente, à edição desta súmula como forma de uniformizar a jurisprudência do Tribunal.

II – DAS PROVAS PRÉ-CONSTITUÍDAS DOCUMENTALMENTE (ART. 13, PARÁGRAFO ÚNICO, DA LEI 8.038/1990)

Todas as provas que consubstanciam o direito pleiteado estão instruindo a inicial, mormente as decisões do juízo cível e de sua turma recursal que contrariam o entendimento da Corte.

III – DOS FATOS

A reclamada propôs no juizado especial cível da comarca do Município X, ação de obrigação de fazer em face do reclamante, devido à obra, alegada por ela, malfeita em seu sistema hidráulico.

Após a citação do reclamante, a reclamada, segundo consta em sua petição, por medo de iminente risco de ficar sem fornecimento de água ou deterioração de seus bens, devido ao problema em seu encanamento, requereu a antecipação dos efeitos da tutela àquele juízo, com intuito de fazer o reclamante ou prestar novamente o serviço, ou pagar para que outro o faça.

O douto juízo concedeu os efeitos da tutela. Contudo, no momento da intimação, mandou que se intimasse o reclamante na pessoa de seu advogado.

Ao tomar conhecimento da intimação, o patrono da causa de pronto interpôs recurso inominado à Turma Recursal daquele Tribunal, com fundamentos no art. 632 do CPC e Súmula 410 do STJ. Todavia, apesar do conhecimento do recurso, este foi improvido.

IV – DO DIREITO

Em obediência aos mandamentos do Tribunal guardião da lei federal, não se pode ter outra interpretação do art. 632 do CPC, senão a de que é necessária a intimação do devedor em sua pessoa para que preste obrigação de dar ou fazer.

É direito patrimonial do devedor e somente dele que está em jogo em razão da sentença ou acórdão. Dessa forma, não pode o patrono da causa ser o responsável por decidir sobre decréscimo patrimonial da esfera de seu cliente.

A reiterada decisão desse Tribunal sobre o tema levou à edição da súmula hoje descumprida pela Turma Recursal, a Súmula 410 do STJ.

No caso concreto, não há incidência do art. 475-J, § 1.º, do CPC, mas como entende o tribunal, há do art. 632, que expressamente diz:

> "Art. 632. Quando o objeto da execução for obrigação de fazer, o devedor será citado para satisfazê-la no prazo que o juiz lhe assinar, se outro não estiver determinado no título executivo."

Já de muito tempo vem o Tribunal, de maneira reiterada, entendendo dessa forma. Assim, nos termos da Resolução 12 desse STJ, não cabe senão esta reclamação a fim de salvaguardar o entendimento desse STJ.

V – DO PEDIDO LIMINAR NOS TERMOS DO ART. 14, II, DA LEI 8.038/1990 C/C O ART. 2.º, I, DA RESOLUÇÃO 12 DO STJ

Pondera que no presente caso se faz necessário a suspensão do ato impugnado, pois este está causando dano irreparável ao reclamante, eis que se continuar a perdurar exigirá cumprimento de obrigação de fazer ou dar sem o correto procedimento do art. 632 do CPC, cerceando o direito à ampla defesa, ao contraditório e, inclusive, da escolha de recorrer ou cumprir a decisão daquele juízo.

VI – DO PEDIDO

Ante o exposto, requer:

a) seja concedido o pedido liminar para, nos termos do art. 14, II, da Lei 8.038/1990, suspender os efeitos da tutela antecipada e o processo n. _______ até que se julgue o mérito da presente reclamação;

b) seja notificada a autoridade reclamada, para que preste informações no prazo legal de dez dias (art. 14, I, da Lei 8.038/1990 e art. 2.º, II, da Resolução 12 do STJ);

c) requer seja dada vista ao Ministério Público pelo prazo de cinco dias, nos termos do art. 16 da Lei 8.038/1990;

d) requer julgue procedente a presente Reclamação para fins de ordenar à autoridade reclamada que suspenda de imediato o julgamento do processo apontado, remetendo os autos *in limine* ao STJ.

Atribui a causa o valor de R$ 1.000,00 (hum mil reais).

Nesses termos,

Espera deferimento.

Local e data.

Advogado/OAB

TÍTULO XIV

RECURSO ORDINÁRIO CONSTITUCIONAL – ROC

CAPÍTULO I

COMPETÊNCIA

O ROC será proposto no juízo recorrido e poderá ser julgado pelo STF ou STJ a depender do objeto.

Será competente para julgar recurso ordinário o Supremo Tribunal Federal quando houver decisão **denegatória** em *habeas corpus*, mandado de segurança, *habeas data* e mandado de injunção (todos os remédios, salvo ação popular) decididos em única instância pelos Tribunais Superiores, ou ainda quando houver o crime político.

Por ser um tema de difícil definição, é bom esclarecer que crime político são atos ou omissões que prejudicam o interesse do Estado, governo ou sistema político do País. O crime político pode ser próprio (quando a causa envolvida põe em risco a ordem institucional ou sistema vigorante) ou impróprio (quando o crime comum é dotado de conotação política. Ex.: Matar alguém para evitar que concorra ao pleito eleitoral). Celso Delmanto define que os crimes políticos próprios "somente lesam ou põem em risco a organização política", ao passo que os impróprios "também ofendem outros interesses além da organização política."

Será competência do Superior Tribunal de Justiça julgar recurso ordinário quando:

a) os *habeas corpus* decididos em única ou última instância pelos Tribunais Regionais Federais ou pelos tribunais dos Estados, do Distrito Federal e Territórios, quando a decisão for **denegatória**;

b) os mandados de segurança decididos em única instância pelos Tribunais Regionais Federais ou pelos tribunais dos Estados, do Distrito Federal e Territórios, quando **denegatória** a decisão;

c) as causas em que forem partes Estado estrangeiro ou organismo internacional, de um lado, e, do outro, Município ou pessoa residente ou domiciliada no País.

CAPÍTULO II
MODELO DE PETIÇÃO INICIAL

EXCELENTÍSSIMO SENHOR DOUTOR DESEMBAGADOR PRESIDENTE DO TRIBUNAL REGIONAL FEDERAL DA ______ REGIÃO

NOTA: O recurso será endereçado ao Presidente do Tribunal que proferiu a decisão recorrida. Quando o ato impugnado for do Tribunal de Justiça, o endereçamento será: **EXCELENTÍSSIMO SENHOR DOUTOR DESEMBARGADOR PRESIDENTE DO TRIBUNAL DE JUSTIÇA DO ESTADO DO _____**

Nome, nacionalidade, estado civil, profissão, portador da carteira de identidade n. _______, inscrito no CPF sob o n. _______, residente e domiciliado à Rua _______, vem, por seu advogado infra-assinado, com procuração anexa, na qual consta endereço para receber intimações, nos termos do art. 39, I, do CPC, respeitosamente, perante Vossa Excelência, nos termos do art. 102, II, (ou 105, II), da CRFB/1988, bem como arts. 539 e 540 do CPC, interpor o presente

RECURSO ORDINÁRIO CONSTITUCIONAL

em face de acórdão proferido nos autos do processo em epígrafe, no qual litiga com (qualificação do réu), conforme a seguir exposto.

Requer, após abertura de vistas ao recorrido para manifestação, sejam os autos encaminhados ao colendo Supremo Tribunal Federal (ou Superior Tribunal de Justiça) para análise do mérito.

Nesses termos,

Espera deferimento.

Local e data.

Advogado/OAB

NOTA: O ideal é continuar a petição, expondo as razões recursais em outra página.

DAS RAZÕES RECURSAIS

Processo n. ______________

Recorrente: ______________

Recorrido: ______________

Egrégio Supremo Tribunal Federal (ou Superior Tribunal de Justiça);

Colenda Turma;

Ilustre Relator;

I – DO CABIMENTO E DA ADMISSIBILIDADE DO PRESENTE RECURSO

NOTA: Este é um tópico em que pode ser posto tudo o que o examinado entender conveniente para demonstrar a pertinência do recurso, como, por exemplo: Tempestividade (deve ser interposto dentro do prazo de 15 dias – art. 508 do Código de Processo Civil.); Preparo (Existe recolhimento de custas e taxa de porte de remessa e retorno.); Legitimidade; Cabimento; e assim por diante.

II – DOS FATOS

NOTA: Descrever o caso apresentado.

III – DO DIREITO. DOS FUNDAMENTOS JURÍDICOS DO PEDIDO DE REFORMA DA DECISÃO

1.º passo – afirmar em preliminar de argumentação que os pressupostos constitucionais de cabimento estão cumpridos, para demonstrar a admissibilidade do recurso;

2.º passo – sustentar a tese jurídica.

IV – DO PEDIDO

Ante o exposto, requer o conhecimento e o provimento do presente recurso, reformando (ou anulando) a decisão proferida no acórdão enfrentado, como medida de efetivação da justiça.

Nesses termos,

Espera deferimento.

Local e data.

Advogado/OAB

CAPÍTULO III
EXERCÍCIOS DE FIXAÇÃO

QUESTÃO 1 (OAB/FGV – IV EXAME UNIFICADO)

Tício, brasileiro, divorciado, empresário, domiciliado no Município M, inconformado com ato praticado pelo Governador do seu Estado de origem, que negou acesso a elementos que permitissem a certificação de situações capazes de gerar ação popular, impetrou Mandado de Segurança perante o Tribunal de Justiça local, órgão competente de forma originária, para conhecer e julgar a questão. A segurança foi denegada, pretendendo o impetrante interpor recurso alegando a violação de preceitos constitucionais, como o direito de petição, o acesso à Justiça e os atinentes à Administração Pública. Não houve deferimento da gratuidade de Justiça.

Na qualidade de advogado, elabore a peça cabível, contra a decisão que denegou a segurança, observando:

> a) competência do Juízo; b) legitimidade ativa e passiva; c) fundamentos de mérito constitucionais e legais vinculados; d) os requisitos formais da peça; e) adequação do recurso.

SUGESTÃO DE RESPOSTA

EXCELENTÍSSIMO SENHOR DOUTOR DESEMBARGADOR PRESIDENTE DO TRIBUNAL DE JUSTIÇA DO ESTADO DO ______

Mandado de Segurança n. _______

Recorrente: Tício

Recorrido: Governador do Estado _______

Tício, brasileiro, divorciado, empresário, portador da carteira de identidade n. _______, inscrito no CPF sob o n. _______, residente e domiciliado à Rua _______, no Município X, do Estado _______, vem, por seu advogado infra-assinado, com procuração anexa, na qual consta endereço para receber intimações, nos termos do art. 39, I, do CPC, respeitosamente, perante Vossa Excelência, nos termos do art. 105, II, *b*, da CRFB/1988, bem como arts. 539 e 540 do CPC, interpor o presente

RECURSO ORDINÁRIO CONSTITUCIONAL

em face de acórdão proferido pela ________ Câmara Cível do egrégio Tribunal de Justiça do Estado _______, requerendo a Vossa Excelência que intime o recorrido, abrindo-se-lhe vista pelo prazo de 15 dias para apresentar contrarrazões e, findo o prazo, com ou sem contrarrazões, determine a remessa dos autos ao Egrégio Superior Tribunal de Justiça.

Pede ainda, e, em especial, que V. Ex.ª, com base no poder geral de cautela, defira medida cautelar incidental para atribuir efeito suspensivo no presente recurso, já que há possibilidade concreta de ser deflagrada execução provisória da sentença, o que, implicará em grave dano ao recorrente, de difícil reparação. Pleiteia, portanto, o recebimento e encaminhamento desse recurso ao egrégio Superior Tribunal de Justiça em duplo efeito, suspensivo e devolutivo.

Nesses termos,

Espera deferimento.

Local e data.

Advogado/OAB

NOTA: O ideal é continuar a petição, expondo as razões recursais em outra página.

DAS RAZÕES RECURSAIS

Mandado de Segurança n. _______

Recorrente: Tício

Recorrido: Governador do Estado _______

Egrégio Superior Tribunal de Justiça

Colenda Turma;

Ilustre Relator;

I – DO CABIMENTO E DA ADMISSIBILIDADE DO PRESENTE RECURSO

DA TEMPESTIVIDADE DO PRESENTE RECURSO

O presente recurso foi interposto dentro do prazo de 15 dias fixados pelo art. 508 do Código de Processo Civil.

DO PREPARO

As custas foram recolhidas de acordo com a tabela de custas e a taxa de porte de remessa e retorno.

LEGITIMIDADE ATIVA

A legitimidade ativa para a proposição do presente ROC é do decorrente, uma vez que teve decisão denegatória em MS em única instância proferida pelo TJ do Estado _______, coadunando-se ao disposto no art. 105, II, *b*, da CRFB.

LEGITIMIDADE PASSIVA

O recorrido é o legitimado ativo, uma vez que foi autoridade coatora que negou ao recorrente as peças necessárias ao exercício do direito constitucional de impetração da ação popular, tendo decisão favorável à sua negativa, que resultou na denegação da segurança no TJ do Estado _______.

INTERESSE DE AGIR

O interesse de agir é o vínculo subjetivo entre o autor da causa e a lide em si. É cristalino, dessa forma, o interesse de agir da recorrente, uma vez que com a denegação da segurança pelo TJ restou prejudicado seu direito à propositura de ação popular, por não possuir os documentos necessários à instrução da peça inaugural do remédio.

INEXISTÊNCIA DE FATO IMPEDITIVO OU EXTINTIVO DO DIREITO DE RECORRER

Inexistem fatos que impeçam a propositura do presente recurso, uma vez que o direito do recorrente continua sendo atacado, não há preclusão, nem deserção do mesmo. Ou seja, nada que impeça objetivamente o direito de recorrer.

CABIMENTO

O cabimento do presente Recurso Ordinário Constitucional está previsto no art. 105, II, *b*, da CRFB, e 539, II, *a*, do CPC, na hipótese dos mandados de segurança decididos em única instância pelos Tribunais Regionais Federais ou pelos Tribunais dos Estados e do Distrito Federal e Territórios, quando denegatória a decisão.

Assim, é clara a hipótese de interposição do presente ROC, haja vista decisão denegatória do MS em única instância pelo TJ do Estado _______.

II – DOS FATOS

O recorrente, querendo exercitar o seu direito constitucional de propor ação popular, pediu informações ao Governador para instruir a peça do remédio citado, o que foi prontamente negado pelo mesmo.

Diante da recusa da autoridade executiva estadual, o recorrente procurou o Poder Judiciário, na figura do TJ do Estado _______, órgão jurisdicional competente para julgar os atos do Governador do Estado _______, impetrando Mandado de Segurança, uma vez que queria a proteção de seu direito líquido e certo de ter os documentos para instruir sua pretensão autoral na Ação Popular. A ordem foi denegada pelo Tribunal de Justiça.

Não houve outra alternativa ao recorrente, senão procurar o E. STJ, como último órgão jurisdicional possível de socorrê-lo das violações cometidas pelo Governador, por meio do presente Recurso Ordinário Constitucional.

III – DO DIREITO. DOS FUNDAMENTOS JURÍDICOS DO PEDIDO DE REFORMA DA DECISÃO

Fica claro no caso em tela que o requerente foi cerceado em exercer os mais básicos direitos da carta da República, que é o direito à informação previsto no art. 5.º, XXXIV, da CRFB, uma vez que a autoridade coatora não cedeu às informações necessárias ao recorrente.

Fora isso, restou cerceado também o direito de petição, defendido no art. 5.º, XXXIII, uma vez que é livre ao cidadão peticionar e obter do Poder Público as informações.

Tais cerceamentos ao direito do recorrente influíram objetivamente em impedir-lhe que exercesse seu direito contido no art. 5.º, LXXIII, ou seja, de ser autor popular.

Dessa forma, por ter seu direito cerceado, ao autor não restou senão o mandado de segurança, disposto no art. 5.º, LXIX, da CRFB, e na Lei 12.016/2009, para ver salvaguardado o seu direito e, diante da denegação da segurança, o presente recurso ordinário constitucional.

Nesse diapasão, não resta senão ao E. STJ, guardião da lei federal, senão julgar procedente o pedido do recorrente e fazer valer o disposto no art. 1.º, § 4.º, da Lei de ação popular.

IV – DO PEDIDO

Ante o exposto, requer o conhecimento e o provimento do presente recurso, reformando a decisão proferida no acórdão enfrentado, a fim de que sejam concedidas ao recorrente as informações necessárias para instruir sua peça inaugural da ação popular, como medida de efetivação da justiça.

Nesses termos,

Espera deferimento.

Local e data.

Advogado/OAB

QUESTÃO 2

O Estado Espanhol, para a realização de um evento de promoção de suas empresas, alugou, por meio da imobiliária "Alugue Bem", um centro de convenções pertencente à empresária Mariame Duarte, brasileira, solteira, no centro do Rio de Janeiro.

Após a realização do evento, a empresa devolveu o imóvel a Mariame, que depois de fazer a fiscalização deste, constatou haver uma série de irregularidades e depredação do imóvel, não condizendo com as condições contratuais, nem com o estado do bem no momento da realização do negócio jurídico.

Extremamente chateada, Mariame, por seu advogado, com base no art. 109, II, da CRFB, propôs ação indenizatória em face do Estado Espanhol, uma vez que havia cláusula expressa no contrato com base no art. 187 e 927 do CC pátrio. Após as reformas feitas no salão, o montante ficou avaliado em R$ 12.530, 00 (doze mil quinhentos e trinta reais), o que se deu como valor da causa. Toda a documentação, inclusive as fotos do local, foram juntadas aos autos.

Na primeira instância, o juiz da causa deu sentença favorável ao governo Espanhol, por considerar que a prova das fotos não eram o suficiente para convencê-lo do dano efetivo causado pelo réu.

Na qualidade de advogado, elabore a peça cabível, contra a decisão que desfavorável a sua cliente, observando:

a) competência do Juízo; b) legitimidade ativa e passiva; c) fundamentos de mérito constitucionais e legais vinculados; d) os requisitos formais da peça; e) adequação do recurso.

SUGESTÃO DE RESPOSTA

EXCELENTÍSSIMO SENHOR DOUTOR JUIZ FEDERAL DA ______ VARA FEDERAL DA SEÇÃO JUDICIÁRIA DO RIO DE JANEIRO

Processo Originário n. _______

Recorrente: Mariame Duarte

Recorrido: Espanha

MARIAME DUARTE, brasileira, solteira, empresária, portadora da carteira de identidade n. _______, inscrita no CPF sob o n. _______, residente e domiciliada à Rua _______, vem, por seu advogado infra-assinado, com procuração anexa em que consta endereço para receber intimações, nos termos do art. 39, I, do CPC, respeitosamente, perante Vossa Excelência, nos termos do art. 105, II, *c*, da CRFB/1988, bem como arts. 539 e 540 do CPC, interpor o presente

RECURSO ORDINÁRIO CONSTITUCIONAL

em face da sentença proferida pela _______ Vara Cível do egrégio Tribunal de Justiça do Estado do Rio de Janeiro requerendo a Vossa Excelência que intime o recorrido, abrindo-se-lhe vista pelo prazo de 15 dias para apresentar contrarrazões e, findo o prazo, com ou sem contrarrazões, determine a remessa dos autos ao Egrégio Superior Tribunal de Justiça.

Nesses termos,

Espera deferimento.

Local e data.

Advogado/OAB

NOTA: O ideal é continuar a petição, expondo as razões recursais em outra página.

DAS RAZÕES RECURSAIS

Processo Originário n. _______

Recorrente: Mariame Duarte

Recorrido: Espanha

Egrégio Supremo Tribunal Federal (ou Superior Tribunal de Justiça)

Colenda Turma;

Ilustre Relator;

I – DO CABIMENTO E DA ADMISSIBILIDADE DO PRESENTE RECURSO

DA TEMPESTIVIDADE DO PRESENTE RECURSO

O presente recurso foi interposto dentro do prazo de 15 dias fixados pelo art. 508 do Código de Processo Civil.

DO PREPARO

As custas foram recolhidas de acordo com a tabela de custas e taxa de porte de remessa e retorno.

LEGITIMIDADE ATIVA

A legitimidade ativa para a proposição do presente ROC é da recorrente, uma vez que litigando contra Estando estrangeiro teve sentença em primeira instância, em que não se conformou, portanto, recorrendo. Tal situação, dessa forma, coaduna-se ao disposto no art. 105, II, *d*, da CRFB.

LEGITIMIDADE PASSIVA

O Estado recorrido é o legitimado passivo, pois foi locatário do imóvel da recorrente e não o devolveu nas condições estabelecidas em contrato. Dessa forma, por ter saído vitorioso na sentença de primeira instância, é contra quem se insurge a recorrente, na tentativa de ver seu direito garantindo

INTERESSE DE AGIR

O interesse de agir é o vínculo subjetivo entre o autor da causa e a lide em si. É cristalino, dessa forma, o interesse de agir da recorrente, uma vez que com sentença de mérito desfavorável na primeira instância arcou com o ônus dos danos sofridos em seu imóvel, que não lhe foi devolvido nas formas estabelecidas na lei.

INEXISTÊNCIA DE FATO IMPEDITIVO OU EXTINTIVO DO DIREITO DE RECORRER

Inexistem fatos que impeçam a propositura do presente recurso, uma vez que o direito do recorrente continua sendo atacado, não há preclusão, nem deserção do mesmo. Ou seja, nada que impeça objetivamente o direito de recorrer.

CABIMENTO

O cabimento do presente Recurso Ordinário Constitucional está previsto no art. 105, II, *c*, da CRFB, e art. 539, II, *b*, do CPC, na hipótese em que estiver litigando de um lado Estado estrangeiro, e do outro, município ou pessoa residente ou domiciliada no país.

II – DOS FATOS

A recorrente celebrou contrato de locação com a recorrida acerca de seu estabelecimento – centro de convenções – para fins de realização de evento de exposição de empresas espanholas.

Ao término do contrato, a recorrida devolveu o bem alugado com sérias depredações e falta de conservação, o que levou a cobrar judicialmente da recorrida, pelos danos causados ao seu patrimônio.

Na primeira instância, o juiz federal resolveu dar ganho de causa à recorrida, entendendo que as provas constantes nos autos não faziam provas suficientes a serem considerados válidos os argumentos da recorrente.

Nesse diapasão, não restou a recorrente, senão interpor o presente ROC perante o E. STJ, a fim de ter resguardado o seu direito à indenização.

III – DO DIREITO

Desde as épocas antigas, o princípio do *pacta sunt servanda* é uma instituição das mais respeitadas entre os cidadãos, na qual, antigamente, as palavras valiam, sendo hoje seu correspondente o contrato. Assim, percebe-se que a vontade e o acordado entre as partes cria uma espécie de lei entre ambos, em que todos possuem direitos e obrigações.

Desta receita, para quem descumprisse a relação contratual, surge a responsabilidade. Aquele dever implícito, que só vem à tona quando uma das partes não cumpre o pactuado na relação contratual. A responsabilidade de indenizar, ou seja, trazer a coisa ao estado em que se encontrava antes do dano, é previsa pela Constituição Federal, em seu art. 5.º, V, c/c os arts. 187 e 927 do Código Civil brasileiro.

Nesses termos, o Estado espanhol, aqui realizando um acordo como particular, e não como ente soberano, que gozaria de prerrogativas das cláusulas exorbitantes, contrariou um dos maiores postulados do direito civil, que seja o acordado entre as partes.

Por ter causado danos ao imóvel da recorrente, o mínimo que deveria ter feito era indenizar, ou seja, restaurar a coisa ao modo em que encontrou quando do contrato.

Pelo que foi juntado aos autos, é inequívoca, data máxima vênia à opinião do magistrado de primeira instância, as provas de que o imóvel foi depredado durante o período em que a recorrida nele se encontrou e, que por isso, deve indenizar a recorrente pelos gastos que teve para restaurar o imóvel, além dos danos morais sofridos por todo esse constrangimento causado.

Ademais, os contratos se regulam por princípios básicos como o da não surpresa e o da boa-fé objetiva, que impõem às partes o dever de presteza e de cumprimento às cláusulas ali estabelecidas.

Nesse sentido, pela cumulação dos danos, entende o STJ ser cabível quando decorridos os danos moral e material provenientes do mesmo fato, conforme previsto na Súmula 37 do STJ.

Nesse diapasão, há essa E. Corte de defender a lei federal, a fim de garantir os direitos indenizatórios da recorrente a ter reparação do seu patrimônio para que não tenha prejuízos ilegais decorrentes do contrato que foi cumprido exemplarmente pela recorrente.

IV – DO PEDIDO

Ante o exposto, requer o conhecimento e o provimento do presente recurso, reformando a decisão proferida na sentença enfrentada, a fim de que sejam concedidos à recorrente os seus direitos indenizatório e reparatório, tanto material quanto moral, para que se assegure o seu direito ao não decréscimo patrimonial, como medida de efetivação da justiça.

Nesses termos,

Espera deferimento.

Local e data.

Advogado/OAB

QUESTÃO 3

Membros de organização de defesa dos povos indígenas resolvem fazer um atentado de depredação ao prédio do Governo do Estado do Amazonas, com bombas de tinta preta misturado a excretas de animais, pois havia indícios de seu envolvimento do governador com grupo de grileiros e madeireiras, para expulsar os índios de suas reservas naquele Estado.

Ocorre que, na verdade, nem todos os membros participaram do ato contra o governador, porque acharam que esta forma de ativismo político não era a mais correta, já que o movimento em si defendia valores como a democracia, igualdade, vida e dignidade da população silvícola.

Um dos membros da organização, identificado como Willians, brasileiro, divorciado, carpinteiro, devido à Ação Penal proposta pelo MPF contra todos os membros do grupo, foi julgado por crime político pela Justiça Federal e condenado a dois anos e quatro meses de prisão, pelo crime de dano qualificado – art. 163, parágrafo único, III, do CP.

Apresentou por intermédio de seu advogado, defesa técnica, porque em entrevista reservada a ele, Willians contou que no momento do ato, ele estava em outro estado, em reuniões para angariar fundos à causa, que podem ser comprovadas por testemunhas e câmeras de segurança.

Diante do depoimento e da decisão proferida pela Justiça Federal da Seção Judiciária do Amazonas, redija o instrumento processual adequado para defender os interesses de Willians.

SUGESTÃO DE RESPOSTA

EXCELENTÍSSIMO SENHOR DOUTOR JUIZ FEDERAL DA VARA FEDERAL DA SEÇÃO JUDICIÁRIA DO ESTADO DO AMAZONAS

Processo Originário n. _______

Recorrente: Willians

Recorrido: MPE – AM

WILLIANS, brasileiro, divorciado, carpinteiro, portador da carteira de identidade n. _______, inscrito no CPF sob o n. _______, residente e domiciliado à Rua _______, do Estado do Amazonas, vem, por seu advogado infra-assinado, com procuração anexa em que consta endereço para receber intimações, nos termos do art. 39, I, do CPC, respeitosamente, perante Vossa Excelência, nos termos do art. 102, II, *b*, da CRFB/1988, bem como arts. 539 e 540 do CPC, interpor o presente

RECURSO ORDINÁRIO CONSTITUCIONAL

em face da sentença proferida pela _______ Vara Federal da Seção Judiciária do Estado do Amazonas requerendo a Vossa Excelência que intime o recorrido, abrindo-se-lhe vista pelo prazo de 15 dias para apresentar contrarrazões e, findo o prazo, com ou sem contrarrazões, determine a remessa dos autos ao Egrégio Supremo Tribunal Federal.

Pede ainda, e, em especial, que V. Ex.ª, com base no poder geral de cautela, defira medida cautelar incidental para atribuir efeito suspensivo no presente recurso, já que há possibilidade concreta de ser deflagrada execução provisória da sentença, o que, implicará em grave dano ao recorrente, de difícil reparação. Pleiteia, portanto, o recebimento e encaminhamento desse recurso ao egrégio Supremo Tribunal Federal em duplo efeito, suspensivo e devolutivo.

Nesses termos,

Espera deferimento.

Local e data.

Advogado/OAB

NOTA: O ideal é continuar a petição, expondo as razões recursais em outra página.

DAS RAZÕES RECURSAIS

Processo Originário n. _______

Recorrente: Willians

Recorrido: MPE – AM

Egrégio Supremo Tribunal Federal

Colenda Turma;

Ilustre Relator;

I – DO CABIMENTO E DA ADMISSIBILIDADE DO PRESENTE RECURSO

DA TEMPESTIVIDADE DO PRESENTE RECURSO

O presente recurso foi interposto dentro do prazo de 15 dias fixados pelo art. 508 do Código de Processo Civil.

DO PREPARO

As custas foram recolhidas de acordo com a tabela de custas e taxa de porte de remessa e retorno.

LEGITIMIDADE ATIVA

A legitimidade ativa para a proposição do presente ROC é do recorrente, pois condenado por crime político em primeira instância pela _______ Vara Federal da Seção Judiciária do Estado do Amazonas, ensejando a sua legitimidade para propor o presente ROC, nos moldes do art. 102, II, *b*, da CRFB.

LEGITIMIDADE PASSIVA

O MPE do Amazonas é o recorrido, uma vez foi o deflagrador da ação penal em face do recorrente. Por ter conseguido sentença de mérito favorável à condenação do recorrente, é o sujeito passivo da presente lide.

INTERESSE DE AGIR

O interesse de agir é o vínculo subjetivo entre o autor da causa e a lide em si. É cristalino, dessa forma, o interesse de agir da recorrente, uma vez que, com sentença de mérito desfavorável na primeira instância, arcou com o ônus de ter sua liberdade cerceada por sentença injusta.

Assim, com a finalidade de proteger seu direito constitucional à liberdade, o recorrente tem insofismável interesse de agir para resguardar sua liberdade assegurada na Constituição como direito fundamental do cidadão.

INEXISTÊNCIA DE FATO IMPEDITIVO OU EXTINTIVO DO DIREITO DE RECORRER

Inexistem fatos que impeçam a propositura do presente recurso, uma vez que o direito do recorrente continua sendo atacado, não há preclusão, nem deserção do mesmo, ou seja, nada que impeça objetivamente o direito de recorrer.

CABIMENTO

O cabimento do presente Recurso Ordinário Constitucional está previsto no art. 102, II, *b*, da CRFB, na hipótese de julgar em recurso ordinário o crime político.

II - DO CRIME POLÍTICO

Tal preliminar se faz necessária, para mostrar que tal fato é considerado crime político. Ainda que pelas definições doutrinárias sejam considerados crimes políticos impróprios ou conexos aos de opinião, uma vez que a motivação destes foi a insatisfação do grupo que atentou contra a sede do governo estadual do Amazonas.

Dessa forma, a competência para o julgamento do presente recurso é do E. STF pela previsão expressa do art. 102, II, *b*, da CRFB.

III - DOS FATOS

O recorrente faz parte de uma organização que luta pelas defesas de grupos silvícolas localizados no estado do Amazonas. Tal organização tem como objetivo a luta pacífica pela democracia e isonomia dos grupos indígenas ao direito dos demais cidadãos da sociedade brasileira.

Contudo, alguns de seus membros resolveram praticar uma manifestação mais agressiva, atentando contra a sede do governo local, com balões cheios de tintas e excretas de animais.

Ocorre, porém, que identificados os integrantes do grupo político, o MPE propôs ação penal contra todos os membros do grupo, presumindo a participação de todos no atentado.

O ilustre procurador juntou aos autos às provas de que o réu estava em lugar diverso do crime, mas não foi o suficiente para convencer o ilustre magistrado de primeiro grau de sua não autoria e consequente absolvição sumária por falta de indícios e autoria e materialidade.

Assim, o recorrente foi sentenciado por um crime que não cometeu, e por ser tal crime de índole política, não restou senão o presente ROC para fazer valer seu direito constitucional à liberdade.

IV - DO DIREITO

Objetivamente, tem-se um caso de *error in judicando*, em que o magistrado não observou os indícios de autoria e materialidade do ato criminoso e condenou o recorrente por um crime que ele não cometeu.

O que se tem é afronta ao art. 5.º, LIII, c/c o art. 5.º, LVII, da CRFB, pois não há falar em processo legal a partir do momento em que o acusado, já condenado em primeira instância, segundo as provas dos autos, não estava no local na hora da realização da atividade criminosa.

A leitura do art. 13, *caput,* do CP c/c o art. 415, II, do CPP, levam ao entendimento que se não há autor, ou seja, quem por ação ou omissão tem conduta determinante para o acontecimento do tipo penal, o juiz de ofício tem que reconhecer a absolvição sumária, sob pena de ilegalmente cercear o direito à liberdade do indivíduo.

Ainda que pudesse ser autor da ação criminosa, a pena calculada pelo magistrado de primeiro grau deixa claro o posicionamento e reconhecimento deste crime como sendo de índole política, pois, jamais em canto algum deste país, uma atividade em que bolas d'água cheias de excrementos de animais e tinta faria com que alguém pudesse ser condenado à tão desproporcional e desarrazoada pena.

Haveria aqui, também, ainda que o recorrente fosse autor desse ato, uma atipicidade material, pois não houve lesão de fato ao bem jurídico tutelado pelo Estado, que é a coisa pública.

Dessa forma, não resta senão ao E. STF que se manifeste no sentido de resguardar por meio do presente ROC a liberdade de opinião e manifestação do grupo, bem como absolver o recorrente, que só foi acusado por fazer parte do grupo de defesa aos indígenas, e por isso, crucificado como se criminoso fosse.

Todas as provas juntadas aos autos mostram que não há relação entre o recorrente e o ato dito criminoso, além de ser filiado ao grupo que defende os interesses indígenas.

Assim, para proteger a liberdade, isonomia – art. 5.º, *caput* –, a livre manifestação do pensamento – art. 5.º, IV, da CRFB – e não cerceamento ou discriminação de pessoas por motivo de convicção política ou filosófica – art. 5.º, VIII e IX, a liberdade de associação – art. 5.º, XVII, é que este E. STF deve acolher os argumentos presentes neste ROC e fazer senão justiça. Reformando, assim, a sentença de mérito do juízo estadual.

V – DO PEDIDO

Ante o exposto, requer o conhecimento e o provimento do presente recurso, reformando a decisão proferida na sentença prolatada em primeira instância e se reconheça a inocência do réu e sua consequente absolvição, por falta de autoria e materialidade do ato considerado como criminoso, como medida de efetivação da justiça.

Nesses termos,

Espera deferimento.

Local e data.

Advogado/OAB

TÍTULO XV

RECURSO ESPECIAL – REsp

CAPÍTULO I

COMPETÊNCIA

O juízo julgador do presente recurso é o Superior Tribunal de Justiça. Contudo, o REsp será proposto no Juízo recorrido.

No que pertine aos objetos, segundo o art. 105, III, da Constituição, compete ao Superior Tribunal de Justiça julgar, em recurso especial, as causas decididas, **em única ou última instância**, pelos Tribunais Regionais Federais ou pelos tribunais dos Estados, do Distrito Federal e Territórios, quando a decisão recorrida:

a) contrariar tratado ou lei federal, ou negar-lhes vigência;

b) julgar válido ato de governo local contestado em face de lei federal;

c) der a lei federal interpretação divergente da que lhe haja atribuído outro tribunal.

CAPÍTULO II
MODELO DE PETIÇÃO INICIAL

EXCELENTÍSSIMO SENHOR DOUTOR DESEMBARGADOR PRESIDENTE DO TRIBUNAL DE JUSTIÇA DO ESTADO _______

> **NOTA:** Se o tribunal que analisou a apelação for o TRF, será: EXCELENTÍSSIMO SENHOR DOUTOR JUIZ PRESIDENTE DO TRIBUNAL REGIONAL FEDERAL DA _______ REGIÃO

Apelação n. _______

Nome, nacionalidade, estado civil, profissão, portador da carteira de identidade n. _______, inscrito no CPF sob o n. _______, residente e domiciliado à Rua _______, vem, por seu advogado infra-assinado, com procuração anexa em que consta endereço para, nos termos do art. 39, I, do CPC, receber intimações, respeitosamente, perante V. Ex.ª, com apoio nos arts. 541 e ss. do CPC, arts. 255 e ss. do RISTJ, bem como e em especial, com amparo no art. 105, III, da CRFB/1988, interpor o presente

RECURSO ESPECIAL

em face de acórdão proferido pela _______ Câmara Cível (ou criminal) do egrégio Tribunal de Justiça do Estado _______ (ou do egrégio Tribunal Regional Federal da _______ Região), requerendo a Vossa Excelência que intime o recorrido e, após a intimação do recorrido para apresentação das contrarrazões e posterior análise dos requisitos intrínsecos e extrínsecos de admissibilidade, requer a remessa dos autos ao Superior Tribunal de Justiça para análise do mérito do presente recurso e consequente reforma da decisão impugnada.

Por fim, requer juntada das custas de preparo e porte de remessa e retorno.

Nesses termos,

Espera deferimento.

Local e data.

Advogado/OAB

NOTA: O ideal é continuar a petição, expondo as razões recursais em outra página.

RAZÕES RECURSAIS

EGRÉGIO SUPERIOR TRIBUNAL DE JUSTIÇA;

COLENDA TURMA;

ILUSTRE RELATOR;

Recorrente: ______________________________

Recorrida: _______________________________

Merece reforma o acórdão prolatado às fls.________, que (demonstrar o problema) pelas razões que passa a expor:

I – DO CABIMENTO E DA ADMISSIBILIDADE DO PRESENTE RECURSO

DA TEMPESTIVIDADE DO PRESENTE RECURSO

O presente recurso foi interposto dentro do prazo de 15 dias fixados pelo art. 508 do Código de Processo Civil.

DO PREPARO

As custas foram recolhidas nos moldes da Lei 11.636/2007, a tabela de custas e a taxa de porte de remessa e retorno do Superior Tribunal de Justiça.

DO PREQUESTIONAMENTO

Neste ponto, deve-se salientar que a matéria foi devidamente questionada na instância inferior, demonstrando que houve efetiva apreciação da questão por parte do julgador ou ao menos interposição de embargos de declaração com o fim de prequestionar a matéria objeto do recurso.

NOTA: Não é obrigatório, mas se quiser pode ainda, neste tópico (requesitos de admissibilidade), discorrer sobre:

Legitimidade ativa e passiva;

Interesse de agir;

Inexistência de fato impeditivo ou extintivo do direito de recorrer;

Cabimento (art. 105, III, da CRFB).

II – DOS FATOS

NOTA: Reproduzir os fatos expostos na questão da prova.

III – DA CONTRARIEDADE À LEI FEDERAL

NOTA: Expor objetivamente a contrariedade à lei federal.

IV – DO DIREITO

NOTA: Defender a tese jurídica.

V – DO PEDIDO

Diante do exposto, o recorrente requer o conhecimento e o provimento do presente recurso, com a reforma (anulação) da respeitável decisão recorrida(especificações do pedido de acordo com o caso concreto), como medida que fará prevalecer a justiça.

Nesses termos,

Espera deferimento.

Local e data.

Advogado/OAB

CAPÍTULO III
EXERCÍCIOS DE FIXAÇÃO

QUESTÃO 1

Magna Alves Moura, brasileira, estudante universitária, aos 18 anos percebia pensão alimentícia de seu pai, Antônio Moura, brasileiro, divorciado, engenheiro de alimentos, por não ter condições de se sustentar sozinha e manter seu padrão de vida, nem sua subsistência.

Ocorre, contudo, que Magna se casou com Anderson Danelli, promotor público, no meio da faculdade, o que mudou objetivamente sua condição de vida, passando então a conviver com o cônjuge, em casa própria, e não mais na república alugada na faculdade, realizar viagens para os mais diversos destinos com frequência e ter outra condição social e econômica.

Seu pai, Antônio, de posse dessa informação, conversou com a filha sobre o cancelamento da pensão, uma vez que agora ela vivia com seu marido e, por ter se casado, não fazia mais jus aos alimentos. A conversa foi infrutífera e não restou ao pai de Magna senão recorrer ao Judiciário para resolver o dilema.

Nos autos da ação de alimentos, o advogado de Antônio entrou com pedido de exoneração de alimentos com base no art. 1708 do Código Civil, que dispõe o seguinte:

> "Art. 1.708. Com o casamento, a união estável ou o concubinato do credor, cessa o dever de prestar alimentos."

Na sentença, o juiz da Vara de Família não reconheceu o pleito de Antônio, que recorreu, em apelação, ao Tribunal de Justiça de Minas Gerais. No acórdão, os desembargadores da 4.ª Câmara Cível entenderam pela não aplicabilidade do art. supracitado, negando-lhe vigência, e que o casamento *per si* não fazia prova que Magna tinha condições de suprir seu próprio sustento.

Antônio, insatisfeito com o acórdão do TJ/MG, procura você, advogado(a), para que, caso havendo, tome a medida judicial cabível, a fim de preservar seu direito contido no diploma civil pátrio.

Observar:

a) competência;
b) legitimidade ativa e passiva;
c) requisitos formais da peça.

SUGESTÃO DE RESPOSTA

EXCELENTÍSSIMO SENHOR DOUTOR DESEMBARGADOR PRESIDENTE DO TRIBUNAL DE JUSTIÇA DO ESTADO DE MINAS GERAIS

Apelação n. ______

Processo Originário n. ______

Recorrente: Antônio Moura

Recorrida: Magna Alves Moura

ANTÔNIO MOURA, brasileiro, divorciado, engenheiro, portador da carteira de identidade n. ______, inscrito no CPF sob o n. ______, residente e domiciliado à Rua ______, vem, por seu advogado(a) infra-assinado, com procuração anexa em que consta endereço para, nos termos do art. 39, I, do CPC, receber intimações, respeitosamente, perante V. Ex.ª, com apoio nos arts. 541 e ss. do CPC, arts. 255 e ss. do RISTJ, bem como e em especial, com amparo no art. 105, III, da CRFB/1988, interpor o presente:

RECURSO ESPECIAL

em face de acórdão proferido pela 4.ª Câmara Cível do egrégio Tribunal de Justiça do Estado de Minas Gerais, requerendo a Vossa Excelência que intime o recorrido, abrindo-se-lhe vista pelo prazo de 15 dias para apresentar contrarrazões e, findo o prazo, com ou sem contrarrazões, determine a remessa dos autos ao Egrégio Superior Tribunal de Justiça para fins de apreciação.

Mesmo ciente que, de regra, o presente recurso será recebido somente no efeito devolutivo, requer ainda, e, em especial, que V. Ex.ª, com base no poder geral de cautela, defira medida cautelar incidental para atribuir efeito suspensivo no presente recurso, já que há possibilidade concreta de ser deflagrada execução provisória da sentença, o que implicará em grave dano ao recorrente, de difícil reparação. Pleiteia, portanto, o recebimento e encaminhamento desse recurso ao egrégio Superior Tribunal de Justiça em duplo efeito, suspensivo e devolutivo.

Por fim, requer juntada das custas de preparo e porte de remessa, e retorno.

Nesses termos,

Espera deferimento.

Local e data.

Advogado/OAB

NOTA: O ideal é continuar a petição, expondo as razões recursais em outra página.

RAZÕES RECURSAIS

EGRÉGIO SUPERIOR TRIBUNAL DE JUSTIÇA;

COLENDA TURMA;

ILUSTRE RELATOR;

Processo Originário n. _______

Recorrente: Antônio Moura

Recorrida: Magna Alves Moura

I – DO CABIMENTO E DA ADMISSIBILIDADE DO PRESENTE RECURSO

DA TEMPESTIVIDADE DO PRESENTE RECURSO

O presente recurso foi interposto dentro do prazo de 15 dias fixados pelo art. 508 do Código de Processo Civil.

DO PREPARO

As custas foram recolhidas de acordo com a tabela de custas e a taxa de porte de remessa e retorno.

DO PREQUESTIONAMENTO

A questão da ilegalidade da decisão pelo afastamento da aplicação do art. 1.708 do CC trazida ao E. STJ foi levada ao conhecimento tanto da primeira instância quando do E. TJ/MG. Dessa forma, ainda que superado o argumento nas outras instâncias, cumprido foi o presente requisito de admissibilidade do presente REsp.

LEGITIMIDADE ATIVA

A legitimidade ativa para a proposição do presente Resp é do recorrente, uma vez ter sido vencido no TJ/MG e não ter sido reconhecido o seu direito líquido e certo à exoneração de alimentos garantido pelo art. 1.708 do diploma civil pátrio.

LEGITIMIDADE PASSIVA

A recorrida é legitimada passiva, uma vez que teve garantido pelo tribunal *a quo*, ilegalmente, o direito à percepção de alimentos, mesmo possuindo fato extintivo do presente direito. Dessa forma, é a beneficiada pela decisão atacada no presente Resp, pois se beneficia de direito que não faz *jus*, com base em decisão que afastou aplicabilidade de expresso dispositivo legal.

INTERESSE DE AGIR

O interesse de agir é o vínculo subjetivo entre o autor da causa e a lide em si. É cristalino, dessa forma, o interesse de agir do recorrente, uma vez que é o seu direito à exoneração de prestar alimentos, que foi atingido pela decisão do TJ/MG, a qual garantiu à recorrida, de maneira ilegal, direito à percepção de alimentos.

Assim, o interesse de agir se configura por não haver outro meio para assegurar que não haja perecimento de seu direito, senão o presente Recurso Especial.

INEXISTÊNCIA DE FATO IMPEDITIVO OU EXTINTIVO DO DIREITO DE RECORRER

Inexistem fatos que impeçam a propositura do presente recurso, uma vez que o direito do recorrente continua sendo atacado, não há preclusão, nem deserção deste. Ou seja, nada que impeça objetivamente o direito de recorrer.

CABIMENTO

O presente recurso, segundo mandamentos da CRFB, em seu art. 105, III, *a*, c/c o art. 541 e ss. do CPC, cabe quando houver por parte de tribunal decisão que contrariar tratado ou lei federal, ou negar-lhes vigência.

Nesses termos, por ter o tribunal decidido de forma a contrariar expresso mandamento legal do art. 1.708 do Código Civil, o requisito objetivo para a interposição do presente Recurso Especial foi cumprido, não restando outro meio para que se garanta o não perecimento do direito do recorrente.

II – DOS FATOS

O recorrente, por ser pai da recorrida, prestava pagamento de alimentos, uma vez que sua filha, apesar de maior, ainda se encontrava cursando o nível superior e não tinha condições de manter seu padrão de vida e subsistência sozinha.

Ocorre que a recorrida se casou, o que pela lei civil é causa de extinção do direito a perceber alimentos. Dessa forma, o recorrente procurou a recorrida para que, em acordo, se desonerasse da obrigação, o que não foi possível.

Diante da recusa do acordo, não restou ao recorrente senão a propositura de ação de exoneração de alimentos, para ver seu direito ao não pagamento da quantia à recorrida. Contudo, o juízo de primeiro grau deu sentença desfavorável ao recorrido, contrariando dispositivo expresso em lei federal.

Não satisfeito com a decisão, o recorrente apelou da sentença, mas para sua surpresa, os desembargadores do E. TJ/MG mantiveram a sentença de primeiro grau sob os mesmos argumentos que o juízo *a quo* e, mais uma vez, descumprindo o exposto na legislação civil do país.

Diante de tais respeitáveis decisões, data máxima vênia, ilegais e desarrazoáveis, não restou ao recorrente senão interpor o presente Resp, a fim de ver sanadas tais ilegalidades.

III – DA CONTRARIEDADE À LEI FEDERAL

Objetivamente, o que se vê na decisão atacada é que foi garantido à recorrida o direito a perceber alimentos, mesmo casada, ferindo frontalmente o dispositivo do art. 1.708 do Código Civil, que versa o seguinte:

> "Art. 1.708. Com o casamento, a união estável ou o concubinato do credor, cessa o dever de prestar alimentos."

Mais clara e sucinta não poderia ser a norma feita pelo legislador ordinário, que foi violada pela decisão do E. TJ/MG.

IV – DO DIREITO

É cediço que a concessão de alimentos tem que respeitar o binômio necessidade *x* possibilidade; qualquer alteração desta relação pode ensejar aumento, decréscimo ou mesmo exoneração da prestação de alimentos, como previsto no art. 1.694, § 1.º c/c o art. 1699 do Código Civil.

O recorrente nunca se absteve de exercer suas obrigações legais previstas no código pátrio e, mesmo depois de cessar o pátrio poder, por disposição expressa do art. 1.694, por fins de parentesco, continuou prestando os alimentos a sua filha, ora recorrida, a fim de ajudá-la a manter sua situação econômica e subsistência no decorrer do curso superior. Ou seja, a fim de estimular a sua formação acadêmica e integrá-la no mercado de trabalho, para que tenha uma vida digna e auspiciosa.

Entretanto, no decorrer do ensino superior, sua filha resolveu se casar com o promotor público, Anderson Danelli, o que no âmbito jurídico suscitou uma situação de exoneração da obrigação de alimentos e, no âmbito fático, aumentou consideravelmente sua situação econômica, desequilibrando a relação necessidade *x* possibilidade necessária à concessão da obrigação de alimentos.

Ainda que não houvesse a cláusula exoneradora de obrigação constante no art. 1.708, devido ao casamento, houve uma melhora sensível e objetiva no padrão de vida da recorrida, que antigamente morava de aluguel na república da faculdade e agora possui casa própria, além de realizar periodicamente viagens aos mais diversos destinos.

É bem verdade que o caráter da concessão de alimentos não se prende só à subsistência, senão em caso de culpa daquele que dos alimentos necessita, contudo, o atual nível de vida da recorrida é bem maior à época em que não era casada, o que mostra uma desproporção do binômio já citado e uma oneração excessiva do recorrente, uma vez a recorrida não necessitar mais dos alimentos.

Ou seja, ainda que não houvesse cláusula expressa de exoneração da obrigação, a atual situação econômica da recorrida *per si*, pela cláusula geral contida no art. 1.694, § 1.º, c/c o art. 1.699 do Código Civil, ensejaria à exoneração da obrigação em prestar alimentos.

Nesse diapasão, além de ilegal a decisão do tribunal *a quo*, e por decisão judicial continuar mantendo um direito à recorrida que ela não faz *jus*, é desarrazoada e desproporcional, uma vez que não respeita o binômio e, dessa forma, cerceia ilegalmente uma parte do patrimônio do recorrente.

V – DO PEDIDO

Diante do exposto, o recorrente requer o conhecimento e o provimento do presente recurso, com a reforma da respeitável decisão recorrida, a fim de que seja concedida exoneração do requerente em cumprir a obrigação de alimentos, como medida que fará prevalecer a justiça.

Nesses termos,

Espera deferimento.

Local e data.

Advogado/OAB

QUESTÃO 2

O prefeito do Município X, a fim de ajudar os comerciantes daquele município permitiu que os lojistas fizessem cobrança aos consumidores com carros de som, alto-falantes e nas rádios comunitárias.

Marcelle Britto, médica, brasileira, casada, se surpreendeu ao receber quando foi comprar um carro e constava nos órgãos de Serviço de Proteção ao Crédito negativação de seu nome por não pagamento de uma das parcelas referentes à compra de uma geladeira feita na loja "Compre Direitinho LTDA", sendo que a cobrança nunca chegou a sua casa.

Inconformada, procurou a loja para pedir esclarecimento e no caminho ouviu comentários e risadas de seus vizinhos, que a chamavam de caloteira devido aos anúncios veiculados em seu bairro pelo carro de som da empresa. Chegando à loja, foi informada de que o prefeito do Município X havia permitido que os comerciantes realizassem a cobrança da forma supramencionada, e que após o anúncio da cobrança e a ausência de pagamento, seu nome foi negativado.

De posse dessa informação, entrou com Ação Ordinária na Vara Cível da Comarca daquele Município com o objetivo de ver a negativação de seu nome retirada, uma vez que nunca havia sido notificada para o pagamento de tal dívida e que a forma utilizada para a cobrança da dívida não condizia com os preceitos previstos no Código de Defesa do Consumidor, em seus arts. 6.º, IV, 42, 42-A e 71, sendo, portanto, ilegal!

O juiz de primeira instância confirmou a validade da lei, assim como o acórdão do Tribunal do Estado X.

Desesperada e transtornada com a situação, Marcelle procurou você, advogado(a), para que entre com a medida cabível que possa sanar tais ilegalidades:

Observar:

a) competência;
b) legitimidade ativa e passiva;
c) requisitos formais da peça.

SUGESTÃO DE RESPOSTA

EXCELENTÍSSIMO SENHOR DOUTOR DESEMBARGADOR PRESIDENTE DO TRIBUNAL DE JUSTIÇA DO ESTADO X

Apelação n. _______

Processo originário n. _______

Recorrente: Marcelle Britto

Recorrida: Prefeito do Município X, Prefeitura do Município X e COMPRE DIREITINHO LTDA.

MARCELLE BRITTO, brasileira, casada, médica, portadora da carteira de identidade n. _______, inscrita no CPF sob o n. _______, residente e domiciliada à Rua _______, vem, por seu advogado(a) infra-assinado, com procuração anexa em que consta endereço para, nos termos do art. 39, I, do CPC, receber intimações, respeitosamente, perante V. Ex.ª, com apoio nos arts. 541 e ss. do CPC, arts. 255 e ss. do RISTJ, bem como e em especial, com amparo no art. 105, III, da CRFB/1988, interpor o presente:

RECURSO ESPECIAL

em face de acórdão proferido pela ______ Câmara Cível do egrégio Tribunal de Justiça do Estado X, requerendo a Vossa Excelência que intime o recorrido, abrindo-se-lhe vista pelo prazo de 15 dias para apresentar contrarrazões e, findo o prazo, com ou sem contrarrazões, determine a remessa dos autos ao Egrégio Superior Tribunal de Justiça para fins de apreciação.

Por fim, requer juntada das custas de preparo e porte de remessa e retorno.

Nesses termos,

Espera deferimento.

Local e data.

Advogado/OAB

NOTA: O ideal é continuar a petição, expondo as razões recursais em outra página.

RAZÕES RECURSAIS

EGRÉGIO SUPERIOR TRIBUNAL DE JUSTIÇA;

COLENDA TURMA;

ILUSTRE RELATOR;

Processo originário n. _______

Recorrente: Marcelle Britto

Recorrida: Prefeito do Município X, Prefeitura do Município X e COMPRE DIREITINHO LTDA.

I – DO CABIMENTO E DA ADMISSIBILIDADE DO PRESENTE RECURSO

DA TEMPESTIVIDADE DO PRESENTE RECURSO

O presente recurso foi interposto dentro do prazo de 15 dias fixados pelo art. 508 do Código de Processo Civil.

DO PREPARO

As custas foram recolhidas de acordo com a tabela de custas e a taxa de porte de remessa e retorno.

DO PREQUESTIONAMENTO

A questão da ilegalidade da decisão que julgou válida a lei local, que permitia a cobrança de dívidas por meios não amparados no Código de Defesa do Consumidor ao arrepio dos arts. 6.º, IV, 42, 42-A, 71 foi levada ao conhecimento tanto da primeira instância quando do E. TJ/EX. Desta forma, ainda que superado o argumento nas outras instâncias, cumprido foi o presente requisito de admissibilidade do presente REsp.

LEGITIMIDADE ATIVA

A legitimidade ativa para a proposição do presente Resp é da recorrente, uma vez ter sido vencida no TJ/EX e não ter sido reconhecido o seu direito líquido e certo à cobrança nas formas da lei consumerista nacional, ficando desprotegida contra o abuso da autoridade coatora em emitir um ato manifestamente ilegal, que atenta contra os direitos previstos na Lei 8.078/1990 e contra a dignidade da recorrente.

LEGITIMIDADE PASSIVA

Os recorridos são legitimados passivos, uma vez que o prefeito é a autoridade coatora emanadora do ato manifestamente ilegal, em contrariedade com a legislação consumerista pátria, vinculada à prefeitura do Município X, pessoa jurídica de direito público a quem se vincula a autoridade coatora.

Ademais, é legitimada ativa a empresa Compre Direitinho LTDA, pois foi quem se utilizou do ato manifestamente ilegal para realizar a indevida inscrição da recorrida nos órgãos de proteção ao crédito, tendo, pois preferido seguir o ato do governo local a observar o disposto no CDC, sendo sua responsabilidade objetiva, e não podendo negar desconhecimento da lei para se eximir desta obrigação.

INTERESSE DE AGIR

O interesse de agir é o vínculo subjetivo entre o autor da causa e a lide em si. É cristalino, dessa forma, o interesse de agir da recorrente, uma vez que é o seu direito ser cobrada na forma da Lei 8.078, em seus arts. 42 e 42-A, pois foi exposta ao ridículo e sofreu discriminação devido à forma abusiva que a recorrente cobrou seu crédito, sem ter apresentado, entretanto, os documentos com os requisitos do art. 42-A, diante da permissividade do ato abusivo praticado pelo prefeito do Município X.

Assim, o interesse de agir se configura por não haver outro meio para assegurar que não haja perecimento de seu direito, senão o presente Recurso Especial.

INEXISTÊNCIA DE FATO IMPEDITIVO OU EXTINTIVO DO DIREITO DE RECORRER

Inexistem fatos que impeçam a propositura do presente recurso, uma vez que o direito do recorrente continua sendo atacado, não há preclusão, nem deserção deste. Ou seja, nada que impeça objetivamente o direito de recorrer.

CABIMENTO

O presente recurso, segundo mandamentos da CRFB, em seu art. 105, III, *b*, c/c o art. 541 e ss. do CPC, cabe quando houver por parte de tribunal decisão que julgue válido ato de governo local contestado em face de lei federal.

Nesses termos, por ter o tribunal decidido de forma a contrariar expresso mandamento legal dos arts. 6.º, IV, 42, 42-A, 71, para julgar válido o ato do governo local, o requisito objetivo para a interposição do presente Recurso Especial foi cumprido, não restando outro meio para que se garanta o não perecimento do direito do recorrente.

II – DOS FATOS

A recorrente foi surpreendida quando foi a uma concessionária de veículos comprar um carro, com a negativação do seu nome nos serviços de proteção ao crédito referente a uma parcela não paga de compra que havia realizado com a empresa recorrida.

Pasmou-se, ao ver que nunca havia sido notificada da falta de pagamento daquela parcela da geladeira e nem havia sido comunicada de que o pagamento estava em aberto.

Ao procurar a empresa recorrida, fora informada de que o prefeito do Município X havia permitido que os comerciantes daquele município fizessem as cobranças dos consumidores via alto-falantes, carros de som e rádios comunitárias, e que após ter o carro de som da recorrida passado na rua dela, sem o posterior pagamento, teve negativado seu nome.

É importante salientar que, no caminho até a empresa recorrida, a recorrente foi vítima de discriminação e brincadeiras de mau gosto, devido aos anúncios públicos feitos pela recorrida em seu bairro.

Inconformada, procurou o Judiciário para ver seus direitos de consumidora garantidos pelo CDC serem respeitados. Contudo, infelizmente, o juízo de primeira instância deu ganho de caso à empresa recorrida e o TJ/EX confirmou a sentença de primeira instância.

Não restou senão o presente recurso, para que o direito contido na legislação consumerista fosse resguardado por essa E. Corte.

III – DA CONTRARIEDADE À LEI FEDERAL

Objetivamente, o que se vê na decisão atacada é que os direitos básicos do consumidor contidos nos arts. 6.º, IV, 42, 42-A, 71 foram retalhados pelo ato do governo municipal, que permitiu uma "nova" forma teratológica de cobrança de dívidas no Município X.

Mais clara e sucinta não poderia ser a norma feita pelo legislador ordinário, que foi violada pela decisão do E. TJ/EX, quando proíbe o constrangimento e as situações vexatórias ao consumidor, além de exigir que tais cobranças sejam feitas por documentos com identificação completa do consumidor.

IV – DO DIREITO

O Código de Defesa do Consumidor é reconhecidamente uma das leis mais efetivas deste país, sendo uma das mais importantes conquistas do cidadão pós-Constituição de 1988.

Entre os direitos básicos do cidadão está o de ser informado devidamente sobre o produto, condições e formas de pagamento – e porquê não de cobrança – quando da aquisição de um bem ou serviço, assim nos informa a dicção do art. 6.º, III, do CDC.

Ademais, o mesmo artigo, em seu inc. IV, nos traz importante lição de quais devem ser os moldes das relações de consumo na nossa sociedade, como vemos a seguir:

> "Art. 6.º São direitos básicos do consumidor:
>
> (...)
>
> IV – a proteção contra a publicidade enganosa e abusiva, métodos comerciais coercitivos ou desleais, bem como contra práticas e cláusulas abusivas ou impostas no fornecimento de produtos e serviços;"

Assim, fica evidente que o legislador ordinário procurou de todas as formas proteger o consumidor de situações vexatórias e que pudessem constrangê-lo. No caso concreto, o ato do prefeito não protegeu o consumidor, mas, ao contrário, o pôs em situação de constrangimento e humilhação perante a sociedade, sem ao menos saber do que estava sendo acusado ou poder se defender. Este ato se configura, por si só, como indigno e desumano.

Ademais, a prefeitura não observou princípios básicos como o da não surpresa, da boa-fé nas relações contratuais e o constante nos arts. 42 e 42-A, que reproduzimos *in verbis*:

> "Art. 42. Na cobrança de débitos, o consumidor inadimplente não será exposto a ridículo, nem será submetido a qualquer tipo de constrangimento ou ameaça.
>
> Art. 42-A. Em todos os documentos de cobrança de débitos apresentados ao consumidor, deverão constar o nome, o endereço e o número de inscrição no Cadastro de Pessoas Físicas – CPF ou no Cadastro Nacional de Pessoa Jurídica – CNPJ do fornecedor do produto ou serviço correspondente."

Ou seja, ainda que tais atos não ferissem o direito do consumidor a não ter sua dignidade estripada em público pelas entidades privadas, contraria expresso dispositivo legal que nos ensina que o consumidor não pode ser posto ao ridículo ou sofrer qualquer tipo de constrangimento. Mais que isso, o art. 42-A começa com a seguinte construção: "os documentos de cobrança ...", ora, se a dicção do artigo começa com os documentos de cobrança, é porque não pode haver outra via para cobrar o que é devido senão a documental. Desse modo, é ferido mortalmente de vício de ilegalidade o ato do prefeito que permitiu a cobrança via rádios, alto-falantes ou carros de som, beirando, também, à execração pública.

Tal tipo de prática é tão abusiva contra o consumidor que o legislador, com todas as saudações que merece, previu no art. 71 do diploma consumerista como sendo crime qualquer tipo de cobrança que fosse coercitiva e vexatória ao consumidor, como trazemos a seguir por fins didáticos:

> "Art. 71. Utilizar, na cobrança de dívidas, de ameaça, coação, constrangimento físico ou moral, afirmações falsas incorretas ou enganosas ou de qualquer outro procedimento que exponha o consumidor, injustificadamente, a ridículo ou interfira com seu trabalho, descanso ou lazer:
>
> Pena Detenção de três meses a um ano e multa."

Nesse diapasão, ainda que o E. TJ/EX tenha mantido a eficácia de tal ato local, que representa uma arbitrariedade ao direito líquido e certo do consumidor de ser avisado sobre suas dívidas e ter sua intimidade e integridades física, mental e moral protegidas, esta decisão merece ser reformada pelo E. guardião da lei federal, o STJ.

V – DO PEDIDO

Diante do exposto, o recorrente requer o conhecimento e o provimento do presente recurso, com a reforma da respeitável decisão recorrida, a fim de que seja declarado nulo o ato do prefeito do Município X, como a forma de cobrança que ensejou a negativação da recorrente com a consequente retirada imediata de seu nome dos serviços de proteção ao crédito.

Nesses termos,

Espera deferimento.

Local e data.

Advogado/OAB

QUESTÃO 3

O chefe do Executivo, no uso de suas atribuições, aumentou a alíquota do IPI, por Medida Provisória, dos carros importados, com o intuito de proteger o mercado interno e fortalecer a economia das montadoras brasileiras, uma vez que com o dólar em baixa, a concorrência estava ficando desleal, o que estava desacelerando a economia nacional.

Marjorie Sylvio, brasileira, solteira, empresária, importou um carro zero para uso pessoal. Porém, com as novas regras, o preço ficaria mais caro do que se tivesse comprado no Brasil. O veículo já está no país, contudo, preso no desembaraço aduaneiro até o pagamento do imposto.

Assim, ela se consultou com um advogado tributarista, que disse para ela que alguns tribunais têm entendido não incidir IPI quando a importação é para uso pessoal e feita por pessoa física, enquanto existem outros que têm interpretação diversa e aceitam a incidência do imposto mesmo sendo o importador pessoa física e o bem para uso próprio.

Na primeira instância, nos autos da ação anulatória, o juiz federal, do Rio de Janeiro, prolatou sentença favorável a Marjorie. Entretanto, na apelação da Fazenda, o TRF da 2.ª Região reformou a decisão, desfavorecendo-a.

Diante da sucumbência perante o TRF, Marjorie procura você, advogado(a), para que redija a medida cabível a fim de assegurar o direito da autora.

Observar:

a) competência;
b) legitimidade ativa e passiva;
c) requisitos formais da peça.

SUGESTÃO DE RESPOSTA

EXCELENTÍSSIMO SENHOR DOUTOR DESEMBARGADOR PRESIDENTE DO TRIBUNAL REGIONAL FEDERAL DA 2.ª REGIÃO

Apelação n. _______

Processo originário n. _______

Recorrente: Marjorie Sylvio

Recorrida: RECEITA FEDERAL e União Federal

MARJORIE SYLVIO, brasileira, solteira, empresária, portadora da carteira de identidade n. _______, inscrita no CPF sob o n. _______, residente e domiciliada à Rua _______, vem, por seu advogado(a) infra-assinado, com procuração anexa em que consta endereço para, nos termos do art. 39, I, do CPC, receber intimações, respeitosamente, perante V. Ex.ª, com apoio nos arts. 541 e ss. do CPC, arts. 255 e ss. do RISTJ, bem como e em especial, com amparo no art. 105, III, da CRFB/1988, interpor o presente:

RECURSO ESPECIAL

em face de acórdão proferido pela _______ Turma do egrégio Tribunal Regional da 2.ª Região Seção Judiciária do Rio de Janeiro, requerendo a Vossa Excelência que intime o recorrido, abrindo-se-lhe vista pelo prazo de 15 dias para apresentar contrarrazões e, findo o prazo, com ou sem contrarrazões, determine a remessa dos autos ao Egrégio Superior Tribunal de Justiça para fins de apreciação.

Por fim, requer juntada das custas de preparo e porte de remessa e retorno.

Nesses termos,

Espera deferimento.

Local e data.

Advogado/OAB

NOTA: O ideal é continuar a petição, expondo as razões recursais em outra página.

RAZÕES RECURSAIS

EGRÉGIO SUPERIOR TRIBUNAL DE JUSTIÇA;

COLENDA TURMA;

ILUSTRE RELATOR;

Processo originário n. _______

Recorrente: Marjorie Sylvio

Recorrida: RECEITA FEDERAL e União Federal

I – DO CABIMENTO E DA ADMISSIBILIDADE DO PRESENTE RECURSO

DA TEMPESTIVIDADE DO PRESENTE RECURSO

O presente recurso foi interposto dentro do prazo de 15 dias fixados pelo art. 508 do Código de Processo Civil.

DO PREPARO

As custas foram recolhidas de acordo com a tabela de custas e a taxa de porte de remessa e retorno.

DO PREQUESTIONAMENTO

A questão da divergência de interpretações sobre o art. 51 do CTN é reiterada em nossa jurisprudência – sobre quem afinal é o contribuinte do IPI?

Como trazido em anexo, há divergência de vários tribunais sobre o mérito dessa questão. Uns defendem que qualquer um, pessoa física ou jurídica, que importe produto industrializado, é sujeito passivo da obrigação tributária, independentemente da destinação do produto; enquanto outros tribunais sustentam em seus julgados que só as pessoas físicas e jurídicas que compram o produto com finalidade de revenda, ou seja, comercial, é que se enquadrariam na hipótese de contribuintes do IPI.

Todas essas questões foram levantadas no tribunal *a quo*, tendo, inclusive, a sentença de primeira instância sido favorável à recorrente e, somente em grau de recurso, a Fazenda saiu vitoriosa, o que mostra mesmo dentro do tribunal uma divergência de interpretação da lei federal em questão.

LEGITIMIDADE ATIVA

A legitimidade ativa para a proposição do presente REsp é da recorrente, uma vez ter sido vencida no TRF 2.ª Região e não ter sido reconhecido o seu não pagamento do IPI, com a consequente liberação do veículo comprado para uso pessoal.

LEGITIMIDADE PASSIVA

Os recorridos são legitimados passivos, uma vez que a Receita Federal é o órgão da União Federal que realiza o lançamento do tributo e diz que a recorrente é sujeita passiva da obrigação tributária e que só mediante o pagamento do tributo é que haverá a consequente liberação da mercadoria.

A União integra o polo passivo da causa, pois é a pessoa jurídica que sustentará o ônus do acórdão os ministros do STJ em caso de sucumbir.

INTERESSE DE AGIR

O interesse de agir é o vínculo subjetivo entre o autor da causa e a lide em si. É cristalino, dessa forma, o interesse de agir da recorrente, uma vez que o impasse jurisprudencial tem gerado verdadeira insegurança jurídica, e a sucumbência da autora, caso confirmada, gerará redução significativa de seu patrimônio.

Assim, o interesse de agir se configura por não haver outro meio para assegurar que não haja perecimento de seu direito, senão o presente Recurso Especial.

INEXISTÊNCIA DE FATO IMPEDITIVO OU EXTINTIVO DO DIREITO DE RECORRER

Inexistem fatos que impeçam a propositura do presente recurso, uma vez que o direito do recorrente continua sendo atacado, não há preclusão, nem deserção do mesmo. Ou seja, nada que impeça objetivamente o direito de recorrer.

CABIMENTO

O presente recurso, segundo mandamentos da CRFB, em seu art. 105, III, *c*, c/c o art. 541 e ss. do CPC, cabe quando houver por parte de tribunal decisão que dê interpretação diferente à lei federal que já tenha dado outro tribunal.

Nesstes termos, como demonstrado anteriormente e anexado ao presente recurso, a divergência de julgados nos mais diversos tribunais do país suscita o cabimento de tal Recurso Especial, com a finalidade de ter um posicionamento da corte defensora da lei federal para a solução do conflito de interpretações divergentes.

II – DOS FATOS

A recorrente foi surpreendida após a compra de um veículo importado modelo _______ pelo aumento da alíquota do IPI. Como o carro já estava a caminho, perto de chegar ao território brasileiro quando as novas normas passaram a vigorar, não havia nada que a recorrente pudesse fazer para cancelar a compra.

Com a chegada do produto ao Brasil, a recorrente foi informada que, para a liberação de sua mercadoria no desembaraço aduaneiro, seria necessário o pagamento do tributo no valor de R$ _______ reais, o que era uma quantia considerável e tornava mais em conta a compra do veículo no país.

Não restou senão a via jurisdicional para a resolução do conflito de interesses entre a recorrente e a União Federal. Em primeira instância, a sentença de mérito foi favorável à recorrente, sendo aceita a tese de que o contribuinte do Imposto sobre Produtos Industrializados seria pessoa física ou jurídica que adquirisse o bem com fins mercantis.

Contudo, em grau de apelação, os desembargadores do E. TRF da 2.ª Região entenderam que não. Para eles, a simples entrada do produto industrializado no Brasil, não importando o destinatário ou a finalidade do bem, enseja a cobrança do IPI.

Diante da decisão do E. TRF, não houve senão o presente recurso especial para, de uma vez por todas, pôr fim a essa discussão. Pelo menos neste caso concreto.

III – DA INTERPRETAÇÃO DIFERENTE DA LEI FEDERAL

Como anexado aos autos, a grande controvérsia acerca do IPI neste caso concreto é sobre quem é seu sujeito passivo da obrigação tributária. Como já debatido aqui anteriormente, a controvérsia repousa sobre se para ser sujeito passivo da Obrigação Tributária é necessário ou não a finalidade mercantil do bem, pois, caso não haja, pode haver violação expressa do princípio da não cumulatividade, uma vez que não há como compensar em transação posterior.

IV – DO DIREITO

Essa E. Corte e o colendo STF já se pronunciaram anteriormente sobre o tema abordado, contudo, não foi sumulada a questão nem uniformizada a jurisprudência. Assim, passa-se a defender a matéria de direito aludida.

É sabido que o art. 46, I, do CTN, diz que uma das hipóteses de incidência do imposto, aquela temporal, é o desembaraço aduaneiro. Contudo, não basta realização da hipótese de incidência para que o imposto seja cobrado. Há necessidade que se contemplem outros aspectos, como o do sujeito passivo e a proteção ao princípio da não cumulatividade.

Nesse diapasão, apesar das interpretações conflitantes dos tribunais, as duas maiores cortes do país vêm entendendo que não basta o importador pessoa física para a realização de todos os elementos da hipótese de incidência, mais, sim, um caráter subjetivo que é o da intenção de venda ou finalidade mercantil.

Entendimento de primeira grandeza, pois caso não haja, tal interpretação, ao estar de posse de um produto estrangeiro para uso próprio, o consumidor não terá como compensar o imposto, o que geraria a quebra do princípio da não cumulatividade.

Assim, haveria violação expressa aos arts. 5.º, XXXVI e LV, 153, IV, todos da Constituição Federal. Tal entendimento começou a ser consolidado a partir da Súmula 660 do STF, em que já, no mesmo tipo de operação, o Supremo entendeu não incidir o ICMS.

Sem mais delongas, a decisão ora atacada, além dos motivos expostos, merece ser reformada, pois está em descompasso com o posicionamento dessa Corte, que é a legítima guardiã da lei federal. Dessa forma, dar interpretação diversa à da corte no tocante ao disposto no art. 51 do CTN é uma medida desarrazoada e desproporcional.

V – DO PEDIDO

Diante do exposto, o recorrente requer o conhecimento e o provimento do presente recurso, com a reforma da respeitável decisão recorrida, a fim de que seja declarada a nulidade da incidência do IPI no carro importado pela recorrente e a sua imediata liberação para fruição de sua dona.

Nesses termos,

Espera deferimento.

Local e data.

Advogado/OAB

TÍTULO XVI

RECURSO EXTRAORDINÁRIO - REXT

CAPÍTULO I

COMPETÊNCIA

Assim como a maioria dos recursos, apesar do juízo julgador ser o Supremo Tribunal Federal, este recurso será proposto no Juízo recorrido.

No que pertine ao objeto, o art. 102, III, da Constituição da República, elenca as hipóteses de cabimento do recurso extraordinário, *in verbis:*

> "Art. 102. (...)
>
> III – julgar, mediante recurso extraordinário, as causas decididas em única ou última instância, quando a decisão recorrida:
>
> a) contrariar dispositivo desta Constituição;
>
> b) declarar a inconstitucionalidade de tratado ou lei federal;
>
> c) julgar válida lei ou ato de governo local contestado em face desta Constituição.
>
> d) julgar válida lei local contestada em face de lei federal."

CAPÍTULO II
MODELO DE PETIÇÃO INICIAL

EXCELENTÍSSIMO SENHOR DOUTOR DESEMBARGADOR PRESIDENTE DO TRIBUNAL DE JUSTIÇA DO ESTADO ______

> **NOTA:** Se o tribunal que analisou a apelação for o TRF, será: EXCELENTÍSSIMO SENHOR DOUTOR JUIZ PRESIDENTE DO TRIBUNAL REGIONAL FEDERAL DA ______ REGIÃO.

Apelação n. ____________________

Processo Originário n. ________________

Recorrente________________

Recorrido ________________

Nome, nacionalidade, estado civil, profissão, portador da carteira de identidade n. _______, inscrito no CPF sob o n. _______, residente e domiciliado à Rua _______, vem, por seu advogado infra-assinado, com procuração anexa em que consta endereço para receber intimações, nos termos do art. 39, I, do CPC, respeitosamente, perante V. Ex.ª, com apoio nos arts. 541 e ss. do CPC, arts. 13, 21, 322 e ss. do RISTF, bem como e em especial, com amparo no art. 102, III, *a* e § 3.º, da CRFB/1988, interpor o presente

RECURSO EXTRAORDINÁRIO

em face de acórdão proferido pela _______ Câmara Cível (ou criminal) do egrégio Tribunal de Justiça do Estado _______ (ou do egrégio Tribunal Regional Federal da _______ Região), requerendo a Vossa Excelência que intime o recorrido e, após a intimação do recorrido para apresentação das contrarrazões e posterior análise dos requisitos intrínsecos e extrínsecos de admissibilidade, requer a remessa dos autos ao Egrégio Supremo Tribunal Federal para análise do mérito do presente recurso e consequente reforma da decisão impugnada.

NOTA: Se fizer necessário o pedido de **CAUTELAR INCIDENTAL**, poderá este ser feito da seguinte forma: Pede ainda, e, em especial, que V. Ex.ª, com base no poder geral de cautela, defira medida cautelar incidental para atribuir efeito suspensivo no presente recurso, já que há possibilidade concreta de ser deflagrada execução provisória da sentença, o que implicará grave dano ao recorrente, de difícil reparação. Pleiteia, portanto, o recebimento e encaminhamento desse recurso ao egrégio Supremo Tribunal Federal em duplo efeito, suspensivo e devolutivo.

Por fim, requer juntada das custas de preparo e porte de remessa e retorno.

Nesses termos,

Espera deferimento.

Local e data.

Advogado/OAB

NOTA: O ideal é continuar a petição, expondo as razões recursais em outra página.

RAZÕES RECURSAIS

EGRÉGIO SUPREMO TRIBUNAL FEDERAL;

COLENDA TURMA

DOUTO RELATOR;

Recorrente: ______________________________

Recorrida: ______________________________

I – DO CABIMENTO E DA ADMISSIBILIDADE DO PRESENTE RECURSO

DA TEMPESTIVIDADE DO PRESENTE RECURSO

O presente recurso foi interposto dentro do prazo de 15 dias fixados pelo art. 508 do Código de Processo Civil.

DO PREPARO

As custas foram recolhidas de acordo com a tabela de custas e a taxa de porte de remessa e retorno.

DO PREQUESTIONAMENTO

NOTA: Salientar que a matéria foi devidamente questionada na instância inferior, demonstrar que houve efetiva apreciação da questão por parte do julgador ou, ao menos, demonstrar que forma opostos embargos declaratórios para prequestionar a matéria objeto do presente recurso.

NOTA: Não é obrigatório, mas se quiser, pode ainda, neste tópico (requisitos de admissibilidade), discorrer sobre:

- Legitimidade ativa e passiva;
- Interesse de agir;
- Inexistência de fato impeditivo ou extintivo do direito de recorrer;
- Cabimento (art. 102, III, da CRFB).

II – DA REPERCUSSÃO GERAL NO CASO PRESENTE (art. 102, § 3.º, da CRFB/1988, e arts. 543-A e 543-B do CPC)

NOTA: Citar que há existência no caso concreto de questões relevantes do ponto de vista econômico, político, social e jurídico, que ultrapassem os interesses subjetivos da causa e representem pertinência para toda a coletividade, nos termos do art. 543-A, § 1.º, do CPC.

III – DOS FATOS

NOTA: Reproduzir os fatos expostos na questão de prova.

IV – DO DIREITO. DA DECISÃO ATACADA E DA CONTRARIEDADE À CONSTITUIÇÃO

V – DO PEDIDO

Diante do exposto, o recorrente requer o conhecimento e o provimento do presente recurso, com a reforma (anulação) da respeitável decisão recorrida_________ (especificações do pedido de acordo com o caso concreto), como medida que fará prevalecer a justiça.

Nesses termos,

Espera deferimento.

Local e data.

Advogado/OAB

CAPÍTULO III
EXERCÍCIOS DE FIXAÇÃO

QUESTÃO 1

Carlos Santana, advogado, brasileiro, solteiro, cadeirante, inscreveu-se para o concurso de advogado da Universidade Federal do Estado Y. Ao observar o edital, no entanto, não viu a destinação constitucional de vagas aos portadores de necessidades especiais. Tomando conhecimento disso, Carlos impetrou mandado de segurança em face do Reitor da Universidade Federal do Estado Y e da União para ver seu direito constitucional assegurado; a segurança foi denegada pelo juiz de primeiro grau.

Com a denegação de seu pleito inicial, Carlos recorreu ao TRF, onde a segurança foi novamente denegada, pela inconstitucionalidade incidental do art. 5.º, § 2.º, da Lei 8.112 declarada pelos Desembargadores daquele Tribunal. Dentre os argumentos usados, estavam a quebra da isonomia, a falta de proporcionalidade e que não deve ser o Estado que se adaptará ao indivíduo, mas sim o indivíduo ao Estado.

Inconformado e emocionalmente abalado, Carlos não consegue mais seguir como parte e advogado de seu processo, assim, ele procura você, advogado(a), para que redija a peça processual cabível, a fim de não deixar a sentença transitar em julgado e ver o seu direito garantido.

Observar:

a) competência;

b) legitimidade ativa e passiva;

c) requisitos formais da peça.

SUGESTÃO DE RESPOSTA

EXCELENTÍSSIMO SENHOR DOUTOR DESEMBARGADOR PRESIDENTE DO TRIBUNAL REGIONAL FEDERAL DA ______ REGIÃO

Apelação n. _______

Processo Originário n. _______

Recorrente: CARLOS SANTANA

Recorrido: REITOR DA UNIVERSIDADE FEDERAL DO ESTADO Y E UNIÃO FEDERAL

Carlos Santana, brasileiro, solteiro, advogado, portador da carteira de identidade n. _______, inscrito no CPF sob o n. _______, residente e domiciliado à Rua _______, vem, por seu advogado infra-assinado, com procuração anexa onde consta endereço, para receber intimações nos termos do art. 39, I, do CPC, respeitosamente, perante V. Ex.ª, com apoio nos arts. 541 e ss. do CPC, arts. 13, 21, 322 e ss. do RISTF, bem como e em especial, com amparo no art. 102, III, *b* e § 3.º, da CRFB/1988, interpor o presente:

RECURSO EXTRAORDINÁRIO

em face de acórdão proferido pela _______ Turma do egrégio Tribunal Regional Federal da _______ Região, requerendo a Vossa Excelência que intime o recorrido, abrindo-se-lhe vista pelo prazo de 15 dias para apresentar contrarrazões e, findo o prazo, com ou sem contrarrazões, determine a remessa dos autos ao Egrégio Supremo Tribunal Federal.

Pede ainda, e, em especial, que V. Ex.ª, com base no poder geral de cautela, defira medida cautelar incidental para atribuir efeito suspensivo no presente recurso, já que há possibilidade concreta de ser deflagrada execução provisória da sentença, o que implicará em grave dano ao recorrente, de difícil reparação. Pleiteia, portanto, o recebimento e encaminhamento desse recurso ao egrégio Supremo Tribunal Federal em duplo efeito, suspensivo e devolutivo.

Por fim, requer juntada das custas de preparo e porte de remessa e retorno.

Nesses termos,

Espera deferimento.

Local e data.

Advogado/OAB

NOTA: O ideal é continuar a petição, expondo as razões recursais em outra página.

RAZÕES RECURSAIS

EGRÉGIO SUPREMO TRIBUNAL FEDERAL;

COLENDA TURMA;

DOUTO RELATOR;

Recorrente: CARLOS SANTANA

Recorrido: REITOR DA UNIVERSIDADE FEDERAL DO ESTADO Y E UNIÃO FEDERAL

I – DO CABIMENTO E DA ADMISSIBILIDADE DO PRESENTE RECURSO

DA TEMPESTIVIDADE DO PRESENTE RECURSO

O presente recurso foi interposto dentro do prazo de 15 dias fixados pelo art. 508 do Código de Processo Civil.

DO PREPARO

As custas foram recolhidas de acordo com a tabela de custas e a taxa de porte de remessa e retorno.

DO PREQUESTIONAMENTO

A presente questão foi levada ao E.TRF da _______ Região devido à sua índole constitucional e legal em consonância com a Súmula 282 dessa corte. A reserva de vagas para portadores de necessidades especiais nos cargos cuja admissão se dá por concurso público, na esfera federal, é assegurado pela CRFB, em seu art. 37, VIII c/c o art. 5.º, § 2.º, da Lei 8.112/1990.

LEGITIMIDADE ATIVA

A legitimidade ativa para a proposição do presente RE é do recorrente, uma vez ter sido vencido no TRF da _______ Região e não ter sido reconhecido o seu direito líquido e certo à reserva de vagas constitucional para o provimento de cargos públicos no âmbito Federal.

LEGITIMIDADE PASSIVA

Os recorridos são os legitimados passivos, uma vez que o Reitor da Universidade Federal do Estado Y é o representante da pessoa jurídica de Direito Público que organiza o presente concurso para admissão em seus quadros; a União, por outro lado, é a pessoa jurídica de direito público que sustentará o ônus da decisão, sendo assim também, parte necessária do processo.

INTERESSE DE AGIR

O interesse de agir é o vínculo subjetivo entre o autor da causa e a lide em si. É cristalino, dessa forma, o interesse de agir do recorrente, uma vez que é o seu direito constitucional à reserva de vagas aos portadores de necessidades especiais que fora tolhido pela decisão do E. TRF.

Assim, o interesse de agir se configura por não haver outro meio para assegurar que não haja perecimento de seu direito, senão o presente Recurso Extraordinário.

INEXISTÊNCIA DE FATO IMPEDITIVO OU EXTINTIVO DO DIREITO DE RECORRER

Inexistem fatos que impeçam a propositura do presente recurso, uma vez que o direito do recorrente continua sendo atacado, não há preclusão, nem deserção deste. Ou seja, nada que impeça objetivamente o direito de recorrer.

CABIMENTO

O presente recurso segundo mandamentos da CRFB, em seu art. 102, III, *b*, c/c o art. 541 e ss. do CPC, cabe nas causas decididas em única ou última instância, quando a decisão recorrida declarar a inconstitucionalidade de lei federal ou tratado internacional.

Nesses termos, pela declaração de inconstitucionalidade de artigos da Lei Federal 8.112/1990 é que o presente recurso é o meio próprio de atacar a decisão recorrida.

II – DA REPERCUSSÃO GERAL NO CASO PRESENTE (art. 102, § 3.º, da CRFB/1988, e arts. 543-A e 543-B do CPC)

Ainda que se leve a pensar que o interesse do recorrente tem a ver apenas com sua subjetividade em ter o seu direito à reserva de vagas reconhecido, tal argumento não prospera na prática, pois o que há no caso concreto é uma violação expressa a dispositivo de lei e à Constituição da República, não sendo só o recorrente, mas todos os portadores de necessidades especiais afetados diretamente pelo resultado da decisão ora atacada.

Ademais, a presente decisão atacada fere frontalmente a Convenção Internacional sobre os Direitos das Pessoas com Deficiência, único tratado internacional incorporado no nosso ordenamento jurídico com *status* de norma constitucional. Dessa forma, o acordão do TRF da _______ Região não só fere o texto positivado da Constituição, mas também o presente tratado que tem hierarquia constitucional.

É cristalina a existência no caso concreto de questões relevantes do ponto de vista econômico, político, social e jurídico, que ultrapassam os interesses subjetivos da causa e representem pertinência para toda a coletividade, nos termos do art. 543-A, § 1.º, do CPC.

III – DOS FATOS

O recorrente se inscreveu para o concurso de advogado da Universidade Federal do Estado Y; ao observar o edital, no entanto, não viu a destinação constitucional de vagas aos portadores de necessidades especiais.

Tomando conhecimento disto, Carlos impetrou MS em face do Reitor da Universidade Federal do Estado Y e da União para ver seu direito constitucional assegurado; a segurança foi denegada pelo juiz de primeiro grau.

Com a denegação de seu pleito inicial, Carlos recorreu ao TRF, onde a segurança foi novamente denegada, pela inconstitucionalidade incidental do art. 5.º, § 2.º, da Lei 8.112, declarada pelos Desembargadores daquele Tribunal.

Não restou ao recorrente senão o RE para fazer a suprema corte assegurar no caso concreto a constitucionalidade da presente lei que foi declarada inconstitucional pelos desembargadores daquele TRF.

III – DO DIREITO. DA DECISÃO ATACADA E DA CONTRARIEDADE À CONSTITUIÇÃO

A Constituição Cidadã trouxe em seu texto original o princípio da não discriminação, subprincípio da igualdade que tem por escopo não tratar de maneira desumana os diferentes – este é o postulado encontrado no art. 3.º, IV, da CRFB. Contudo, não discriminar é não tratar de maneira que atinja a dignidade da pessoa diferente, o que não significa tratá-la igual, formalmente falando, mas sim, materialmente, em que os iguais são tratados como iguais e os desiguais são tratados como desiguais na medida de suas desigualdades.

Com base neste postulado da igualdade proporcional, o constituinte originário salvaguardou especial tratamento à pessoa portadora de necessidades especiais – deficientes –, para garantir que mesmo em situação excepcional seus direitos e garantias fundamentais sejam protegidos pelo Estado.

Dentre essas medidas, a reserva de vagas para os portadores de necessidades especiais se tornou imperativa e parte do texto magno como forma de proteger os diferentes, sendo tal postulado expressamente insculpido no art. 37, VIII, da Carta da República, e regulamentado pelo art. 5.º, § 2.º, da Lei 8.112/1990, no âmbito da administração pública federal.

Tal preocupação é tão cara para a nossa democracia que o único tratado internacional integrado ao nosso ordenamento jurídico com *status* de norma constitucional é justamente a Convenção Internacional sobre os Direitos das Pessoas com Deficiência e seu Protocolo Facultativo, internalizado em nosso ordenamento pelo Decreto 6.949/2009.

Esta norma de índole e hierarquia constitucional prevê uma série de medidas para a promoção da pessoa com deficiência e garantia de seus direitos individuais. Tanto que no decorrer do texto vemos o art. 3.º, por exemplo, elencar princípios que devem ser respeitados, tais como:

> "Artigo 3
>
> Princípios gerais
>
> Os princípios da presente Convenção são:
>
> a) O respeito pela dignidade inerente, a autonomia individual, inclusive a liberdade de fazer as próprias escolhas, e a independência das pessoas;

> b) A não discriminação;
>
> c) A plena e efetiva participação e inclusão na sociedade;
>
> d) O respeito pela diferença e pela aceitação das pessoas com deficiência como parte da diversidade humana e da humanidade;
>
> e) A igualdade de oportunidades;
>
> f) A acessibilidade;
>
> g) A igualdade entre o homem e a mulher;
>
> h) O respeito pelo desenvolvimento das capacidades das crianças com deficiência e pelo direito das crianças com deficiência de preservar sua identidade."

Não obstante o posicionamento já salvaguardado pelo artigo acima, o art. 4.º da mesma convenção é ainda mais contundente ao dizer que os Estados signatários hão de tomar as medidas legislativas, administrativas ou de qualquer outra natureza para que sejam garantidos os direitos dos deficientes.

Nesse diapasão, também protege o portador de deficiência, já concernente ao seu trabalho o art. 7.º, XXXI, da Magna Carta, e neste sentido, também, o constituinte derivado ainda por EC adicionou ao art. 227, o § 1.º, reproduzido *in verbis:*

> "Art. 227. É dever da família, da sociedade e do Estado assegurar à criança, ao adolescente e ao jovem, com absoluta prioridade, o direito à vida, à saúde, à alimentação, à educação, ao lazer, à profissionalização, à cultura, à dignidade, ao respeito, à liberdade e à convivência familiar e comunitária, além de colocá-los a salvo de toda forma de negligência, discriminação, exploração, violência, crueldade e opressão.
>
> § 1.º O Estado promoverá programas de assistência integral à saúde da criança, do adolescente e do jovem, admitida a participação de entidades não governamentais, mediante políticas específicas e obedecendo aos seguintes preceitos: (Redação dada Pela Emenda Constitucional n.º 65, de 2010)".

Ou seja, dentro de todo nosso ordenamento constitucional, os portadores de deficiência são tratados de maneira especial, a fim de garantir que seus direitos básico e sua dignidade possam ser assegurados. É um atentato à própria ordem democrática e aos princípios existentes na Magna Carta a decisão do E. TRF da ________ Região, uma vez que não respeita a igualdade proporcional, cometendo o maior tipo de injustiça existente desde Aristóteles, aquela em que se trata de maneira igual os diferentes.

Por todas essas razões de índole constitucional e internacional, além de afronta expressa ao princípio da legalidade, uma vez que a decisão foi contra à Lei 8.112 e a declarou inconstitucional sem sê-la, é que a decisão do TRF da ______ Região merece ser reformada, para que se restabeleça a ordem democrática e não haja mais afrontas aos direitos dos deficientes e portadores de necessidades especiais.

IV – DO PEDIDO

Diante do exposto, o recorrente requer o conhecimento e o provimento do presente recurso, com a reforma da respeitável decisão , a fim de que seja reconhecida a constitucionalidade do art. 5.º, § 2.º, da Lei 8.112/1990, com imediata concessão da segurança para que o recorrente tenha direito às vagas garantidas pelas CRFB e pela referida lei federal, como medida que fará prevalecer a justiça.

Nesses termos,

Espera deferimento.

Local e data.

Advogado/OAB

QUESTÃO 2

Américo e Amélia, brasileiros, solteiros, engenheiros, depois de dois anos morando juntos, resolveram oficializar sua união estável. Acontece que, ao chegar ao cartório, foram informados de que naquele município havia uma lei que taxativamente dizia que a união estável só seria reconhecida após o período de três anos de união efetivamente comprovados.

Inconformados, procuraram um advogado, que impetrou com um mandado de segurança a fim de ter sua união estável reconhecida, questionando exatamente a ilegalidade da lei e a inconstitucionalidade formal, uma vez que somente a União pode legislar sobre Direito Civil, na forma do art. 22, I, da Carta da República.

Contudo, apesar das alegações e do prequestionamento em relação às questões constitucionais, a sentença foi desfavorável ao casal, tendo sido confirmada pela 5.ª Turma Cível daquele tribunal em grau de apelação.

Ao ouvirem de você, advogado(a) constitucionalista de renome nacional, resolveram procurá-lo(a), a fim de que tomasse a medida judicial cabível para contornar esta ilegalidade e permitir que seja reconhecida a União Estável do casal.

Observar:

a) competência;

b) legitimidade ativa e passiva;

c) requisitos formais da peça.

SUGESTÃO DE RESPOSTA

EXCELENTÍSSIMO SENHOR DOUTOR DESEMBARGADOR PRESIDENTE DO TRIBUNAL DE JUSTIÇA DO ESTADO _______

Apelação n. _______
Mandado de segurança n. _______

Recorrente: Américo e Amélia
Recorrido: Prefeitura _______

AMÉRICO, brasileiro, solteiro, engenheiro, portador da carteira de identidade n. _______, inscrito no CPF sob o n. _______, residente e domiciliado à Rua _______, e AMÉLIA, brasileira, solteira, engenheira, portadora da carteira de identidade n. _______, inscrita no CPF sob o n. _______, residente e domiciliada à Rua _______, vêm, por seu advogado infra-assinado, com procuração anexa em que consta endereço para receber intimações, nos termos do art. 39, I CPC, respeitosamente, perante V. Ex.ª, com apoio nos arts. 541 e ss. do CPC, arts. 13, 21, 322 e ss. do RISTF, bem como e em especial, com amparo no art. 102, III, *a* e *d* e § 3.º, da CRFB/1988, interpor o presente:

RECURSO EXTRAORDINÁRIO

em face de acórdão proferido pela _______ Pleno do egrégio Tribunal de Justiça do Estado _______ requerendo a Vossa Excelência que intime o recorrido, abrindo-se-lhe vista pelo prazo de 15 dias para apresentar contrarrazões e, findo o prazo, com ou sem contrarrazões, determine a remessa dos autos ao Egrégio Supremo Tribunal Federal.

Por fim, requer juntada das custas de preparo e porte de remessa e retorno.

Nesses termos,
Espera deferimento.

Local e data.
Advogado/OAB

NOTA: O ideal é continuar a petição, expondo as razões recursais em outra página.

RAZÕES RECURSAIS

EGRÉGIO SUPREMO TRIBUNAL FEDERAL;

COLENDA TURMA;

DOUTO RELATOR;

Recorrente: Américo e Amélia

Recorrido: Prefeitura _______

I – DO CABIMENTO E DA ADMISSIBILIDADE DO PRESENTE RECURSO

DA TEMPESTIVIDADE DO PRESENTE RECURSO

O presente recurso foi interposto dentro do prazo de 15 dias fixados pelo art. 508 do Código de Processo Civil.

DO PREPARO

As custas foram recolhidas de acordo com a tabela de custas e a taxa de porte de remessa e retorno.

DO PREQUESTIONAMENTO

A presente questão foi levada ao E. TJ DO ESTADO _______ devido à sua índole constitucional e legal em consonância com a Súmula 282 dessa Corte. A competência privativa da União para legislar sobre matéria de direito civil se encontra elencada no art. 22, I, da CRFB, e os requisitos para a concessão da União Estável se encontra no Código Civil, em seu art. 1.723, *caput*, tendo tais normas sido invocadas nas esferas anteriores como fundamento do pedido e, ainda assim, desprezadas pelos doutos julgadores.

LEGITIMIDADE ATIVA

A legitimidade ativa para a proposição do presente RE é dos recorrentes, uma vez terem sido vencidos no TJ do Estado _______ e não terem reconhecidos seus direitos líquidos e certos à União Estável.

LEGITIMIDADE PASSIVA

O recorrido é o legitimado passivo, uma vez que a autoridade emanadora da lei inconstitucional e ilegal que não permitia a União Estável naquele município caso a união de fato fosse inferior ao prazo de três anos. Ora, se nem a lei federal fez tal discriminação, como a lei incompetente emanada por aquele município poderia fazê-lo?

INTERESSE DE AGIR

O interesse de agir é o vínculo subjetivo entre o autor da causa e a lide em si. É cristalino, dessa forma, o interesse de agir dos recorrentes, uma vez que são os seus direitos constitucionais e legais à união estável que foram tolhidos pela decisão do E.TJ do Estado _______.

Assim, o interesse de agir se configura por não haver outro meio para assegurar que não haja perecimento do direito dos recorrentes, senão por intermédio do presente Recurso Extraordinário.

INEXISTÊNCIA DE FATO IMPEDITIVO OU EXTINTIVO DO DIREITO DE RECORRER

Inexistem fatos que impeçam a propositura do presente recurso, uma vez que o direito dos recorrentes continua sendo atacado, não há preclusão, nem deserção do mesmo. Ou seja, nada que impeça objetivamente o direito de recorrer.

CABIMENTO

O presente recurso, segundo mandamentos da CRFB, em seu art. 102, III, *a* e *d*, c/c o art. 541 e ss. do CPC, cabe, dentre outras hipóteses, nas causas decididas em única ou última instância, quando a decisão recorrida contrariar dispositivo da Constituição, julgar válida lei local contestada em face de lei federal.

Nesses termos, por haver usurpação de competência privativa da União em legislar sobre matéria de direito civil e incompatibilidade da lei local com a lei federal, tendo sido ambas confirmadas pelo Tribunal de Justiça do Estado _______, o presente RE é cabível.

II – DA REPERCUSSÃO GERAL NO CASO PRESENTE (art. 102, § 3.º, da CRFB/1988, e arts. 543-A e 543-B do CPC)

Ainda que se leve a pensar que o interesse dos recorrentes têm a ver apenas com sua subjetividade em terem o seu direito à união estável com menos de três anos reconhecida, tal argumento não prospera na prática, pois o que há no caso concreto é uma violação expressa a dispositivo de lei e à Constituição da República, não sendo só o recorrente, mas todos os casais que daquele município que desejarem convolar suas uniões de fato em união estável afetados diretamente pelo resultado da decisão ora atacada.

Ademais, é flagrante a inconstitucionalidade e a ilegalidade do dispositivo atacado, o que leva à insegurança jurídica e quebra da legalidade, princípios tão caros no Estado Democrático de Direito.

É cristalina a existência no caso concreto de questões relevantes do ponto de vista econômico, político, social e jurídico, que ultrapassem os interesses subjetivos da causa e representem pertinência para toda a coletividade, nos termos do art. 543-A, § 1.º, do CPC).

III – DOS FATOS

Os recorrentes possuíam união de fato por mais de dois anos, quando decidiram legalizar sua união, transformando-a em união estável, conforme previsto no art. 1.723 do CC c/c o art. 226, § 3.º, da CRFB.

Procurando o cartório do município, ora requerido, foram informados que não era possível, pois existia lei naquele local que condicionava a união estável à união de fato por no mínimo três anos.

Inconformados com a medida, os requerentes impetraram mandado de segurança no juízo de primeiro grau daquela comarca, revindicando o direito líquido e certo da união estável previsto no Código Civil e na Constituição Federal.

Na sentença, o juiz de primeiro grau julgou válida a lei local em face à lei federal e à Constituição da República, denegando a ordem aos requerentes. Em grau de recurso, depois de questionados os méritos da ilegalidade e inconstitucionalidade, o tribunal resolveu por denegar novamente a ordem em grau de apelação.

Não restou, então, aos requerentes, senão este presente recurso à corte suprema para ver seu direito garantido e a legalidade e constituição serem preservados.

IV – DO DIREITO. DA DECISÃO ATACADA E DA CONTRARIEDADE À CONSTITUIÇÃO

A Constituição Cidadã reconheceu em seu texto original a união estável como entidade familiar, em seu art. 226, § 3.º, deixando para a legislação extravagante os requisitos para concessão e reconhecimento de tão importante instituto jurídico.

Ao Código Civil, Lei 10.406/2002, coube regular tal instituto que se encontra insculpido no art. 1.723, reproduzido *in verbis*:

> "Art. 1.723. É reconhecida como entidade familiar a união estável entre o homem e a mulher, configurada na convivência pública, contínua e duradoura e estabelecida com o objetivo de constituição de família."

Ou seja, a própria legislação competente deixou o tempo efetivo para que a união estável fosse contabilizada como subjetivo, desde que houvesse convivência pública, contínua e duradoura com o objetivo de constituição familiar.

Fica evidente pela leitura dos artigos e pela documentação dos requerentes anexada aos autos, que ambos coabitam com o intuito de constituir família, sendo desarrazoada a decisão do tribunal que confirmou a imputação de tempo de três anos para que a união fosse juridicamente reconhecida.

Nesse diapasão, além de não ser razoável e desproporcional, tal instituto fere frontalmente o art. 22, I, da CRFB, pois a competência privativa para legislar sobre direito civil – sendo união estável instituto jurídico pertencente ao direito de família – é da União Federal, conforme vemos a seguir:

> "Art. 22. Compete privativamente à União legislar sobre:
>
> I – direito civil, comercial, penal, processual, eleitoral, agrário, marítimo, aeronáutico, espacial e do trabalho;"

Resta clara a inconstitucionalidade formal por usurpação de competência, uma vez que o município recorrido não é legítimo para legislar sobre tal matéria, ainda mais quando visa restringir um dos direito basilares do Estado Democrático de Direito, que é a constituição da família.

V – DO PEDIDO

Diante do exposto, os recorrentes requerem o conhecimento e o provimento do presente recurso, com a reforma da respeitável decisão recorrida, a fim de que seja juridicamente reconhecida a União Estável na forma do art. 226, § 3.º, da CRFB c/c o art. 1.723 do CC, com o intuito de ter sua relação familiar protegida pelo Estado.

Nesses termos,

Espera deferimento.

Local e data.

Advogado/OAB

QUESTÃO 3

Prefeito de São Luis, no Estado do Maranhão, contratou servidores sem prévia dotação orçamentária, contrariando o disposto na CRFB, em seu art. 169, §1.º e em dispositivo de mesmo número da Constituição daquele Estado. A Ordem dos Advogados do Brasil, Seccional do Maranhão, legitimada pela Constituição daquele Estado-Membro, interpôs uma Representação de Inconstitucionalidade daquela norma face à Constituição Estadual, uma vez que no dispositivo de mesmo número, a Constituição do Estado havia reproduzido com inteiro teor o texto da CRFB.

Diante da representação, o pleno do TJ/MA por maioria de votos, resolveu confirmar a constitucionalidade das contratações e indeferir a representação por entender constitucional a contratação do Poder Público de São Luis em face à Constituição do Estado e à Constituição da República.

Em posse dessa decisão, o Presidente Seccional da OAB/MA procura você, advogado(a) constitucionalista renomado, para que tome a medida judicial cabível a fim de reparar este dano à Constituição.

Observar:

a) competência;

b) legitimidade ativa e passiva;

c) requisitos formais da peça.

SUGESTÃO DE RESPOSTA

EXCELENTÍSSIMO SENHOR DOUTOR DESEMBARGADOR PRESIDENTE DO TRIBUNAL DE JUSTIÇA DO ESTADO DO MARANHÃO

Apelação n. _______

Processo Originário n. _______

Recorrente: ORDEM DOS ADVOGADOS DO BRASIL SECCIONAL DO MARANHÃO

Recorrido: PREFEITURA DE SÃO LUIS

ORDEM DOS ADVOGADOS DO BRASIL, pessoa jurídica de direito público, autarquia *sui generis*, com inscrição no CNPJ n. _______ e endereço à _______, vem, por seu advogado infra-assinado, com procuração anexa em que consta endereço para receber intimações, nos termos do art. 39, I, do CPC, respeitosamente, perante V. Ex.ª, com apoio nos arts. 541 e ss. do CPC, arts. 13, 21, 322 e ss. do RISTF, bem como e em especial, com amparo no art. 102, III, *a* e § 3.º da CRFB/1988, interpor o presente:

RECURSO EXTRAORDINÁRIO

em face de acórdão proferido pela ________ Pleno do egrégio Tribunal de Justiça do Estado do Maranhão, requerendo a Vossa Excelência que intime o recorrido, abrindo-se-lhe vista pelo prazo de 15 dias para apresentar contrarrazões e, findo o prazo, com ou sem contrarrazões, determine a remessa dos autos ao Egrégio Supremo Tribunal Federal.

Pede ainda, e, em especial, que V. Ex.ª, com base no poder geral de cautela, defira medida cautelar incidental para atribuir efeito suspensivo no presente recurso, já que há possibilidade concreta de ser deflagrada execução provisória da sentença, o que implicará em grave dano ao recorrente, de difícil reparação. Pleiteia, portanto, o recebimento e encaminhamento desse recurso ao egrégio Supremo Tribunal Federal em duplo efeito, suspensivo e devolutivo.

Por fim, requer juntada das custas de preparo e porte de remessa e retorno.

Nesses termos,
Espera deferimento.

Local e data.
Advogado/OAB

NOTA: O ideal é continuar a petição, expondo as razões recursais em outra página.

RAZÕES RECURSAIS

EGRÉGIO SUPREMO TRIBUNAL FEDERAL;

COLENDA TURMA;

ILUSTRE RELATOR;

Recorrente: ORDEM DOS ADVOGADOS DO BRASIL SECCIONAL DO MARANHÃO

Recorrido: PREFEITURA DE SÃO LUIS

I – DO CABIMENTO E DA ADMISSIBILIDADE DO PRESENTE RECURSO

DA TEMPESTIVIDADE DO PRESENTE RECURSO

O presente recurso foi interposto dentro do prazo de 15 dias fixados pelo art. 508 do Código de Processo Civil.

DO PREPARO

As custas foram recolhidas de acordo com a tabela de custas e a taxa de porte de remessa e retorno.

DO PREQUESTIONAMENTO

A presente questão foi levada ao E. TJ/MA devido à sua índole constitucional e legal, em consonância com a Súmula 282 dessa Corte. O mandamento constitucional à exigibilidade de previsão orçamentária para haver contratação no serviço público é pressuposto do Estado brasileiro, consagrando a harmonia e a independência dos poderes dentro de um sistema de pesos e contrapesos, tal previsão é expressa no art. 169, § 1.º, da CRFB. Tal fundamento jurídico foi suscitado em representação de inconstitucionalidade no TJ/MA, tendo entendido aquela corte por superado tais argumentos.

LEGITIMIDADE ATIVA

A legitimidade ativa para a proposição do presente RE é do recorrente, uma vez ser garantido a ele legitimidade ativa para a propositura de representação de inconstitucionalidade face às normas estaduais e municipais do Estado do Maranhão que não se coadunem com a constituição estadual. Entretanto, devido à norma questionada ser de reprodução obrigatória e prevista também na Constituição Federal, não poderia o recorrente ver o TJ/MA julgar matéria de competência do Supremo Tribunal Federal sem se manifestar, sendo parte, portanto, legítima à propositura do presente RE que visa salvaguardar o texto magno e garantir a democracia.

LEGITIMIDADE PASSIVA

O recorrido é o legitimado passivo, uma vez que foi o autor das contratações sem observância ao texto constitucional. Dessa forma, foi quem proferiu o ato atacado via representação de inconstitucionalidade e, por conseguinte, devido à confirmação do tribunal de tal ato como sendo válido, torna-se sujeito recorrido do presente RE.

INTERESSE DE AGIR

O interesse de agir é o vínculo subjetivo entre o autor da causa e a lide em si. Assim, é cristalino que, como a OAB seccional do Maranhão é legitimado ativo para a propositura da RI, então, no caso do indeferimento do pedido, como ocorreu na prática, se torna sucumbente, o que releva seu interesse processual no presente recurso, a fim de manter a legalidade e a ordem democrático-constitucional.

INEXISTÊNCIA DE FATO IMPEDITIVO OU EXTINTIVO DO DIREITO DE RECORRER

Inexistem fatos que impeçam a propositura do presente recurso, uma vez que o direito do recorrente continua sendo atacado, não há preclusão, nem deserção daquele. Ou seja, nada que impeça objetivamente o direito de recorrer.

CABIMENTO

O presente recurso segundo mandamentos da CRFB, em seu art. 102, III, *a*, c/c o art. 541 e ss. do CPC, cabe nas causas decididas em única ou última instância, quando a decisão recorrida contrariar dispositivo da Constituição da República.

Nesses termos, tendo o tribunal julgado válido o ato da contratação do prefeito de São Luis sem a observância do art. 169, § 1.º – previsão prévia na lei orçamentária – se configura na hipótese do art. 102, II, *a*, que permite a interposição de RE ao STF.

II – DA REPERCUSSÃO GERAL NO CASO PRESENTE (art. 102, § 3.º, da CRFB/1988, e arts. 543-A e 543-B do CPC)

Tal instituto legal necessário como prerrequisito à interposição do RE tem por objetivo demonstrar que a causa tem pertinência a toda coletividade, e não apenas às partes do processo.

É inegável, nesse caso, que quando a recorrente interpôs a representação de inconstitucionalidade por sua atribuição *sui generis* de órgão de classe representante dos advogados, elemento essencial à justiça, os interesses já eram *per si* de defesa dos interesses coletivos transindividuais, ou seja, de toda a coletividade.

A repercussão geral se prova quando a OAB defende a constituição e a legalidade de arbitrios cometidos por governantes, sendo neste caso em tela, o prefeito de São Luis, que ultrajou a Constituição da República ao contratar servidores sem prévia previsão orçamentária, rechaçando o texto magno, causando danos à administração pública municipal e à moralidade administrativa.

É cristalina a existência no caso concreto de questões relevantes do ponto de vista econômico, político, social e jurídico, que ultrapassem os interesses subjetivos da causa e representem pertinência para toda a coletividade, nos termos do art. 543-A, § 1.º, do CPC.

III – DOS FATOS

Prefeito de São Luis, no Estado do Maranhão, contratou servidores sem prévia dotação orçamentária, contrariando o disposto na CRFB em seu art. 169, § 1.º, e em dispositivo de mesmo número da CE daquele Estado.

Como legitimada ativa pela Constituição daquele Estado, a Ordem dos Advogados do Brasil, Seccional do Maranhão, propôs Representação de Inconstitucionalidade daquela norma face à Constituição Estadual, uma vez que no dispositivo de mesmo número, a Constituição do Estado havia reproduzido com inteiro teor o texto da CRFB.

Diante da representação, o pleno do TJ/MA, por maioria de votos, resolveu confirmar a constitucionalidade das contratações e indeferir a representação por entender constitucional a contratação do Poder Público de São Luis em face à Constituição do Estado e à CRFB.

Não restou senão o presente RE como *ultima ratio*, a fim de defender os dispositivos da Constituição da República, frente aos abusos cometidos pelo prefeito recorrido.

IV – DO DIREITO. DA DECISÃO ATACADA E DA CONTRARIEDADE À CONSTITUIÇÃO

O constituinte derivado, para manter os princípios contidos na Carta Magna de 1988 e com o intuito de proteger a administração pública, a moralidade e, inclusive, a previsão anual de despesas, para que os entes não se tornem insolventes, estabeleceu um conjunto de regras a serem adotados para a contratação de servidores da administração. Dentre essas regras, encontra-se o disposto no art. 169, § 1.º, I e II, reproduzido *in verbis*:

> "Art. 169. A despesa com pessoal ativo e inativo da União, dos Estados, do Distrito Federal e dos Municípios não poderá exceder os limites estabelecidos em lei complementar.
>
> § 1.º A concessão de qualquer vantagem ou aumento de remuneração, a criação de cargos, empregos e funções ou alteração de estrutura de carreiras, bem como a admissão ou contratação de pessoal, a qualquer título, pelos órgãos e entidades da administração direta ou indireta, inclusive fundações instituídas e mantidas pelo Poder Público, só poderão ser feitas: (Renumerado do parágrafo único, pela Emenda Constitucional n. 19, de 1998)
>
> I – se houver prévia dotação orçamentária suficiente para atender às projeções de despesa de pessoal e aos acréscimos dela decorrentes; (Incluído pela Emenda Constitucional n. 19, de 1998)
>
> II – se houver autorização específica na lei de diretrizes orçamentárias, ressalvadas as empresas públicas e as sociedades de economia mista."

Tal previsão é permeada do mais nobre objetivo de conceder à administração tempo e planejamento para contratação de servidores, bem como evitar que às vésperas de eleições haja uma desenfreada contratação de servidores, onerando a máquina pública e deixando a próxima administração com uma dívida quase impagável.

O legislador foi sensível e percebeu nitidamente que os poderes se balanceiam à medida que agem juntos, um controlando o outro, ainda que independentes entre si. Se este dispositivo não é o exemplo mais claro do que significa em termos doutrinários, mecanismos de pesos e contrapesos, como forma de harmonia entre os poderes e de manutenção da ordem constitucional vigente, aproxima-se muito de sê-lo.

Dessa forma, o mandamento expresso da Constituição é claro, sem previsão orçamentária e sem estar incluído em lei específica, o Poder Público não pode realizar tais contratações, sob pena de ir contra à Constituição da República e cometer verdadeira inconstitucionalidade administrativa.

Além de quebrar um mandamento expresso, a atitude do recorrido viola princípios caros à administração pública, como a moralidade e a estrita legalidade, consagrados no art. 37 da CRFB.

Não restou senão à OAB, como uma das defensoras mais árduas da democracia, manifestar-se contra tais atos lesivos à sociedade e levar a questão ao Judiciário.

Infelizmente, nem todos os julgadores enxergam esse atentado à ordem democrática como sendo inconstitucional ou mesmo ilegal, ainda que a previsão constitucional tenha sido reproduzida com louvor e inteiro teor na Constituição do Estado do Maranhão, os desembargadores daquele Estado-Membro não concordaram com a tese da inconstitucionalidade e acabaram, com isso, julgando por via incidental a constitucionalidade do ato praticado pelo recorrido em face à Constituição da República.

É conhecida a jurisprudência desse STF, que, via de regra, não cabe nenhum recurso senão embargos de declaração quando de ações diretas de inconstitucionalidade e suas equivalentes estaduais, as Representações de inconstitucionalidades.

Contudo, o STF entende que quando o TJ realizar controle de constitucionalidade de norma em face à Constituição do Estado que tenha mesmo teor material da contida na CRFB, ao declarar a norma local constitucional ou inconstitucional em face à Constituição do Estado, por estar realizando atividade privativa do STF, caberia RE à Corte Suprema.

Tal entendimento traz à tona a sensibilidade e o compromisso dos Ministros dessa casa em zelar pela guarda da Constituição e das competências desse Tribunal, que é o único competente para julgar, em última instância, normas que não possuem compatibilidade com o texto magno.

Pois bem, é o que acontece no caso concreto, o ato realizado pelo recorrente fere frontalmente o art. 169, § 1.º, I e II, da CRFB, que possui mesmo teor na Constituição do Estado do Maranhão, razão pela qual o presente recurso se torna a última esperança da sociedade em ver protegidos os valores contidos no texto magno.

V – DO PEDIDO

Diante do exposto, o recorrente requer o conhecimento e o provimento do presente recurso, com a reforma da respeitável decisão recorrida, a fim de que seja reconhecida a inconstitucionalidade e consequente nulidade das contratações de funcionários que não respeitaram o disposto no art. 169, § 1.º, da CRFB, como medida que fará prevalecer a justiça.

Nesses termos,

Espera deferimento.

Local e data.

Advogado/OAB

DEMAIS AÇÕES

TÍTULO XVII

PETIÇÃO INICIAL GENÉRICA

CAPÍTULO I

MODELO DE PETIÇÃO INICIAL

EXCELENTÍSSIMO SENHOR DOUTOR JUIZ DE DIREITO (OU FEDERAL) DA ______ VARA ______ DA COMARCA (OU SEÇÃO JUDICIÁRIA, OU AINDA, SUBSEÇÃO JUDICIÁRIA) DE ______

Nome, nacionalidade, estado civil, profissão, portador da carteira de identidade n. _______, inscrito no CPF/MF sob o n. _______, residente e domiciliado à _______, por seu advogado que esta subscreve, com procuração e endereço anexo, para onde devem ser remetidas as intimações (art. 39, I, do CPC), respeitosamente, perante Vossa Excelência, com fundamento no art. 282 e ss. do Código de Processo Civil, mover:

AÇÃO ORDINÁRIA

NOTA: É possível realizar pedido liminar na forma do art. 273 do CPC.

Em face do _______ (nome do réu), localizado à _______ com base nas razões de fato e de direito a seguir expostas:

I – DA LEGITIMIDADE ATIVA

NOTA: Apesar de não ser um tópico obrigatório, prudente abrir espaço para discorrer sobre a legitimidade do autor.

II – DOS FATOS

NOTA: Basta transcrever os fatos relatados na questão da prova.

III – DO DIREITO

NOTA: Sustentar seu direito com base na doutrina, jurisprudência, artigos da Constituição, Leis etc.

IV – DA MEDIDA LIMINAR

NOTA: Fundamentar no art. 273 do CPC e discorrer sobre os requisitos *fumus boni iuris* e *periculum in mora*, pois estes são pressupostos de admissibilidades dessa medida.

V – DO PEDIDO

Ante o exposto, requer:

a) seja deferida liminar, para suspender o ato lesivo;

b) a citação dos réu para, querendo, responder a presente ação no prazo legal sob pena de incidir os efeitos da revelia;

c) a intimação do ilustre representante do Ministério Público para intervir no feito até o final (somente se houver uma das hipóteses do art. 127 CRFB);

d) seja julgado procedente o pedido para _______;

e) a condenação do réu nos ônus da sucumbência.

Pretende provar o alegado por todos os meios em direito admitidos, em especial por meio da produção de prova documental e oral.

Atribui ao pleito o valor de R$ _______ (valor por extenso).

Nesses termos,

Espera deferimento.

Local e data.

Advogado/OAB

TÍTULO XVIII

EMBARGOS DE DECLARAÇÃO

CAPÍTULO I

COMPETÊNCIA

É cediço que embargos de declaração são cabíveis quando houver, na sentença ou acórdão, obscuridade, contradição ou omissão (art. 535 do CPC).

No Direito Constitucional, embargos de declaração poderão ser manejados quando for configurada uma dessas hipóteses nas ações vistas acima, principalmente em controle de constitucionalidade, pois da decisão final proferida pelo STF não caberá recurso, salvo embargos de declaração (*v.g.* art. 26 da Lei 9.868/1999).

A competência para endereçamento e análise do embargos de declaração é do Tribunal recorrido que profere a decisão obscura, contraditória ou omissa (art. 536 CPC).

O prazo para sua interposição é de cinco dias a contar da publicação da decisão guerreada.

CAPÍTULO II
MODELO DE PETIÇÃO

EXCELENTÍSSIMO SENHOR DOUTOR JUIZ DE DIREITO DA______ VARA CÍVEL DO FÓRUM REGIONAL ______ DA COMARCA DA CAPITAL DO ESTADO ______

NOTA: Estes embargos poderão ser propostos em qualquer juízo ou Tribunal. Caso o órgão que proferiu a decisão questionada for Tribunal, será dirigida ao **relator** do processo (art. 536 CPC).

Processo n. _______

Nome, já devidamente qualificado nos autos da **AÇÃO** _______ que neste MM. Juízo promove em desfavor de _______, vem, respeitosamente, perante Vossa Excelência, por seu advogado infra-assinado, opor

EMBARGOS DE DECLARAÇÃO

em face da respeitável sentença proferida, com fulcro no art. 535, I (ou II) do Código de Processo Civil, requerendo que este Juízo receba e acolha o presente recurso, cujas razões de cabimento serão a seguir declinadas.

I – DO OBJETIVO RECURSAL – DA OMISSÃO EXISTENTE NO V. *DECISUM*

Os presentes embargos declaratórios visam sanar a omissão (obscuridade ou contradição) existente na veneranda sentença prolatada por este Ilustre Magistrado, tendo em vista que Vossa Excelência não se pronunciou (ou se pronunciou contraditoriamente) quanto ao pedido autoral para que este juízo determine que os réus _______.

II – DO PEDIDO

Pelo exposto, opõe os presentes embargos de declaração, esperando que sejam recebidos e providos, com o fim de sanar a omissão (obscuridade ou contradição) existente na respeitável sentença e que seja suprido o ponto objeto dos presentes embargos, no tocante ao _______.

NOTA: Como dito anteriormente, além da "omissão", caberá esta demanda quando houver "contradição" ou "obscuridade". Nesse passo, o termo "omissão", utilizado neste modelo, foi somente exemplificativo; onde constar "omissão", pode-se substituir pelas outras duas hipóteses.

Nestes termos

Espera deferimento.

Local, Data

Advogado/OAB

TÍTULO XIX

AGRAVO REGIMENTAL

CAPÍTULO I

COMPETÊNCIA

Em Direito Constitucional, esta modalidade de recurso é importante nas ações de controle de constitucionalidade abstratas (ADI, ADC, ADIO e ADPF). Explica-se:

Ao serem propostas, essas ações serão distribuídas para um Ministro relator que poderá indeferir, monocraticamente, a inicial, de forma liminar. Sempre que inépta (art. 295, parágrafo único, do CPC), não fundamentada ou manifestamente improcedente.

Inconformado com a decisão monocrática, o legitimado poderá provocar o plenário para analisar o indeferimento, e o fará por meio do agravo regimental, também conhecido como agravo interno (arts. 4.º, parágrafo único, 12-C, parágrafo único, 15, parágrafo único, da Lei 9.868/1999 e art. 4.º, § 2.º, da Lei 9.882/1999).

A petição será endereçada ao relator que terá a faculdade de mudar sua decisão (juízo de retratação), caso não faça, apresentará o recurso em mesa, com seu voto (art. 557, § 1.º, do CPC).

O prazo para interposição deste agravo é de cinco dias a contar da publicação da decisão monocrática.

CAPÍTULO II

PETIÇÃO INICIAL

EXCELENTÍSSIMO SENHOR DOUTOR MINISTRO RELATOR _______ DO SUPREMO TRIBUNAL FEDERAL

Proc. n. _______

Nome, já devidamente qualificado nos autos da **AÇÃO _______,** que neste Egrégio Tribunal impetraram em desfavor da Lei _______, contra decisão proferida pelo MM Ministro Relator, que indeferiu liminarmente a petição inicial, vêm, respeitosamente, perante Vossa Excelência, interpor

AGRAVO REGIMENTAL

Com fulcro no artigo (depende da ação a que se refere, poderá usar os arts. 4.º, parágrafo único, 12-C, parágrafo único, 15, parágrafo único, da Lei 9.868/1999, e art. 4.º, § 2.º da Lei 9.882/1999), ante ao inconformismo do Agravante quanto à decisão monocrática proferida, cujas razões serão declinadas.

Nestes termos

Espera deferimento.

Data

Advogado/OAB

NOTA: O ideal é continuar a petição, expondo as razões recursais em outra página.

RAZÕES RECURSAIS

AGRAVANTES: _______

AGRAVADO: Excelentíssimo Ministro Relator do processo n. _______ em trâmite no Pretório Excelso.

Ilustres Julgadores

Colenda Câmara

O Legitimado moveu ação _______ buscando a declaração de _______

A petição inicial foi, de pronto, indeferida pelo Excelentíssimo Ministro Relator sob o fundamento _______

Data máxima vênia, impõe-se contradizer a respeitável decisão, por meio do presente recurso, o qual intenta o Agravante, para que Vossa Excelência, após analisar as razões recursais, exerça o juízo de retratação e, caso mantenha seu entendimento, leve o presente recurso para julgamento em mesa pelo órgão colegiado.

BREVE RELATO DOS FATOS

NOTA: Descrever a questão apresentada pelos examinadores na prova.

DA ADMISSIBILIDADE DA PRETENSÃO DAS AGRAVANTES

NOTA: Explicar por que o relator errou ao indeferir liminarmente a inicial.

DO PEDIDO

Ante ao exposto, requerem as Agravantes:

a) que o Eminente Ministro Relator aprecie os argumentos esposados pelo Agravante e, vislumbrando veracidade e legalidade, exerça o direito de retratação, para o fim de reformar a decisão proferida;

b) na hipótese de manutenção do entendimento manifestado na decisão monocrática, que apresente o recurso em mesa para julgamento perante o órgão colegiado, esperando dos Ilustres Julgadores a reforma da decisão monocrática.

Nestes termos

Espera deferimento.

Local, Data

Advogado/OAB

TÍTULO XX
AGRAVO DE INSTRUMENTO

CAPÍTULO I
COMPETÊNCIA

O agravo de instrumento em Direito Constitucional é possível em sentenças interlocutórias proferidas no curso de remédios constitucionais.

Nem em decisão que indefere recurso especial ou extraordinário caberá esta modalidade de recurso, pois, atualmente, não é necessário formar o instrumento, uma vez que nesse caso o agravo será dirigido ao órgão prolator da decisão de indeferimento. Assim, o agravo subirá com os autos, não precisando formar o "instrumento".

Ao contrário da maioria dos recursos, em que a petição é dirigida ao juízo recorrido, esta modalidade será dirigida diretamente ao juízo que analisará o recurso (art. 524 do CPC).

O prazo para interposição deste recurso é de dez dias (art. 522 do CPC).

CAPÍTULO II

MODELO DE PETIÇÃO

EXCELENTÍSSIMO SENHOR DESEMBARGADOR PRESIDENTE DO EGRÉGIO TRIBUNAL DE JUSTIÇA DO ESTADO _______

> **NOTA:** O agravo será interposto ao Presidente do Tribunal ao qual competir o julgamento de mérito.
>
> Se for Justiça Federal, poderá ser "EXCELENTÍSSIMO SENHOR DOUTOR JUIZ PRESIDENTE DO TRIBUNAL REGIONAL FEDERAL _______ REGIÃO."

Nome, nacionalidade, estado civil, profissão, portador da carteira de identidade n. _______ expedida pelo _______, inscrito no CPF sob o n. _______, residente e domiciliado na Rua _______, vem por seu advogado infra-assinado, interpor

AGRAVO DE INSTRUMENTO COM PEDIDO DE EFEITO SUSPENSIVO

em face de decisão interlocutória proferida pelo Juízo da _______ Vara de Fazenda Pública (ou cível, por exemplo) da Comarca da Capital do Estado _______, nos autos do processo n. _______, que contende com _______, com fulcro nos arts. 522 e ss. do Código de Processo Civil, pelos fundamentos de fato e de direito a seguir aduzidos.

Termos em que,

Espera deferimento.

Local, Data

Advogado/OAB

> **NOTA:** O ideal é continuar a petição, expondo as razões recursais em outra página.

RAZÕES DO RECURSO

Agravante: _______

Agravado: _______

Origem: _______

Processo: _______

Egrégio Tribunal,

Ilustres Julgadores

DA TEMPESTIVIDADE

NOTA: Demonstrar que o agravo foi interposto dentro do prazo legal (dez dias), descrito no art. 522, *caput*, do Código de Processo Civil.

BREVE RESUMO DOS FATOS

NOTA: Relatar os fatos expostos na questão de prova.

DO DIREITO

NOTA: Expor as razões jurídicas.

DA CONCESSÃO DO EFEITO SUSPENSIVO

NOTA: É possível fazer um tópico para requerer a suspensão imediata da decisão recorrida, nos termos do art. 558 do Código de Processo Civil.

DO PEDIDO

Considerando todo o exposto, o Agravante requer a esta Colenda Corte Julgadora que seja dado provimento integral ao presente recurso, reformando integralmente a decisão monocrática proferida pelo douto Juízo da _______, a fim de que seja determinada a _______

Na oportunidade, informa que os documentos exigidos pelo art. 525 do CPC estão adequadamente colacionados aos autos.

Dá ao pleito o valor de R$ _______

Termos em que,
Pede deferimento.

Local, Data
Advogado/OAB

ANEXOS

ANEXO I

QUADRO RESUMIDO DOS PRESSUPOSTOS OBRIGATÓRIOS E NECESSIDADE DE PRODUÇÃO DE PROVAS

AÇÃO	**PRESSUPOSTO OBRIGATÓRIO** **(Matérias que devem ser arguidas obrigatoriamente na petição)**	**PROVAS** **(Há requerimento de provas?)**
ADI	1. Pertinência temática (103, IV, V, IX)	Só no caso de vício na iniciativa ou no procedimento.
ADC	1. Pertinência temática (103, IV, V, IX) 2. Controvérsia judicial	Só no caso de vício na iniciativa ou no procedimento.
ADIO	1. Pertinência temática (103, IV, V, IX) 2. Norma constitucional de eficácia limitada	Não
ADPF	1. Pertinência temática (103, IV, V, IX) 2. Residualidade (art. 4.º, § 1.º, Lei 9.882/1999)	Só no caso de vício na iniciativa ou no procedimento.
HC	Não há	Não
MI	1. Norma constitucional de eficácia limitada	Não
HD	1. Tentativa extrajudicial frustrada	Não
MS	1. Residualidade 2. Direito líquido e certo 3. Tempestividade (quando a questão falar em prazo)	Não
AP	1. Cidadania ativa	Sim
ACP	Não há	Sim
RCL	1. Exaurimento da via administrativa (no caso de ato administrativo que violar Súmula Vinculante – art. 7, § 1.º, Lei 11.417/2006)	Não
ROC	Não há	Não
RESP	1. Prequestionamento	Não
REXT	1. Repercussão geral 2. Prequestionamento	Não

ANEXO II

PRINCIPAIS SÚMULAS PROCESSUAIS – ÍNDICE ALFABÉTICO-REMISSIVO

SÚMULAS DO STJ

A

C

CITAÇÃO

COMPETÊNCIA

F

H

I

J

M

P

R

T

SÚMULAS DO STF

A

C

- Deputado ou Senador acusado de crime: *Súmula 398*
- Desaforamento – Júri – Audiência da defesa: *Súmula 712*
- Desapropriação: *Súmula 218*
- Estabelecimento comercial – Horário de funcionamento: *Súmula 645*
- Foro por prerrogativa de função – Cessação do exercício profissional: *Súmula 451*
- *Habeas Corpus* Indeferimento liminar – Tribunal Superior: *Súmula 691*
- *Habeas Corpus* – Juizados Especiais Criminais: *Súmula 690*
- Latrocínio: *Súmula 603*
- Licença-prêmio – Juízes: *Súmula 731*
- Mandado de segurança – Atos de outros tribunais: *Súmula 624*
- Mandado de segurança – Deliberação administrativa do tribunal de origem: *Súmula 623*
- Mandado de segurança – Presidente do TRT: *Súmula 433*
- Mandado de segurança – TCU: *Súmula 248*
- Mandado de segurança – Tribunais de Justiça dos estados: *Súmula 330*
- Ofensa à honra – Prerrogativa de função: *Súmula 396*
- Oficiais e praças das milícias – Função policial: *Súmula 297*
- Prefeitos: *Súmula 702*
- Recurso extraordinário – Efeito suspensivo: *Súmula 634*
- SESI: *Súmula 516*
- Sociedade de economia mista: *Súmula 556*
- Tribunal do júri – Foro por prerrogativa de função: *Súmula 721*
- Vencimentos – Polícia Civil e Militar do Distrito Federal: *Súmula 647*
- Vencimentos de servidores – Aumento: *Súmula 339*

COMPOSIÇÃO DE TRIBUNAL – Lista de candidatos: *Súmula 628*

CONCURSO PÚBLICO

- Exame psicotécnico: *Súmula 686*
- Idade – Limite – Natureza do cargo: *Súmula 683*
- Idade – Restrição: *Súmula 14*
- Investidura sem prévia aprovação: *Súmula 685*
- Nomeação – Prazo de validade – Classificação: *Súmula 15*
- Posse – Funcionário nomeado: *Súmula 16*
- Veto à participação do candidato: *Súmula 684*

CONSTITUIÇÃO ESTADUAL – Controle administrativo do Poder Judiciário: *Súmula 649*

F

H

J

M

SÚMULAS VINCULANTES DO STF

T

ANEXO III

QUESTÕES DO EXAME DE ORDEM

XIV EXAME DE ORDEM UNIFICADO

PROVA PRÁTICO-PROFISSIONAL
DIREITO CONSTITUCIONAL

PEÇA PRÁTICO-PROFISSIONAL

João e José são pessoas com deficiência física, tendo concluído curso de nível superior. Diante da abertura de vagas para preenchimento de cargos vinculados ao Ministério da Agricultura, postularam a sua inscrição no número que deveria ser reservado, por força de disposição em lei federal, aos deficientes físicos com o grau de deficiência de João e José, o que restou indeferido por ato do próprio Ministro de Estado, aduzindo que a citada lei, apesar de vigente há dois anos e com plena eficácia, não se aplicaria àquele concurso, pois não houve previsão no seu edital. Irresignados, os candidatos apresentaram Mandado de Segurança originariamente no âmbito do Superior Tribunal de Justiça, tendo a seção competente, por maioria de votos, denegado a segurança, dando razão ao Ministro de Estado. Houve embargos de declaração, improvidos. Ainda inconformados, apresentaram o recurso cabível contra a decisão do colendo Superior Tribunal de Justiça.

Redigir o recurso cabível contra a decisão da Corte Especial.

QUESTÃO 1

A Imprensa Oficial do Estado "X" publicou, em 23.10.2013, a Lei 1.234, de iniciativa do Governador, que veda a utilização de qualquer símbolo religioso nas repartições públicas estaduais. Pressionado por associações religiosas e pela opinião pública, o Governador ajuíza Ação Direta de Inconstitucionalidade tendo por objeto aquela lei, alegando violação ao preâmbulo da Constituição da República, que afirma "a proteção de Deus sobre os representantes na Assembleia Constituinte".

Diante do exposto, responda, fundamentadamente, aos itens a seguir.

a) É possível o ajuizamento de uma Ação Direta de Inconstitucionalidade tendo por parâmetro preceito inscrito no preâmbulo da Constituição da República? (Valor: 0,65)

b) É possível o ajuizamento de uma Ação Direta de Inconstitucionalidade pelo Governador do Estado, tendo por objeto lei de sua iniciativa? (Valor: 0,60)

QUESTÃO 2

Sob forte influência de grandes produtores rurais, numerosos parlamentares do Congresso Nacional se mobilizam para a edição de uma Emenda à Constituição, a fim de retirar do texto constitucional a referência à função social da propriedade. Como resposta, a sociedade civil começou uma campanha de coleta de assinaturas para deflagrar a edição, por iniciativa popular, de uma Emenda para tornar crime a manutenção de propriedades improdutivas.

Com base no fragmento acima, responda aos itens a seguir.

a) Um parlamentar tem iniciativa no processo legislativo de Emenda à Constituição? E a sociedade civil? Responda fundamentadamente. (Valor: 0,60)

b) É possível a edição de Emenda com o conteúdo pretendido pelos produtores rurais? (Valor: 0,65)

QUESTÃO 3

Tício ajuizou demanda em face do Estado "X", postulando determinada prestação estatal. A sentença proferida pelo Juízo da 1.ª Vara de Fazenda Pública da Comarca da Capital, entretanto, julgou improcedente o pedido, apontando, no fundamento da decisão, os diferentes graus de eficácia das normas constitucionais, que impedem todos os efeitos pretendidos por Tício.

Com base no fragmento acima, responda, fundamentadamente, aos itens a seguir.

a) Em que medida as normas constitucionais de eficácia plena se diferenciam das normas de eficácia contida? (Valor: 0,65)

b) As normas constitucionais de eficácia limitada de princípio programático, antes da intermediação legislativa, geram algum efeito jurídico? (Valor: 0,60)

QUESTÃO 4

A circulação no Brasil do subtipo 4 do vírus da dengue e o retorno do subtipo 1 podem aumentar o número de casos graves da doença no período que, historicamente, já registra o maior contingente de infectados. Para tentar conter a epidemia, o Estado com maior índice de contágio elabora lei que obriga os médicos públicos e particulares que atuam em seu território a notificarem os casos de dengue à Secretaria de Saúde. A mesma lei, mediante outro dispositivo, imputou responsabilidade civil ao médico por falta de notificação.

Diante do caso, responda, fundamentadamente, aos itens a seguir.

a) É constitucional a obrigatoriedade de notificação dos casos de dengue? (Valor: 0,60)

b) É constitucional a responsabilização dos médicos que não notificarem? (Valor: 0,65)

A simples menção ou transcrição do dispositivo legal não pontua.

GABARITO

PADRÃO DE RESPOSTA – PEÇA

O enunciado indica a competência originária do Superior Tribunal de Justiça para julgamento dos Mandados de Segurança impetrados contra atos de Ministro de Estado, a teor do art. 105, I, b) da CRFB (Art. 105. Compete ao Superior Tribunal de Justiça: I – processar e julgar, originariamente: b) os mandados de segurança e os *habeas data* contra ato de Ministro de Estado, dos Comandantes da Marinha, do Exército e da Aeronáutica ou do próprio Tribunal; (Redação dada pela Emenda Constitucional 23, de 1999).

Ocorrendo a denegação da segurança, como afirmado, por unanimidade ou por maioria, cabe a apresentação de recurso ordinário ao Supremo Tribunal Federal, consoante o art. 102, II, a, da CRFB (II – julgar, em recurso ordinário: a) o *habeas-corpus*, o mandado de segurança, o *habeas-data* e o mandado de injunção decididos em única instância pelos Tribunais Superiores, se denegatória a decisão). Essa regra é replicada no art. 539 do CPC.

O recurso deve ser dirigido ao Presidente do STJ para encaminhamento ao STF para julgamento.

Os fundamentos do recurso devem ser:

a) reserva de vagas para os portadores de deficiência – art. 37, VIII, da CRFB (VIII – a lei reservará percentual dos cargos e empregos públicos para as pessoas portadoras de deficiência e definirá os critérios de sua admissão); ou art. 2º, III, c, da Lei 7.853/1989 ou art. 5.º, § 2.º, da Lei 8.112/1990 ou Convenção Internacional sobre os direitos das pessoas com deficiência, art. 27, 1, g.

b) preservação do princípio da legalidade, CRFB, art. 5º, II: "*ninguém será obrigado a fazer ou deixar de fazer alguma coisa senão em virtude de lei*";

c) princípio da isonomia, CRFB, art. 5º, *caput* (Todos são iguais perante a lei, sem distinção de qualquer natureza, garantindo-se aos brasileiros e aos estrangeiros residentes no País a inviolabilidade do direito à vida, à liberdade, à igualdade, à segurança e à propriedade).

Aplicam-se ao Recurso Ordinário as regras de procedimento previstas no CPC. Assim, devem ser apresentadas razões. Os recorrentes são os impetrantes, no caso os portadores de necessidades especiais e o recorrido o Ministro de Estado. Deve haver pedido de reforma da decisão atacada.

Deve ser requerida a intervenção do Ministério Público e a remessa dos autos ao STF.

Distribuição dos Pontos:

Quesito Avaliado	Valores
Cabeçalho (competência). Endereçamento da petição de interposição (STJ) (0,10)	0,00/0,10
Endereçamento das razões (STF) (0,10)	0,00/0,10
Legitimidade ativa (0,10) e passiva (0,10)	0,00/0,10/0,20
Fundamentação: cabimento do RO (0,70)	0,00/0,70
Mérito do RO: 1) Legalidade, (0,90) CRFB, art. 5.º, II (0,10)	0,00/0,90/1,00
Mérito do RO: 2) Reserva de vagas (0,90), CRFB, art. 37, VIII ou art. 2.º, III, c, da Lei 7853/1989 ou art. 5.º, § 2.º, da Lei 8112/1990 ou Convenção Internacional sobre os direitos das pessoas com deficiência, art. 27, 1, g.(0,10).	0,00/0,90/1,00
Mérito do RO: 3) Isonomia (0,90), CRFB, art. 5.º, *caput* (0,10).	0,00/0,90/1,00
Intervenção do MP (0,10)	0,00/0,10
Postulação. (0,20) Provimento do recurso com a procedência do pedido (0,30).	0,00/0,20/0,30/0,50
Requerimento de encaminhamento ao STF (0,20).	0,00/0,20
Fechamento da peça: Item 3.5.8 do Edital: Local ou Município, Data, Advogado e OAB (0,10)	0,00/0,10

PADRÃO DE RESPOSTA – QUESTÃO 1

a) Não é possível preceito inscrito no Preâmbulo da Constituição da República atuar como parâmetro ao controle concentrado de constitucionalidade (ajuizamento de Ação Direta de Inconstitucionalidade), uma vez que o preâmbulo da Constituição não tem valor normativo, apresentando-se desvestido de força cogente.

b) Por se tratar de processo objetivo, a Ação Direta de Inconstitucionalidade pode ser proposta pelo Governador do Estado mesmo se o objeto da ação for uma lei de sua iniciativa. O objetivo da ADIn é a preservação da higidez do ordenamento jurídico, desvinculado, portanto, de interesses individuais.

Distribuição dos Pontos:

Quesito Avaliado	Valores
a) Não, pois o preâmbulo da Constituição não tem valor normativo, apresentando-se desvestido de força cogente	0,00/0,65
b) Sim, pois a Ação Direta de inconstitucionalidade é um processo objetivo para preservação da higidez do ordenamento, desvinculado de interesses individuais	0,00/0,60

PADRÃO DE RESPOSTA – QUESTÃO 2

a) A resposta é negativa. O art. 60 da Constituição estabelece a iniciativa para a proposta de Emenda à Constituição: (I) um terço, no mínimo, dos membros da Câmara dos Deputados ou do Senado Federal; (II) o Presidente da República; e (III) mais da metade das Assembleias Legislativas das unidades da Federação. Desse modo, um parlamentar, isoladamente, não pode deflagrar processo legislativo de Emenda Constitucional. Do mesmo modo, a sociedade também não pode deflagrar tal processo. Não se há de confundir a iniciativa popular para a edição de leis, prevista no art. 61, § 2.º, da Constituição Federal, com a iniciativa para a edição de Emendas à Constituição.

b) A resposta também é negativa. Trata-se do tema das cláusulas pétreas, limitações materiais à possibilidade de reforma à Constituição. O art. 60, § 4.º, da Constituição de 1988, em relação ao conteúdo das Emendas à Constituição, afasta a possibilidade de supressão dos direitos e garantias individuais. E a função social é positivada na Constituição como inerente ao próprio direito à propriedade (art. 5.º, XXIII, da CRFB). Isto é, ela faz parte do próprio conteúdo do direito à propriedade, que deixa de ser considerado em uma lógica puramente individual. A função social incide sobre a estrutura e o conteúdo da propriedade, sobre a própria configuração do direito, e constitui elemento que qualifica sua situação jurídica. Desse modo, não pode ser alterada por Emenda à Constituição.

Distribuição dos pontos:

Quesito Avaliado	Valores
a) A iniciativa para a proposta de Emenda à Constituição não contempla a atuação isolada de um parlamentar (0,30) nem a iniciativa popular (0,20), nos termos do Art. 60, incisos I, II e III da Constituição (0,10).	0,00/0,20/0,30/ 0,40/0,50/0,60
b) É vedada a edição de Emendas que tenham por objeto a supressão de direitos e garantias individuais. Tanto a propriedade quanto a sua função social são elementos de um direito assegurado como cláusula pétrea pela Constituição em uma concepção que foge à dimensão puramente individual pretendida pelos produtores rurais (0,55), conforme o art. 60, § 4.º, da Constituição Federal (0,10).	0,00/0,55/0,65

PADRÃO DE RESPOSTA – QUESTÃO 3

a) O examinando deve identificar que, apesar de ambas possuírem aplicabilidade imediata, se diferenciam pela possibilidade de futura restrição em seu âmbito de eficácia. As normas de eficácia plena são aquelas que produzem a plenitude dos seus efeitos, independentemente de complementação por norma infraconstitucional. São revestidas de todos os elementos necessários à sua executoriedade, tornando possível sua aplicação de maneira direta, imediata e integral. De outro lado, as normas de eficácia contida são aquelas que, de início, produzem a plenitude dos seus efeitos, mas podem ter o seu alcance restringido pela legislação infraconstitucional. Tais normas também possuem aplicabilidade direta, imediata e integral, mas o seu alcance poderá ser reduzido, em razão da existência, na própria norma, de uma cláusula expressa de redutibilidade.

b) O examinando deve identificar que as normas constitucionais de eficácia limitada de princípio programático, apesar de dependerem da integração da lei para a produção da plenitude de seus efeitos, geram, de imediato, efeitos jurídicos. Assim, apesar de não se poder extrair de imediato, da norma, a plenitude de seus efeitos, em especial a eficácia positiva, capaz de amparar a pretensão de produção da consequência jurídica prevista na norma, é possível extrair, da norma, uma eficácia interpretativa, capaz de reger a interpretação das normas de hierarquia inferior, bem como uma eficácia negativa, isto é, a capacidade de servir de parâmetro ao controle de constitucionalidade das normas de hierarquia inferior que vierem a lhe contrariar ou ao controle de constitucionalidade das omissões do Poder Público.

Distribuição dos Pontos:

Quesito Avaliado	Valores
a) As normas de eficácia plena são as que receberam do constituinte normatividade suficiente à sua incidência imediata e independem de providência normativa ulterior para a sua aplicação (0,30), ao passo que as normas de eficácia contida, apesar de também terem recebido normatividade suficiente para reger os interesses de que cogitam, sofreram do próprio constituinte a inserção de um mecanismo ou fórmula que autoriza a futura restrição à sua incidência ou à sua aplicação em determinado caso (0,35).	0,00/0,30/0,35/0,65

b) Sim, as normas constitucionais de eficácia limitada, mesmo antes da intermediação legislativa, geram efeitos jurídicos. Apesar de não se poder extrair de imediato, da norma, a plenitude de seus efeitos, em especial a eficácia positiva, capaz de amparar eventual pretensão à produção da consequência jurídica prevista no texto, é possível extrair uma eficácia interpretativa, capaz de reger a interpretação das normas de hierarquia inferior, bem como uma eficácia negativa, isto é, a capacidade de servir de parâmetro ao controle de constitucionalidade das normas de hierarquia inferior que vierem a lhe contrariar ou ao controle de constitucionalidade das omissões do Poder Público (0,60).	0,00/0,60

PADRÃO DE RESPOSTA – QUESTÃO 4

a) Sim. A necessidade de notificação dos casos de dengue é constitucional, pois a matéria encontra-se no âmbito da competência legislativa concorrente dos Estados para legislar sobre defesa da saúde, conforme art. 24, XII, da CF.

b) Não. O dispositivo da lei estadual que atribui responsabilização civil ao médico por falta de notificação é inconstitucional; cabe à União legislar sobre essa matéria conforme o art. 22, I, da CF (ADI 2875, 20.06.2008).

Distribuição dos Pontos:

Quesito Avaliado	Valores
a) Sim. A necessidade de notificação dos casos de dengue é constitucional, pois a matéria encontra-se no âmbito da competência legislativa concorrente dos Estados para legislar sobre defesa da saúde (0,50), conforme o art. 24, XII, da CF (0,10).	0,00/0,50/0,60
b) Não. O dispositivo da lei estadual que atribui responsabilização civil ao médico por falta de notificação é inconstitucional; cabe à União legislar sobre essa matéria (0,55), conforme art. 22, I, da CF (0,10).	0,00/0,55/0,65

XIII EXAME DE ORDEM UNIFICADO

PROVA PRÁTICO-PROFISSIONAL
DIREITO CONSTITUCIONAL

PEÇA PRÁTICO-PROFISSIONAL

O Presidente da República editou o Decreto 5555, estabelecendo a obrigatoriedade, como exigência à obtenção do diploma de graduação em engenharia, de um elevado aproveitamento nas disciplinas do curso, e, para inscrição nos Conselhos Regionais, a conclusão de uma pós-graduação com carga horária mínima de 480 horas de aula. A medida tem por objetivo conferir maior controle sobre a formação do profissional, num momento de expansão das obras de infraestrutura no país.

A Confederação Sindical dos Engenheiros, entidade que reúne 18 (dezoito) Federações de sindicatos em diferentes Estados, cada uma com ao menos 10 (dez) sindicatos, procura os seus serviços para impugnar o Decreto expedido pelo Presidente da República, salientando que ele viola diretamente a Constituição, sendo certa a urgência na obtenção de um provimento judicial favorável, tendo em vista a aproximação do final de ano, época em que, tradicionalmente, são formados milhares de bacharéis em todo o território nacional.

Considerando a hipótese acima, formule a peça adequada. (Valor: 5,00)

QUESTÃO 1

Em 2004, entrou em vigor a lei estadual "X", de autoria de um deputado governista (partido A), sob protestos de alguns parlamentares da oposição (partido B), já que a lei era flagrantemente inconstitucional de acordo com a jurisprudência pacífica do STF. A oposição, contudo, venceu as eleições naquele ano e já em 2005, quando o partido B conquistou a maioria das cadeiras na Assembleia Legislativa, foi aprovada a lei Y que revogou a lei "X", ao dispor de forma distinta sobre a mesma matéria (revogação tácita), embora mantido vício de inconstitucionalidade.

A partir do caso descrito, utilizando os argumentos jurídicos apropriados e a fundamentação legal pertinente ao caso, responda aos itens a seguir.

a) Após a entrada em vigor da Lei "Y", pode o partido B ajuizar ADI, junto ao STF, pedindo a declaração de inconstitucionalidade da lei "X"? (Valor: 0,55)

b) O Procurador-Geral da República pode ajuizar ADI pedindo a declaração de inconstitucionalidade das leis "Y" e "X", sucessivamente? (Valor: 0,70)

A simples menção ou transcrição do dispositivo legal não pontua.

QUESTÃO 2

Giácomo e Giovanna são turistas italianos que, apaixonados pelo Brasil, aqui fixam residência, obtêm emprego e constituem família. Seus dois filhos, Luigi e Filipa, nasceram no Brasil, respectivamente em 1989 e 1991. Considerando que o ordenamento italiano atribui nacionalidade italiana aos filhos de seus cidadãos, ainda que nascidos no estrangeiro, responda, fundamentadamente, aos itens a seguir.

a) Filipa pode ser extraditada para a Itália, pela prática de crime comum, caso o Brasil mantenha tratado de extradição com aquele País? (Valor: 0,80)

b) A legislação ordinária pode estabelecer nova hipótese de aquisição de nacionalidade brasileira? (Valor: 0,45)

A simples menção ou transcrição do dispositivo legal não pontua.

QUESTÃO 3

O Deputado Federal "G", de matriz política conservadora, proferiu, em sessão realizada na Câmara dos Deputados, pesado discurso contra o reconhecimento legal do direito de diversas minorias. Sentindo-se lesados, representantes de diversas minorias vão a público para manifestar sua indignação.

A partir da hipótese sugerida, pergunta-se:

a) O deputado "G" pode ser condenado, civil ou penalmente, pelo discurso ofensivo que proferiu no plenário? E se proferir tal discurso durante entrevista televisiva, fora do ambiente da Câmara dos Deputados? Responda fundamentadamente. (Valor: 0,65)

b) Os vereadores possuem a chamada imunidade material? Em que condições territoriais? (Valor: 0,60)

A simples menção ou transcrição do dispositivo legal não pontua.

QUESTÃO 4

A Convenção Internacional sobre os Direitos das Pessoas com Deficiência e seu Protocolo Facultativo, assinados em Nova York, em 30 de março de 2007, foram incorporados ao ordenamento jurídico brasileiro pelo rito do art. 5.º, § 3.º, da Constituição da República.

Maria Y, portadora de necessidades especiais, consulta-o como advogado, indagando:

a) Ao ser incorporada ao ordenamento pátrio com base no art. 5.º, § 3.º, da Constituição Federal, qual o status hierárquico normativo da referida convenção internacional? (Valor: 0,40)

b) Os demais tratados internacionais sobre direitos humanos incorporados sem a observância do procedimento disposto no art. 5.º, § 3.º, da Constituição Federal, possuem o mesmo *status* hierárquico? Justifique. (Valor: 0,40)

c) A Convenção Internacional sobre os Direitos das Pessoas com Deficiência, após seu processo de internalização, de acordo com o art. 5.º, § 3.º, da Constituição Federal, pode servir de parâmetro para controle de constitucionalidade? Justifique sua resposta. (Valor: 0,45)

GABARITO

PADRÃO DE RESPOSTA – PEÇA

A peça a ser elaborada consiste em uma petição inicial de Ação Direta de Inconstitucionalidade (ADIn), a qual terá, por objeto, o Decreto expedido pelo Presidente da República, e, como parâmetros, diversos dispositivos da Constituição da República.

De início, deve-se destacar que os decretos do Chefe do Poder Executivo podem ser regulamentares ou autônomos. Na jurisprudência do STF, somente se admite a propositura de ação direta tendo por objeto decreto autônomo, aquele que inova autonomamente na ordem jurídica, e não o decreto que tenha por escopo regulamentar a lei. Isso porque o decreto regulamentar não possui autonomia normativa. Se o decreto apenas fere a lei, ou desborda dos limites regulamentares, abrir-se-á a via do controle de legalidade, e não do controle de constitucionalidade.

Desse modo, o examinando deve destacar a autonomia normativa do Decreto em questão, tendo em vista a ausência de lei da qual decorra aquele ato normativo.

A competência para julgamento da Ação Direta é do Supremo Tribunal Federal, e para essa corte deve ser endereçada a petição inicial.

Somente possuem legitimidade para propositura da Ação Direta de Inconstitucionalidade aqueles explicitados no rol do art. 103 da Constituição. No caso em análise, a Confederação Sindical dos Engenheiros tem legitimidade com base no inciso IX do citado dispositivo: entidade de classe de âmbito nacional. Deve ser demonstrado o preenchimento dos requisitos constantes dos arts. 533 a 535 da CLT ("as Confederações organizar-se-ão com o mínimo de 3 Federações" e "é facultado aos Sindicatos, quando em número não inferior a 5, desde que representem a maioria absoluta de um grupo de atividades ou profissões idênticas, similares ou conexas, organizarem-se em federação"), uma vez que tais requisitos são exigidos pela jurisprudência do Supremo Tribunal Federal.

Ainda em relação à legitimidade, o examinando deve identificar que o Supremo Tribunal Federal erigiu o requisito da pertinência temática – que se traduz na relação de congruência que necessariamente deve existir entre os objetivos estatutários ou as finalidades institucionais da entidade autora e o conteúdo material da norma questionada em sede de controle abstrato – à condição de pressuposto qualificador da própria legitimidade ativa *ad causam* para efeito de instauração do processo objetivo de fiscalização concentrada de constitucionalidade. O examinando deve demonstrar, assim, a pertinência temática, na medida em que a Confederação sindical atuará na defesa do interesse de uma classe diretamente atingida pelo decreto impugnado.

O Presidente da República, que editou a norma impugnada, deve ser indicado no polo passivo da ação.

O examinando deve formular pedido de concessão da medida cautelar, a fim de suspender a vigência do decreto cuja inconstitucionalidade arguiu. Os pressupostos à concessão da medida são o *fumus boni iuris* e o *periculum in mora*. O primeiro é demonstrado pela direta e frontal violação às normas constitucionais que estabelecem o princípio da separação de poderes, o princípio da legalidade e a liberdade de exercício de profissão; o segundo, pela proximidade da conclusão do curso de milhares de bacharéis, que restarão impossibilitados de concluir o curso e/ou obter a inscrição nos Conselhos Regionais com base em exigência sem previsão legal.

No mérito, o examinando deve demonstrar que o Decreto, a um só tempo, viola o princípio da separação de poderes (pois ingressa em atividade legislativa não autorizada pela Constituição, em violação à separação constitucional de funções entre cada um dos Poderes) e o princípio da legalidade (pois restringe direitos e disciplina matéria sujeita à lei em sentido formal).

O examinando deve demonstrar, ainda, que o Decreto viola o princípio da liberdade de exercício de atividades ou profissões, inscrito no art. 5.º, XIII, da CRFB, que estabelece ser livre o exercício de qualquer trabalho, ofício ou profissão, atendidas as qualificações profissionais que a lei estabelecer.

Por fim, deve ser apontada a violação ao princípio da razoabilidade/proporcionalidade, pois a medida prevista na lei, ainda que adequada à finalidade declarada, falha nos subprincípios da necessidade (que impõe a utilização, dentre as possíveis, da medida menos gravosa para atingir determinado objetivo) e da proporcionalidade em sentido estrito (que impõe a análise da relação custo-benefício da norma avaliada, de modo que o ônus imposto pela norma seja inferior ao benefício por ela engendrado, sob pena de inconstitucionalidade).

O examinando deve formular, expressamente, pedido de concessão da medida cautelar (a fim de suspender a vigência e a eficácia do decreto impugnado, pena de restar consolidada a violação) e, ao final, pedido de declaração da inconstitucionalidade do Decreto.

Deve ser requerida a oitiva do Ministério Público e da AGU.

Distribuição dos Pontos:

Quesito Avaliado	Valores
Endereçamento da petição inicial Ministro Presidente do Supremo Tribunal Federal.	0,0/0,20
Qualificação das partes Confederação Sindical dos Engenheiros (0,15) / Presidente da República (0,15).	0,0/0,15/0,30
Legitimidade Demonstração de que se trata de entidade de classe com atuação em todo o território nacional. **OU** confederação sindical que reúne pelo menos três federações sindicais (0,20), nos termos do disposto no art. 103, inciso IX da CRFB (0,10). *Obs.: a mera indicação do dispositivo legal não pontua.*	0,0/0,20/0,30

Demonstração da pertinência temática A matéria versada no decreto impugnado tem conexão temática com os objetivos institucionais (estatutários) da Confederação Sindical autora.	0,0/0,40
Cabimento da ADIn (a) A despeito de se tratar de um Decreto, não se trata de ato de regulamentação da lei, mas sim de ato normativo primário, que inova na ordem jurídica.	0,0/0,40
Cabimento da ADIn (b) O Decreto representa direta violação ao princípio da separação de poderes e ao princípio da legalidade, e porá em risco a graduação de milhares de bacharéis.	0,0/0,40
Fundamentação para a pretensão de anulação **1.** violação ao princípio da **separação de poderes** (0,40), previsto no art. 2.º da CRFB (0,10) *Obs.: a simples menção do dispositivo legal não pontua.*	0,0/0,40/0,50
Fundamentação para a pretensão de anulação **2.** violação ao princípio da **legalidade** (0,40), previsto no art. 5.º, inciso II **OU** no art. 37 **OU** art. 84, inciso IV, todos da CRFB (0,10) *Obs.: a simples menção do dispositivo legal não pontua.*	0,0/0,40/0,50
Fundamentação para a pretensão de anulação **3.** violação da norma da **liberdade do exercício profissional** (0,40), prevista no artigo 5º, inciso XIII da CRFB (0,10) *Obs.: a simples menção do dispositivo legal não pontua.*	0,0/0,40/0,50
Fundamentação para a pretensão de anulação **4.** violação ao princípio da **razoabilidade/proporcionalidade** (0,20), previsto no artigo 1º **OU** artigo 5º, incisos LIV da CRFB (0,10) *Obs.: a simples menção do dispositivo legal não pontua.*	0,0/0,20/0,30
Demonstração da presença dos requisitos para concessão de medida cautelar *fumus boni iuris* (0,15) e o *periculum in mora* (0,15).	0,0/0,15/0,30
Pedidos 1. suspensão dos efeitos do decreto até decisão final (0,30).	0,0/0,30
Pedidos 2. declaração de inconstitucionalidade do decreto (0,30).	0,0/0,30
Pedidos 3. Requerimento de oitiva do Ministério Público (0,10).	0,0/0,10
Pedidos 4. Requerimento de oitiva da AGU (0,10).	0,0/0,10
Fechamento da peça conforme o item 3.5.8 do Edital: Local ou Município..., Data..., Advogado... e OAB...	0,0/0,10

PADRÃO DE RESPOSTA – QUESTÃO 1

a) Não, pois lei revogada não pode ser objeto de ADI. Faltaria objeto, pois, uma vez revogada, não mais estaria no mundo.

b) Sim, pois se a lei Y fosse declarada inconstitucional, voltaria a vigorar a lei X, e o Procurador-Geral da República já poderia pedir a inconstitucionalidade na mesma ADI, conforme entendimento atual do STF.

OU

Não, o Procurador-Geral da República pode pedir a inconstitucionalidade da lei Y e, declarada sua inconstitucionalidade, que não haja efeito repristinatório em relação à lei X, conforme entendimento atual do STF.

Distribuição dos Pontos:

Quesito Avaliado	Valores
a) Não, pois lei revogada não pode ser objeto de ADI (0,55).	0,00/0,55
b) Sim. A lei "X" voltará a vigorar e, consequentemente, será passível de controle (0,35). Indicação da legitimação universal do Procurador-Geral da República (0,35). **OU** Não, o Procurador-Geral da República pode pedir a inconstitucionalidade da lei Y (0,35) e, declarada sua inconstitucionalidade, que não haja efeito repristinatório em relação à lei X (0,35), conforme entendimento atual do STF.	0,00/0,35/0,70

PADRÃO DE RESPOSTA – QUESTÃO 2

a) A resposta é negativa. A despeito da previsão constante da legislação italiana, Filipa é brasileira nata, conforme previsão constante do art. 12, inciso I, da Constituição. Além disso, o artigo 12, § 4º, II, "a", dispõe que não perde a nacionalidade brasileira aquele que tiver reconhecida a sua nacionalidade originária pela lei estrangeira, caso de Filipa. E os brasileiros natos não podem ser extraditados, conforme art. 5.º, inciso LI, da Constituição.

b) A resposta também é negativa. As hipóteses de outorga da nacionalidade brasileira, quer se trate de nacionalidade originária quer se trate de nacionalidade derivada, decorrem exclusivamente do texto constitucional.

Distribuição dos Pontos:

Quesito Avaliado	Valores
a-1) Não, pois Filipa é brasileira nata (0,30), na forma do artigo 12, I, da Constituição (0,10).	0,00/0,30/0,40

a-2) Os brasileiros natos não podem ser extraditados (0,30), conforme artigo 5º, inciso LI, da Constituição (0,10).	0,00/0,30/0,40
b) Não. As hipóteses de outorga da nacionalidade brasileira, quer se trate de nacionalidade originária quer se trate de nacionalidade derivada, decorrem exclusivamente do texto constitucional (0,45).	0,00/0,45

PADRÃO DE RESPOSTA – QUESTÃO 3

a) O examinando deve indicar que, conforme previsão constante da Constituição, aos Deputados é garantida a imunidade material, civil e penal, pela qual os parlamentares federais são invioláveis e irresponsáveis pelas suas opiniões e votos quando o fazem na qualidade de agentes políticos. O dispositivo constitucional que assegura tal direito é o art. 53, *caput*, da Constituição: "*os Deputados e Senadores são invioláveis, civil e penalmente, por quaisquer de suas opiniões, palavras e votos*." Portanto, o deputado "G" não pode ser condenado pelo discurso proferido, ainda que ofensivo às minorias. Deve ser indicado que a imunidade material se estende para os discursos proferidos fora do ambiente do Congresso Federal, desde que proferidos em razão do exercício do mandato parlamentar (isto é, na qualidade de agentes políticos). Nesse sentido é a jurisprudência pacífica do Supremo Tribunal Federal.

b) O examinando deve identificar que a garantia constitucional da imunidade parlamentar em sentido material também alcança os vereadores, para excluir a responsabilidade civil e penal do membro do Poder Legislativo, por danos eventualmente resultantes de manifestações, orais ou escritas, desde que motivadas pelo desempenho do mandato (prática *in officio*) ou externadas em razão deste (prática *propter officium*). Tratando-se de vereador, a inviolabilidade constitucional que o ampara no exercício da atividade legislativa estende-se às opiniões, palavras e votos por ele proferidos, mesmo fora do recinto da própria Câmara Municipal, desde que nos estritos limites territoriais do Município a que se acha funcionalmente vinculado, conforme previsão constante do art. 29, VIII, da Constituição Federal.

Distribuição dos Pontos:

Quesito Avaliado	Valores
a) Não, pois da Constituição Federal assegura aos Deputados a chamada imunidade material, pela qual os parlamentares federais são invioláveis, civil e penalmente, pelas suas opiniões, palavras e votos (0,20). A imunidade material se estende para fora do âmbito do Congresso, em qualquer ambiente que o parlamentar federal se encontre, desde que o discurso seja motivado pelo desempenho do mandato ou externado em razão deste (0,35), conforme o artigo 53 da CRFB (0,10).	0,00/0,20/0,30/0,35/ 0,45/0,55/0,65

b) Os vereadores possuem imunidade material (0,30), com base no art. 29, VIII (0,10). A imunidade material fica restrita à circunscrição municipal em que ele exerce mandato (0,20).	0,00/0,20/0,30/ 0,40/0,50/0,60

PADRÃO DE RESPOSTA – QUESTÃO 4

a) O examinando deve identificar que a referida convenção internacional possui status de norma constitucional (Emenda Constitucional), pois foi aprovada de acordo com o rito de incorporação do art. 5.º, § 3.º, da Constituição Federal.

b) O examinando deve identificar que os tratados internacionais de direitos humanos não incorporados segundo o procedimento do art. 5.º, § 3.º, da Constituição Federal, possuem status hierárquico de norma supralegal, conforme restou consolidado na jurisprudência do Supremo Tribunal Federal.

c) O examinando deve identificar que, após sua incorporação conforme o procedimento descrito pelo art. 5.º, § 3.º, a convenção possui *status* de norma constitucional. Deste modo, pode vir a ser considerada como parâmetro para controle de constitucionalidade, assim como as demais normas da Constituição da República.

Distribuição dos Pontos:

Quesito Avaliado	Valores
a) A convenção internacional possui status de norma constitucional (emenda constitucional), conforme a dicção do artigo 5º § 3º da CRFB (0,40).	0,00/0,40
b) Os tratados de direitos humanos não incorporados segundo o procedimento do artigo 5º, § 3º, da Constituição Federal, possuem status hierárquico de norma supralegal (0,40).	00,00/0,40
c) Sim, pois a convenção internacional adquiriu *status* normativo constitucional, conforme previsão constante do art. 5.º, § 3.º, da CRFB (0,45).	0,00/0,45

XII EXAME DE ORDEM UNIFICADO

PROVA PRÁTICO-PROFISSIONAL DIREITO CONSTITUCIONAL

PEÇA PRÁTICO-PROFISSIONAL

Após mais de 40 (quarenta) dias de intensa movimentação popular, em protestos que chegaram a reunir mais de um milhão de pessoas nas ruas de diversas cidades do Estado, e que culminaram em atos de violência, vandalismo e depredação de patrimônio público e particular, o Governador do Estado X edita o Decreto nº 1968.

A pretexto de disciplinar a participação da população em protestos de caráter público, e de garantir a finalidade pacífica dos movimentos, o Decreto dispõe que, além da prévia comunicação às autoridades, o aviso deve conter a identificação completa de todos os participantes do evento, sob pena de desfazimento da manifestação. Além disso, prevê a revista pessoal de todos, como forma de preservar a segurança dos participantes e do restante da população.

Na qualidade de advogado do Partido Político "Frente Brasileira Unida", de oposição ao Governador, você ajuizou uma Ação Direta de Inconstitucionalidade, perante o Tribunal de Justiça do Estado X, alegando a violação a normas da Constituição do Estado referentes a direitos e garantias individuais e coletivos (que reproduzem disposições constantes da Constituição da República).

O Plenário do Tribunal de Justiça local, entretanto, por maioria, julgou improcedente o pedido formulado, de declaração de inconstitucionalidade dos dispositivos do Decreto estadual, por entender compatíveis as previsões constantes daquele ato com a Constituição do Estado, na interpretação que restou prevalecente na corte. Alguns dos Desembargadores registraram em seus votos, ainda, a impossibilidade de propositura de ação direta tendo por objeto um decreto estadual.

Entendendo que a decisão da corte estadual, apesar de não conter obscuridade, omissão ou contradição, foi equivocada, e que não apenas as disposições do Decreto são inconstitucionais como também a própria interpretação dada pelo Tribunal de Justiça é incompatível com o ordenamento jurídico nacional, os dirigentes do Partido pedem que você proponha a medida judicial cabível a impugnar aquela decisão.

Elabore a peça judicial adequada. (Valor: 5,0)

QUESTÃO 1

Insatisfeito com a demora para a efetivação das desapropriações necessárias à construção de uma rodovia federal, o Presidente da República editou o Decreto 9.999, por meio do qual, expressamente, determinou a revogação do Decreto-Lei 3.365/1941, que dispunha sobre a desapropriação por utilidade pública, e, ao mesmo tempo, institui novo regramento a respeito do tema.

Sobre a hipótese apresentada, responda, justificadamente, aos itens a seguir.

a) Em nosso ordenamento jurídico constitucional, existe previsão para a edição de decreto autônomo? (Valor: 0,50)

b) É possível a revogação do Decreto-Lei 3.365/1941 pelo decreto presidencial? (Valor: 0,75)

QUESTÃO 2

Com a aproximação do pleito eleitoral, o Prefeito do Município ABC, que concorrerá à reeleição, vem tentando resgatar a sua imagem, desgastada por conta de sucessivos escândalos. O Prefeito deu início a uma série de obras públicas de embelezamento da cidade e quadruplicou as receitas destinadas à publicidade. Para fazer face a essas despesas, o Município deixou de aplicar o mínimo exigido da receita municipal na manutenção e desenvolvimento do ensino e nas ações e serviços públicos de saúde e anunciou corte ainda maior nas verbas destinadas à educação e saúde para o exercício financeiro seguinte.

Considerando que a Constituição da República autoriza a intervenção nessa hipótese, responda, fundamentadamente, aos itens a seguir.

a) A União pode intervir nos Municípios, caso o Estado deixe de fazê-lo? (Valor: 0,65)
b) Caso o Governador decrete a intervenção do Estado no Município, tal ato estará sujeito a alguma forma de controle político? (Valor: 0,60)

QUESTÃO 3

O Estado "Z" editou lei que institui uma Taxa de Fiscalização de Estradas, impondo o pagamento de uma elevada quantia para o acesso ou para a saída do território daquele Estado por meio rodoviário.

Sobre a hipótese sugerida, responda, fundamentadamente, aos seguintes itens.

a) O Governador do Estado "Y" pode impugnar a lei editada pela Assembleia Legislativa do Estado "Z" por meio de Ação Direta de Inconstitucionalidade? (Valor: 0,65)
b) Caso a lei do Estado "Z" seja impugnada por um partido político, por meio de Ação Direta de Inconstitucionalidade, pode prosseguir a ação em caso de perda superveniente da representação do partido no Congresso Nacional? (Valor: 0,60)

QUESTÃO 4

Após intenso debate, a Assembleia Legislativa do Estado X editou a Lei 1.001, de iniciativa do Deputado "M", que prevê a obrigatoriedade de instalação, em até 360 (trezentos e sessenta dias), de um sistema eletrônico de limitação da velocidade de veículos automotores, de baixo custo, a fim de reduzir o número de acidentes com vítimas nas estradas estaduais. Irritado, o Deputado "P", da oposição, quando procurado por jornalistas, afirmou que estava envergonhado daquele dia, pois a lei aprovada era "uma piada, uma palhaçada, ridícula", protegia os empresários, e não a população e só poderia ter, como origem, um Deputado associado a grupos interessados no mercado de peças automotivas.

Considerando o exposto, responda fundamentadamente, aos itens a seguir.

a) O Deputado "P" pode ser responsabilizado pelas ofensas proferidas durante a entrevista? (Valor: 0,85)

b) É válida a lei estadual que impôs a obrigatoriedade de instalação de sistema de controle de velocidade de veículos automotores? (Valor: 0,40)

GABARITO

PADRÃO DE RESPOSTA – PEÇA

A peça a ser elaborada consiste em um Recurso Extraordinário contra decisão proferida em sede de Ação Direta de Inconstitucionalidade, nos termos do art. 102, III, c, da CRFB/1988.

No caso, a ação direta de controle tendo como parâmetro a Constituição do Estado tem previsão no art. 125, § 2.º da Constituição da República. É possível a interposição de Recurso Extraordinário contra decisão proferida pelo Tribunal de Justiça em seu julgamento, a fim de que seja apreciada, pelo Supremo Tribunal Federal, a norma da Constituição da República repetida na Constituição Estadual, mas interpretada, pelo Tribunal de Justiça local, em sentido incompatível com o da Constituição da República.

O Recurso deve ser endereçado ao Presidente do Tribunal de Justiça local, com as razões recursais dirigidas ao Supremo Tribunal Federal.

O Partido Político é o recorrente. Recorrido é o órgão do qual emanou a norma impugnada (isto é, o Governador do Estado).

Apesar de não constar do voto vencedor a impossibilidade de controle de constitucionalidade de decreto por meio de ação direta, o examinando deve demonstrar o cabimento da via eleita para a impugnação do Decreto estadual, pois, a despeito de se tratar de um Decreto, não é um ato de regulamentação da lei, mas ato normativo primário, que inova autonomamente a ordem jurídica. O examinando deve indicar, em sua peça, todos os elementos que permitam o seu conhecimento e também o seu provimento, afastando, desde o início, argumentos desfavoráveis à pretensão que defende.

O examinando deve demonstrar o cumprimento do requisito da Repercussão Geral, que encontra previsão no art. 102, § 3.º, da Constituição, e que deve ser demonstrado pela existência de questões relevantes do ponto de vista econômico, político, social ou jurídico, que ultrapassem os interesses subjetivos da causa, ou seja, a questão suscitada não pode ser benéfica somente para o caso concreto proposto, mas para o interesse da coletividade, na forma do art. 543-A, § 1.º, do CPC. No caso apresentado, a repercussão geral pode ser demonstrada pela ofensa a direitos fundamentais titularizados por toda a coletividade, uma vez que a norma cria restrição excessiva ao exercício de direito constitucionalmente assegurado, e o faz sem previsão em lei.

No mérito, o examinando deve demonstrar que o decreto impugnado viola o princípio da legalidade, na formulação do art. 5.º, II, da Constituição da República, uma vez que não se pode criar restrição a direito senão em virtude de lei.

O decreto viola o art. 5.º, XVI, da Constituição, que assegura o direito de reunião em locais abertos ao público, independentemente de autorização, desde que não frustrem outra reunião anteriormente convocada para o mesmo local, sendo apenas exigido prévio aviso à autoridade competente. Ou seja, qualquer outra exigência que venha a ser formulada como condição de exercício do direito é inconstitucional.

Ainda ocorre a violação ao art. 5.º, da CRFB, que trata do princípio da liberdade de expressão.

Por fim, deve ser indicada a violação ao princípio da razoabilidade/proporcionalidade, pois, ainda que se entendesse possível a restrição ao direito de reunião, a restrição veiculada pelo decreto, no caso analisado, falha nos subprincípios da necessidade (que impõe a utilização, dentre as possíveis, da medida menos gravosa para atingir determinado objetivo) e da proporcionalidade em sentido estrito (que impõe a análise da relação custo/benefício da norma avaliada, de modo que o ônus imposto pela norma seja inferior ao benefício por ela engendrado, sob pena de inconstitucionalidade).

O examinando, ao final, deve formular pedido de reforma da decisão recorrida, para fim de ver declarada a inconstitucionalidade do Decreto editado pelo Governador do Estado, bem como requerer a notificação do Ministério Público.

Distribuição dos Pontos:

Quesito Avaliado	Valores
Endereçamento do Recurso: Presidente do Tribunal de Justiça local.	0,00/0,20
Endereçamento das Razões Recursais: Presidente do Supremo Tribunal Federal.	0,00/0,20
Recorrente e Recorrido Partido Político "Frente Brasileira Unida" / Governador do Estado.	0,00/0,20/0,40
Cabimento do Recurso Extraordinário Recurso Extraordinário contra decisão em Representação de Inconstitucionalidade (0,40), no termos do disposto no art. 102, III, c, da CRFB/1988. (0,10) Obs.: A mera citação do dispositivo legal não pontua.	0,00/0,40/0,50
Possibilidade de controle concentrado tendo por objeto decreto estadual A despeito de se tratar de um Decreto, não é um ato de regulamentação da lei, mas sim de ato normativo primário, que extrai seu fundamento de validade da Constituição.	0,00/0,50

Demonstração da Repercussão Geral Existência de questões relevantes do ponto de vista econômico, político, social ou jurídico, que ultrapassem os interesses subjetivos da causa (0,50), nos termos do disposto no art. 102, § 3.º, da CRFB/1988 (0,10). Obs.: A mera citação do dispositivo legal não pontua.	0,00/0,50/0,60
Fundamentação para a pretensão de anulação 1. violação ao princípio da legalidade (0,50) 2. violação ao art. 5.º, XVI, da CRFB (0,50) 3. violação ao art. 5.º, IV, da CRFB (0,50) 4. violação ao princípio da razoabilidade / proporcionalidade (0,50)	0,00/0,50/1,00/1,50/2,00
Pedidos Procedência da ação direta proposta no plano estadual / declaração da inconstitucionalidade da norma estadual	0,00/0,40
Requerimento de notificação do Ministério Público	0,00/0,10
Fechamento da Peça: Data, Local, Advogado, OAB ... nº...	0,00/0,10

PADRÃO DE RESPOSTA – QUESTÃO 1

A resposta é positiva. "A Emenda Constitucional 32/2001, que modificou a redação do art. 84, VI, da Constituição da República, permitiu, em nosso ordenamento pós-Constituição de 1988, o chamado 'decreto autônomo', isto é, aquele decreto de perfil não regulamentar, cujo fundamento de validade repousa diretamente na Constituição". Contrapõe-se aos chamados decretos regulamentares, ou de execução, previstos no art. 84, IV, da Constituição, que não criam, modificam ou extinguem direitos, mas apenas desenvolvem a lei já existente, de onde buscam fundamento de validade. Tanto assim que o Supremo Tribunal Federal admite o controle, por via de ação direta de inconstitucionalidade, do decreto autônomo, revestido de conteúdo normativo, mas não o admite quando se tratar de decreto de regulamentação da lei.

OU

A resposta é negativa. O princípio da legalidade, de acordo com o art. 5.º, II, da CRFB/1988, em harmonia com o art. 84, VI, da CRFB, não permite a existência de decretos autônomos no ordenamento jurídico brasileiro, ou seja, regulamentos com a capacidade de inovar primariamente a ordem jurídica.

b) A resposta é negativa. Em primeiro lugar, a desapropriação é matéria que exige lei em sentido formal para a sua disciplina, conforme previsão constante do art. 5º, XXIV, da Constituição. Desse modo, o Decreto Lei 3.365/1941, que se reveste de forma não mais existente em nosso ordenamento, foi recepcionado com *status* de lei ordinária, e somente por essa forma legislativa pode ser revogado ou alterado. A mesma conclusão pode ser extraída do princípio da legalidade, que condiciona restrição a direito à existência de lei em sentido formal.

Além disso, o decreto autônomo só encontra espaço, em nosso ordenamento, para as hipóteses do art. 84, VI, da Constituição, cabendo-lhe, no mais, apenas a regulamentação das leis. Por essa razão, decreto que cria disciplina nova ou que revoga ato normativo hierarquicamente superior exorbita da disciplina constitucional. Nesse mesmo sentido, o Supremo Tribunal Federal já se manifestou, reiteradas vezes, afirmando que "falece competência ao chefe do Poder Executivo para expedir decreto destinado a paralisar a eficácia de ato normativo hierarquicamente superior" e a possibilidade de "controle de constitucionalidade de decretos que determinam a suspensão de lei complementar e a introdução de inovações legislativas, em extrapolação da função regulamentar".

Distribuição dos Pontos:

Quesito Avaliado	Valores
a) Sim, o decreto autônomo, isto é, aquele que busca seu fundamento de validade diretamente do texto constitucional, não se destinando meramente à regulamentação da lei (0,40), encontra previsão expressa no art. 84, VI, da CRFB (0,10). OU A resposta é negativa. O princípio da legalidade não permite a existência de decretos autônomos no ordenamento jurídico brasileiro, ou seja, regulamentos com a capacidade de inovar primariamente a ordem jurídica (0,40), de acordo com o art. 5.º, II, da CRFB/1988, em harmonia com o art. 84, VI, da CRFB (0,10). Obs.: A mera citação do dispositivo legal não pontua.	0,00/0,40/0,50
b) Não é possível a revogação. A desapropriação exige lei em sentido formal para a sua disciplina, conforme art. 5º, XXIV, da Constituição. Desse modo, o Decreto Lei 3.365/1941, que se reveste de forma não mais existente em nosso ordenamento, foi recepcionado com *status* de lei ordinária, e somente por essa forma legislativa pode ser revogado ou alterado, corolário do princípio da legalidade e do princípio do paralelismo de formas (0,50). Além disso, o decreto autônomo só encontra espaço, em nosso ordenamento, para as hipóteses do art. 84, VI, da Constituição, cabendo-lhe, no mais, apenas a regulamentação das leis. Por essa razão, decreto que cria disciplina nova ou que revoga ato normativo hierarquicamente superior exorbita da disciplina constitucional (0,25).	0,00/0,25/0,50/0,75

PADRÃO DE RESPOSTA – QUESTÃO 2

a) A resposta é negativa. A intervenção é medida excepcional, que só poderá ocorrer nas hipóteses taxativamente enumeradas no texto constitucional. E a

Constituição somente autoriza a intervenção federal em Estados ou em Municípios situados em territórios federais (arts. 34 e 35 da CRFB), mas não a intervenção federal em municípios situados em Estados (ainda que haja omissão do Estado). Nesse sentido, o Supremo Tribunal Federal, de longa data, deixou assentada essa impossibilidade, registrando que os municípios situados no âmbito dos estados-membros não se expõem à possibilidade constitucional de sofrerem intervenção decretada pela União, eis que, relativamente a esses entes municipais, a única pessoa política ativamente legitimada a neles intervir é o Estado-Membro. Por isso mesmo, no sistema constitucional brasileiro, falece legitimidade ativa à União para intervir em quaisquer Municípios, ressalvados, unicamente, os Municípios localizados em Território Federal.

b) A resposta é positiva. A intervenção estadual no município, no caso descrito, é ato executado pelo Chefe do Poder Executivo (Governador). Nada obstante, a própria Constituição da República estabelece o controle político a posteriori da Assembleia Legislativa do Estado sobre o Decreto de intervenção expedido pelo Governador (art. 36, § 1.º, CRFB).

Distribuição dos Pontos:

Quesito Avaliado	Valores
a) Não, pois a intervenção é medida excepcional, que só poderá ocorrer nas hipóteses taxativamente enumeradas no texto constitucional. E a Constituição somente autoriza a intervenção federal em estados ou em municípios situados em territórios federais (0,45) – arts. 34 (0,10) e 35 (0,10) da CRFB. Entretanto veda a intervenção federal em municípios situados em estados (ainda que haja omissão do Estado). Obs.: A mera citação do dispositivo legal não pontua.	0,00/0,45/0,55/0,65
b) Sim, pois a própria Constituição da República estabelece o controle político *a posteriori* da Assembleia Legislativa do Estado sobre o decreto de intervenção expedido pelo Governador (0,50), de acordo com art. 36, § 1.º, CRFB (0,10). Obs.: A mera citação do dispositivo legal não pontua.	0,00/0,50/0,60

PADRÃO DE RESPOSTA – QUESTÃO 3

a) O examinando deve identificar que, no caso de Ação Direta de Inconstitucionalidade proposta por Governador de um Estado tendo por objeto lei de outro Estado da Federação, impõe-se a demonstração do requisito da "pertinência temática". Esse requisito se refere à comprovação, por alguns legitimados, de que o objeto da instituição guarda relação (pertinência) com o pedido da ação direta proposta por referida entidade, tendo em vista a repercussão do ato sobre os interesses do Estado. A pertinência temática é requisito construído, de longa data, pela jurisprudência do Supremo Tribunal Federal. Nesse sentido, seria necessário que o Governador de um Estado da Federação demonstrasse que o conteúdo debatido em tal ação de controle de constitucionalidade (isto é, a lei de outro Estado da Federação) tem ligação, no mínimo indireta, com o interesse do seu Estado e de sua população.

b) O examinando deve identificar que a perda superveniente de representação no Congresso Nacional não obsta o prosseguimento da Ação Direta de Inconstitucionalidade. Isso porque a aferição da legitimidade há de ser feita no momento da propositura da ação, uma vez que se trata de processo objetivo e indisponível. O próprio Supremo Tribunal Federal superou antiga jurisprudência que apontava a descaracterização superveniente da legitimidade no caso de perda de bancada legislativa no Congresso Nacional após a propositura da demanda.

Distribuição dos Pontos:

Quesito Avaliado	Valores
a) Sim, desde que demonstre a existência de pertinência temática, isto é, a relação (vínculo) entre a norma impugnada e os interesses do Estado que governa (0,55). Legitimidade do governador, art. 103, V, da CRFB (0,10). Obs.: A mera citação do dispositivo legal não pontua.	0,00/0,55/0,65
b) Sim, a ação pode prosseguir. A ação Direta de Inconstitucionalidade é um processo objetivo, em que não há interesses subjetivos, de modo que a aferição da legitimidade há de ser feita no momento da propositura da ação, e não em momento posterior (0,60).	0,00/0,60

PADRÃO DE RESPOSTA – QUESTÃO 4

a) A resposta é negativa. A Constituição assegura aos Deputados e Senadores, em seu art. 53, a inviolabilidade, civil e penal, por suas opiniões, palavras e votos. Trata-se da chamada imunidade material. Essa inviolabilidade, ou imunidade material também abrange, sob seu manto protetor, as entrevistas jornalísticas e as declarações feitas aos meios de comunicação social, uma vez que tais manifestações – desde que vinculadas ao desempenho do mandato – se qualificam como natural projeção do exercício das atividades parlamentares. Nesse sentido é a jurisprudência consolidada do Supremo Tribunal Federal. Por essa razão, "P" não pode ser responsabilizado pelas ofensas proferidas a outro Deputado durante a entrevista.

b) A resposta é negativa. A Constituição estabelece um sistema de repartição de competências legislativas, atribuindo privativamente à União legislar sobre trânsito e transportes (art. 22, XI). Nesse sentido, não se admite aos Estados a edição de lei que disponha sobre a adoção de mecanismos ou sistemas eletrônicos de controle da velocidade de veículos automotores, por constituir invasão de tema reservado à competência privativa da União. Nesse sentido já se manifestou o Supremo Tribunal Federal, em reiteradas ocasiões.

Distribuição dos Pontos:

Quesito Avaliado	Valores
a) Não, pois a Constituição assegura aos Deputados e Senadores, em seu art. 53, a inviolabilidade, civil e penal, por suas opiniões, palavras e votos. Trata-se da chamada imunidade material (0,40). Essa inviolabilidade, ou imunidade material também abrange, sob seu manto protetor, as entrevistas jornalísticas e as declarações feitas aos meios de comunicação social, uma vez que tais manifestações – desde que vinculadas ao desempenho do mandato – se qualificam como natural projeção do exercício das atividades parlamentares (0,45). Obs.: A mera citação do dispositivo legal não pontua.	0,00/0,40/0,45/0,85
b) Não, pois compete privativamente à União legislar sobre trânsito e transporte (0,30), na forma do art. 22, XI, da CRFB (0,10). Obs.: A mera citação do dispositivo legal não pontua.	0,00/0,30/0,40

XI EXAME DE ORDEM UNIFICADO

PROVA PRÁTICO-PROFISSIONAL
DIREITO CONSTITUCIONAL

PEÇA PRÁTICO-PROFISSIONAL

Fábio é universitário, domiciliado no Estado K e pretende ingressar no ensino superior através de nota obtida pelo Exame Nacional, organizado pelo Ministério da Educação. Após a divulgação dos resultados, Fábio é surpreendido com seu baixo desempenho nas questões discursivas, a transparecer que não corrigiram adequadamente sua prova, ou deixaram de lançar ou somar as notas das questões, o que inviabiliza seu ingresso na entidade preferida. Não há previsão de vista de prova e nem de recurso administrativo no edital, sendo certo que existe agente público do Ministério da Educação responsável pelo exame em cada estado da federação, denominado de Coordenador Estadual do Exame Nacional, sediado na capital. Fábio requereu vista de prova e revisão da mesma ao Coordenador Estadual do Exame Nacional, tendo o seu pedido sido indeferido, por ausência de previsão editalícia. Inconformado, Fábio contrata advogado que impetra mandado de segurança, objetivando ter vista da prova, tendo a liminar sido indeferida, sem interposição de recurso. Após 30 dias de tramitação, surge sentença que julga improcedente o pedido, confirmando a legalidade da recusa de acesso à prova por falta de previsão no edital. A decisão restou clara, sem qualquer vício de omissão, contradição ou obscuridade. Foram opostos embargos de declaração, os quais foram rejeitados. Fábio, por meio do seu advogado, apresenta o recurso pertinente. **Redija a peça recursal cabível ao tema.**

A simples menção ou transcrição do dispositivo legal não pontua. (Valor: 5,0)

QUESTÃO 1

Determinado Estado-membro aprovou uma lei que incluiu a disciplina de formação para o trânsito nos currículos do 1.º e do 2.º graus de ensino da rede pública estadual.

A esse respeito, responda aos itens a seguir, utilizando os argumentos jurídicos apropriados e a fundamentação legal pertinente ao caso.

a) Analise a constitucionalidade dessa lei estadual. (Valor: 0,65)
b) O Governador de outro Estado pode ajuizar ADI ou ADPF contra esta lei? Por qual(is) motivo(s)? (Valor: 0,60)

A simples menção ou transcrição do dispositivo legal não pontua.

QUESTÃO 2

Morales, de nacionalidade cubana, participante de *reality show* produzido e divulgado por emissora de televisão brasileira, alega que teve o seu direito fundamental à intimidade violado, ao serem amplamente divulgadas imagens suas em ato de convulsão, decorrentes de disfunção epilética que possui. Assim, após sua saída do programa, ingressa com demanda em face da emissora de televisão.

Considerando o fato acima descrito, responda fundamentadamente:

a) É possível invocar um direito fundamental, previsto na Constituição, em uma demanda movida contra um particular? (Valor: 0,65)
b) Seria correto o argumento, posto em sede de defesa, que a norma constitucional que resguarda o direito à intimidade não pode ser invocado, tendo em vista a ausência de lei disciplinando o dispositivo constitucional? (Valor: 0,60)

QUESTÃO 3

O partido político "X" move, perante o Supremo Tribunal Federal, ação direta de inconstitucionalidade contra a lei do Estado "Y", que dispõe sobre licitações e contratos administrativos no âmbito daquele Estado federado, para atender às suas peculiaridades, sem afrontar normas gerais preexistentes.

O partido alega que a referida lei estadual é inconstitucional, uma vez que a competência privativa para legislar sobre a matéria é da União, conforme o art. 22, XXVII, da Constituição da República.

Parecer da Procuradoria-Geral da República opina no sentido do não conhecimento da ação, uma vez que o partido político "X" possui em seus quadros apenas seis Deputados Federais, mas nenhum Senador, não sendo dessa maneira legitimado a mover a referida ação direta. Além disso, não estaria demonstrado na inicial o requisito da pertinência temática.

A partir da hipótese apresentada, responda justificadamente aos questionamentos a seguir, empregando os argumentos jurídicos apropriados e apresentando a fundamentação legal pertinente ao caso.

a) É caso de se acolher o parecer da Procuradoria-Geral da República no sentido do não conhecimento da ação? (Valor: 0,65)

b) Quanto ao fundamento de mérito apresentado, tem razão o partido político ao questionar a constitucionalidade da norma impugnada? (Valor: 0,60)

A simples menção ou transcrição do dispositivo legal não pontua.

QUESTÃO 4

Lei do Município YY, de iniciativa da Câmara de Vereadores, estipulou novo plano de carreira para a categoria de professores municipais, impondo remunerações escalonadas, fixando pisos mínimos e vinculando a remuneração global ao percebido por servidores do Poder Legislativo local.

Com base no caso proposto, responda aos itens a seguir, empregando os argumentos jurídicos apropriados e a fundamentação legal pertinente ao caso.

a) Observadas as regras constitucionais, há vício na referida lei? (Valor: 0,65)

b) A vinculação de remunerações entre Poderes é acolhida no texto constitucional? (Valor: 0,60)

A simples menção ou transcrição do dispositivo legal não pontua.

GABARITO

PADRÃO DE RESPOSTA – PEÇA

A ação proposta foi o Mandado de Segurança regulado pela Lei 12.016/2009 e prevista no art. 5º, LXIX, da CF (*Conceder-se-á mandado de segurança para proteger direito líquido e certo, não amparado por* habeas-corpus *ou* habeas data*, quando o responsável pela ilegalidade ou abuso de poder for autoridade pública ou agente de pessoa jurídica no exercício de atribuições do Poder Público*).

O impetrante foi Fábio e o impetrado, o Coordenador Estadual do Exame Nacional, autoridade coatora.

Sendo o pedido julgado improcedente por sentença, o recurso cabível é o de apelação (*LMS, art. 14. Da sentença, denegando ou concedendo o mandado, cabe apelação. § 1.º Concedida a segurança, a sentença estará sujeita obrigatoriamente ao duplo grau de jurisdição. § 2.º Estende-se à autoridade coatora o direito de recorrer*).

O recorrente será Fábio e o recorrido, a autoridade coatora. Os fundamentos do recurso de apelação serão os mesmos deduzidos na ação:

a) princípio da legalidade (CFRB, a*rt. 5.º, II – ninguém será obrigado a fazer ou deixar de fazer alguma coisa senão em virtude de lei)*;

b) princípio da publicidade (CFRB, art. 37, *caput*);

c) direito de petição (CFRB, art. 5.º, XXXIV).

A petição é dirigida ao Juízo da sentença. Assim, tendo em vista que a autoridade coatora é federal, a petição é dirigida ao Juízo Federal vinculado à Seção Judiciária do Estado K para encaminhamento a instância de revisão, no caso o Tribunal Regional Federal.

As razões recursais são dirigidas ao Tribunal Regional Federal.

O recurso deve conter a postulação de reforma da sentença com a procedência do pedido. No caso de mandado de segurança, não existe condenação em honorários e nem em custas, consoante determinação legal e jurisprudência assente.

PADRÃO DE RESPOSTA – QUESTÃO 1

O candidato deverá, na essência, observar quanto às perguntas, o seguinte:

a) A lei é constitucional, pois o art. 24, IX, atribui competência concorrente à União, aos Estados e ao Distrito Federal para legislar sobre educação, cultura, ensino e desporto. Essa lei trata de educação no trânsito e não sobre trânsito e transporte, que seria de competência privativa da União Federal (art. 22, XI, CRFB). Nesse sentido, já se pronunciou o STF, ao julgar a ADI 1991/DF (Rel. Ministro Eros Grau, Tribunal Pleno, unânime, j. 03.11.2004).

b) Não, uma vez que, de acordo com a jurisprudência do STF, o Governador do Estado é legitimado especial, o que significa que só pode ajuizar a ação se demonstrar a existência de pertinência temática entre o interesse do Estado e o objeto da ação, o que não ocorre no caso concreto.

PADRÃO DE RESPOSTA – QUESTÃO 2

O objetivo da questão é verificar se o candidato tem conhecimento das características dos direitos fundamentais, bem como das teorias acerca de sua aplicação.

a) Deve ser respondido que é possível a demanda, explicando o que vem a ser eficácia horizontal dos direitos fundamentais, bem como esclarecendo que esta eficácia horizontal decorre da dimensão objetiva dos direitos fundamentais.

b) Não é correto o argumento da defesa. Os direitos individuais, nos termos do art. 5.º, § 1.º, da Constituição Federal, têm aplicabilidade imediata, prescindindo de edição de norma regulamentadora, salvo quando a própria Constituição assim o exigir expressamente.

PADRÃO DE RESPOSTA – QUESTÃO 3

O candidato deverá, na essência, observar quanto às perguntas, o seguinte:

a) Não. A ação deve ser conhecida, uma vez que o partido político possui representação no Congresso Nacional, conforme art. 103, VIII, da Constituição Federal, já que basta possuir representante em apenas uma das casas do Congresso Nacional para que o partido político tenha representação no Congresso, não sendo necessário que possua representantes nas duas casas legislativas. Além do mais, o partido político é legitimado universal e não precisa cumprir o requisito da pertinência temática.

b) Não. Quanto ao mérito, não tem razão o partido político no seu pleito, sendo caso de improcedência da ação, uma vez que a competência privativa da União do art. 22, XXVII, da Constituição Federal se refere a normas gerais, tendo os estados federados competência para legislar sobre o tema para atender às suas peculiaridades, desde que não haja afronta às normas gerais editadas pela União.

PADRÃO DE RESPOSTA – QUESTÃO 4

O candidato deverá, na essência, observar quanto às perguntas, o seguinte:

a) Sim, há vício de iniciativa. Consoante o art. 61, § 1.º, II, letras a) e c), da Constituição Federal, que atribui ao Chefe do Poder Executivo a iniciativa quanto ao tema servidores públicos, norma que, por simetria, deve ser observada pelos Estados e Municípios.

b) Não, pois do art. 37, XIII, da Constituição Federal veda a equiparação ou vinculação remuneratória de qualquer espécie.

X EXAME DE ORDEM UNIFICADO

PROVA PRÁTICO-PROFISSIONAL
DIREITO CONSTITUCIONAL

PEÇA PRÁTICO-PROFISSIONAL

O Tribunal de Justiça do Estado J julgou improcedente ação direta de inconstitucionalidade proposta pelo Prefeito do município W, tendo o acórdão declarado constitucional norma da lei orgânica municipal que dispôs que o Prefeito e o Vice-Prefeito não poderiam ausentar-se do país, por qualquer período sem autorização da Câmara Municipal. No prazo recursal foram ofertados embargos declaratórios, improvidos.

Contratado como advogado pelo Prefeito do Município, após a decisão proferida nos embargos declaratórios, apresente a peça cabível. (Valor: 5,0)

QUESTÃO 1

Determinado Ministério apresentou desempenho considerado insuficiente pela imprensa e pela opinião pública, havendo sério questionamento quanto aos gastos públicos destinados para a sua manutenção. Dessa forma, um Senador pelo Estado Y apresentou um projeto de lei no sentido de extinguir este Ministério. Tal projeto foi votado em plenário em um dia em que 32 dos 81 senadores estavam presentes, sendo aprovado pelo voto da maioria dos presentes e encaminhado à Câmara dos Deputados.

Contando com forte apoio popular, a proposta legislativa foi aprovada pela maioria absoluta dos deputados federais e encaminhada ao Presidente da República, que a sancionou 12 dias úteis depois de tê-la recebido, determinando sua imediata publicação no Diário Oficial da União. Uma semana após a publicação da lei na imprensa oficial, a CONAMP (Associação Nacional dos Membros do Ministério Público) ajuizou uma ação declaratória de constitucionalidade em que pleiteava a declaração de conformidade da nova norma legal com a Constituição.

Responda justificadamente aos questionamentos a seguir, empregando os argumentos jurídicos apropriados e apresentando a fundamentação legal pertinente ao caso.

a) Há algum vício que fulmine a constitucionalidade da norma em questão? (Valor: 0,80)

b) A CONAMP poderia ter ajuizado a ação declaratória de constitucionalidade? (Valor: 0,45)

A simples menção ou transcrição do dispositivo legal não pontua.

QUESTÃO 2

Lei do Estado “Y”, editada em abril de 2012, com base no art. 215, § 1°, da Constituição da República, regulamenta a chamada rinha de galo, prática popular em que dois galos se enfrentam em lutas e espectadores apostam no galo que acreditam ser o vencedor.

Comumente, os dois galos saem com muitos ferimentos da contenda, e não raras vezes algum animal morre ou adquire sequelas permanentes que recomendam seu abate imediato.

A Associação Comercial do Estado “Y” ajuíza ação direta de inconstitucionalidade no Supremo Tribunal Federal em que pleiteia a declaração de inconstitucionalidade da referida lei estadual.

Em defesa da norma parlamentar que votou pela sua aprovação, diz, em entrevista a uma rádio local, que a prática da conhecida briga de galos é comum em várias localidades rurais do Estado "Y", ocorrendo há várias gerações. Além do mais, animais, especialmente aves, são abatidos diariamente para servir de alimento, o que não ocorreria com as aves destinadas para as rinhas.

Responda justificadamente aos questionamentos a seguir, empregando os argumentos jurídicos apropriados e apresentando a fundamentação legal pertinente ao caso.

a) Quanto ao mérito do pedido, é cabível a declaração de inconstitucionalidade da lei do Estado "Y", que regulamenta a chamada rinha de galo? (Valor: 0,65)

b) Há regularidade na legitimidade ativa da ação? (Valor: 0,60)

QUESTÃO 3

Proposta de emenda à Constituição é apresentada por cerca de 10% dos Deputados Federais, cujo teor é criar novo dispositivo constitucional que determine a submissão de todas as decisões do Supremo Tribunal Federal, no controle abstrato de normas, ao crivo do Congresso Nacional, de modo que a decisão do Tribunal somente produziria efeitos após a aprovação da maioria absoluta dos membros do Congresso Nacional em sessão unicameral.

A proposta é discutida e votada nas duas casas do Congresso Nacional, onde recebe a aprovação da maioria absoluta dos Deputados e Senadores nos dois turnos de votação. Encaminhada para o Presidente da República, este resolve sancionar a proposta, publicando a nova emenda no Diário Oficial.

Cinco dias após a publicação da emenda constitucional, a Mesa da Câmara dos Deputados apresenta perante o Supremo Tribunal Federal ação declaratória de constitucionalidade em que pede a declaração de constitucionalidade desta emenda com eficácia *erga omnes* e efeito vinculante.

A partir da hipótese apresentada, responda justificadamente aos questionamentos a seguir, empregando os argumentos jurídicos apropriados e apresentando a fundamentação legal pertinente ao caso.

a) Há inconstitucionalidades materiais ou formais na emenda em questão? (Valor: 1,00)

b) A ação declaratória de constitucionalidade poderia ser conhecida pelo Supremo Tribunal Federal? (Valor: 0,25)

A simples menção ou transcrição do dispositivo legal não pontua.

QUESTÃO 4

O Estado W, sem motivo de força maior, não repassa aos municípios receitas tributárias determinadas pela Constituição Federal, nos prazos nela determinados. O Município JJ necessita dos recursos para realizar os serviços básicos de atendimento à população.

Diante do narrado, responda aos itens a seguir, de forma fundamentada.

a) Quais as consequências do não repasse das verbas referidas? (Valor: 0,50)

b) Quais os procedimentos exigidos pela Constituição nesse caso? (Valor: 0,75)

A simples menção ou transcrição do dispositivo legal não pontua.

GABARITO

PADRÃO DE RESPOSTA – PEÇA PROFISSIONAL

O tema apresentado diz respeito à aplicação do princípio da simetria aos afastamentos determinados por legislação municipal, tendo em vista as regras constitucionais pertinentes ao Presidente da República.

Do acórdão prolatado pelo Tribunal de Justiça em julgamento de ação direta de inconstitucionalidade de lei municipal, cabe recurso extraordinário, por quebra do princípio da simetria constitucional ao Supremo Tribunal Federal.

Aplicável ao caso as regras do art. 29, *caput* ("Art. 29. O Município reger-se-á por lei orgânica, votada em dois turnos, com o interstício mínimo de dez dias, e aprovada por dois terços dos membros da Câmara Municipal, que a promulgará, atendidos os princípios estabelecidos nesta Constituição, na Constituição do respectivo Estado e os seguintes preceitos:.."), do art. 49, III ("Art. 49. É competência exclusiva do Congresso Nacional.. III – autorizar o Presidente e o Vice-Presidente da República a se ausentarem do País, quando a ausência exceder a quinze dias;...") e do art. 83 ("Art. 83. O Presidente e o Vice-Presidente da República não poderão, sem licença do Congresso Nacional, ausentar-se do País por período superior a quinze dias, sob pena de perda do cargo"), da CRFB.

O STF já estabeleceu nesses casos: "Ementa: Servidor público. Prefeito municipal. Ausência do país. Necessidade de licença prévia da Câmara Municipal, qualquer que seja o período de afastamento, sob pena de perda do cargo. Inadmissibilidade. Ofensa ao art. 49, III, e ao art. 83, c.c. art. 29, *caput*, da CF. Normas de observância obrigatória pelos estados e municípios. Princípio da simetria. Ação julgada procedente para pronúncia de inconstitucionalidade de norma da lei orgânica. É inconstitucional o parágrafo único do art. 99 da Lei Orgânica do Município de Betim, que não autoriza o Prefeito a ausentar-se do país, por qualquer período, sem prévia licença da Câmara Municipal, sob pena de perda do cargo" (RE 317.574/MG).

O Recurso Extraordinário é previsto no art. 102 da CFRB e nos arts. 541/546 do CPC. No caso, aplicável a regra do art. 102, III, "a" e/ou "c".

A petição deve ser dirigida ao Presidente do Tribunal de Justiça (CPC, art. 541), a quem cabe o juízo de admissibilidade.

As razões devem ser dirigidas ao Supremo Tribunal Federal.

Há necessidade de prequestionamento da questão constitucional, o que foi preenchido, uma vez que na origem a ação pugnava a inconstitucionalidade da norma.

Há repercussão geral, visto que o tema é passível de ser espraiado por todas as leis orgânicas.

Distribuição dos Pontos:

Quesito avaliado	Valores
Item 1 – Petição de interposição do recurso endereçada ao TJ do Estado "J"	0,00/0,50
Item 2 – Razões endereçadas ao STF	0,00/0,50
Item 3 – Recorrente – Prefeito do Município "W" (0,25)/ recorrida – Câmara Municipal (0,25)	0,00/0,25/0,50
Item 4 – Cabimento do RE (CRFB, art. 102, III, "a" e/ou "c") (0,25)	0,00/0,25
Item 5 – Repercussão geral	0,00/0,50
Item 6 – Prequestionamento	0,00/0,50
Item 7 – Fundamentação – Menção ao princípio da simetria ou norma de observância obrigatória (0,50) CRFB, art. 29, *caput* (0,50). CRFB, art. 49, III, *ou* CRFB, art. 83 (0,50).	0,00/0,50/1,00/1,50
Item 8 – Pedido de provimento do recurso (especificação)	0,00/0,75

PADRÃO DE RESPOSTA – QUESTÃO 1

a) A norma possui vícios a fulminar a sua constitucionalidade. Projeto de lei para extinguir Ministério é de iniciativa privativa do Presidente da República (art. 61, § 1.°, II, "e", da Constituição), havendo, portanto, vício de iniciativa, já que este não poderia ter sido apresentado por um senador. Houve ainda vício na votação do projeto no Senado Federal, eis que o art. 47 da Constituição exige a presença de maioria absoluta dos membros da Casa Legislativa para a votação de um projeto de lei, ou seja, no caso, seria necessária a presença de ao menos 41 senadores para realizar a votação.

b) Apesar de legitimada pelo art. 103, IX, da Constituição, a CONAMP não poderia ter apresentado a ação declaratória de constitucionalidade no caso em análise, pois ausente o requisito da pertinência temática que deve obedecer, consoante jurisprudência pacífica do Supremo Tribunal Federal. Além do mais, tendo proposta a ação apenas uma semana após a publicação da lei, não foi seguido o requisito da controvérsia judicial relevante, exigido pelo art. 14, III, da Lei 9.868/1999.

Distribuição dos Pontos:

Quesito Avaliado	Valores
a) O projeto era de iniciativa privativa do Presidente da República (0,20). Aplicação do art. 61, § 1°, II, "e", da Constituição (0,20).	0,00/0,20/0,40
É necessária ao menos a presença da maioria absoluta dos membros da Casa Legislativa para a votação do projeto de lei (0,20), conforme art. 47 da Constituição Federal (0,20).	0,00/0,20/0,40
b) Há ausência de pertinência temática para ajuizar a ação (0,25). Não foi obedecido o requisito da controvérsia judicial relevante (0,10). Incidência do art. 14, III, da Lei 9.868/1999 (0,10) Obs.: A simples citação da lei não pontua.	0,00/0,10/0,20/0,25/0,35/0,45

PADRÃO DE RESPOSTA – QUESTÃO 2

a) Sim. Em que pese a Constituição dispor que o Estado protegerá as manifestações das culturas populares, há norma expressa que proíbe práticas que submetam os animais a crueldade. O caso é de aplicação do art. 225, § 1.°, VII da Constituição da República. Pelo princípio da unidade da Constituição e/ou o princípio da especialidade, não é possível que o Estado proteja manifestações culturais que submetam animais à crueldade. Precedentes do STF: ADI 3.776, ADI 1.856 e ADI 2.514.

b) Não. O art. 103, IX, da Constituição (reproduzido no art. 2º, IX, da Lei 9.868/1999) exige que a entidade de classe tenha âmbito nacional para ajuizar ADI, o que não se deu no presente caso, uma vez que a Associação Comercial do Estado "Y" é entidade de classe de âmbito estadual.

Distribuição dos Pontos:

Quesito Avaliado	Valores
a) Sim. Incidência do art. 225, § 1.°, VII, da Constituição (0,40). Pelos princípios da unidade da Constituição OU da especialidade não se pode ter uma manifestação cultural que submeta os animais à crueldade (0,25).	0,00/0,25/0,40/0,65

b) Não. A Associação Comercial do Estado "Y" não é entidade de classe de âmbito nacional (0,30), como exige o art. 103, IX, da CRFB OU Art. 2.º, IX, da Lei 9.868/1999 (0,30).	0,00/0,30/0,60

PADRÃO DE RESPOSTA – QUESTÃO 3

a) Há diversas inconstitucionalidades formais. Inicialmente, a PEC não poderia ser apresentada por 10% dos Deputados Federais, já que, segundo o art. 60, I, da Constituição, esta só pode ser emendada por proposta de, no mínimo, um terço dos membros da Câmara dos Deputados. A proposta deveria ser aprovada por três quintos dos membros de cada casa do Congresso Nacional (art. 60, § 2º, da Constituição) e não pela maioria absoluta dos Deputados e Senadores. Por fim, não cabe sanção ou veto de proposta de emenda à Constituição, pois, conforme art. 60, § 3º, da Constituição, as emendas deverão ser promulgadas pelas Mesas da Câmara e do Senado.

Materialmente também há inconstitucionalidade, uma vez que o teor da proposta, ao submeter todas as decisões do STF, no controle abstrato, ao crivo do Congresso Nacional, é atentatório contra a cláusula pétrea da separação dos poderes (art. 60, § 4º, III, da Constituição), pois esta cláusula pressupõe um sistema de freios e contrapesos, com controle e vigilância dos poderes constituídos entre si, sendo a emenda tendente a abolir tal cláusula.

b) Não. A ação não poderia ser conhecida pelo Supremo Tribunal Federal por ausência do requisito legal da existência de controvérsia judicial relevante (art. 14, III, da Lei 9.868/1999), já que não houve tempo hábil para que o Judiciário questionasse a norma objeto da referida ação.

Distribuição dos Pontos:

Quesito Avaliado	Valores
a.1) A PEC não foi apresentada por, no mínimo, um terço dos membros da Câmara dos Deputados (0,15). Art. 60, I, da Constituição (0,10).	0,00/0,15/0,25
a.2) A PEC não foi aprovada por, ao menos, três quintos dos membros de cada casa do Congresso (0,15). Art. 60, § 2º, da Constituição (0,10).	0,00/0,15/0,25
a.3) Não cabe ao Presidente da República sancionar ou vetar uma PEC (0,15). Art. 60, § 3º, da Constituição (0,10).	0,00/0,15/0,25

a.4) A PEC viola a separação dos poderes por sujeitar as decisões do Supremo ao crivo do Poder Legislativo (0,15). Art. 60, § 4º, III, da Constituição (0,10).	0,00/0,15/0,25
b) Não, já que não há o requisito da controvérsia judicial relevante (0,15). Art. 14, III, da Lei 9.868/1999 (0,10).	0,00/0,15/0,25

PADRÃO DE RESPOSTA – QUESTÃO 4

a) Nos termos do art. 34, V, "b", da CFRB ("Art. 34. A União não intervirá nos Estados nem no Distrito Federal, exceto para: ... V – reorganizar as finanças da unidade da Federação que: a) suspender o pagamento da dívida fundada por mais de dois anos consecutivos, salvo motivo de força maior; b) deixar de entregar aos Municípios receitas tributárias fixadas nesta Constituição, dentro dos prazos estabelecidos em lei;"). Trata-se de intervenção para defesa das finanças estaduais.

b) O ato de intervenção será formalizado por decreto do Poder Executivo (CFRB, art. 36). No caso em tela, dependerá apenas da constatação dos fatos, ou seja, do não repasse. Haverá a nomeação de um interventor, pois se trata de intervenção no Executivo. Será o decreto submetido ao Congresso Nacional que, se em recesso, sofrerá convocação extraordinária (CFRB, art. 36, §§ 1º e 2º). O ato pode ser realizado *ex officio* pelo Presidente da República ou decorrer de comunicação do município. Deverão ser ouvidos o Conselho da República (art. 90, I, da CRFB) e o Conselho de Defesa Nacional (art. 91, § 1º, II, da CRFB).

Distribuição dos Pontos:

Quesito Avaliado	Valores
a) Intervenção da União nos Estados (0,25). Art. 34, V, "b", da CRFB (0,25).	0,00/0,25/0,50
b.1) Decreto do Presidente (CFRB, art. 36) (0,15). Submissão ao Congresso (CFRB, art. 36) (0,15). Convocação extraordinária (0,15).	0,00/0,15/0,30/0,45
b.2) Conselho da República (art. 90, I, da CRFB) (0,15) e o Conselho de Defesa Nacional (art. 91, § 1.º, II, da CRFB) (0,15).	0,00/0,15/0,30

IX EXAME DE ORDEM UNIFICADO

PROVA PRÁTICO-PROFISSIONAL
DIREITO CONSTITUCIONAL

PEÇA PRÁTICO-PROFISSIONAL

José, brasileiro, desempregado, domiciliado no Município "ABC", capital do Estado "X", chegou a um hospital municipal que não possui Centro de Tratamento Intensivo (CTI), sentindo fortes dores de cabeça. José aguardou atendimento na fila da emergência pelo período de 12 horas, durante o qual foi tratado de forma áspera e vexatória pelos servidores do hospital, que, entre outros comportamentos aviltantes, debocharam do fato de José estar de pé há tanto tempo esperando atendimento. Após tamanha espera e sofrimento, o quadro de saúde de José agravou-se e ele entrou em estado de incapacidade absoluta, sem poder locomover-se e sem autodeterminação, momento no qual, enfim, um médico do hospital veio atendê-lo.

Adamastor, também desempregado, pai de José, revela que, segundo laudo do médico responsável, seu filho necessita urgentemente ser removido para um hospital que possua CTI, pois José corre risco de sofrer danos irreversíveis à sua saúde e, inclusive, o de morrer. Informa ainda que o médico mencionou a existência de hospitais municipais, estaduais e federais nas proximidades de onde José se encontra internado, todos possuidores de CTI. Ocorre que José e Adamastor são economicamente hipossuficientes, de modo que não possuem condições financeiras de arcar com a remoção para outro hospital público, nem de custear a internação em hospital particular, sem prejuízo do sustento próprio ou da família.

Indignado com todo o ocorrido, e ansioso para preservar a saúde de seu filho, Adamastor o procura para, na qualidade de advogado, identificar e minutar a medida judicial adequada à tutela dos direitos de José em face de todos os entes que possuem hospitais próximos ao local onde José se encontra e que seja levado em consideração o tratamento hostil por ele recebido no hospital municipal. (Valor: 5,0)

QUESTÃO 1

José, em um evento de confraternização na empresa em que trabalha, ouviu de Roberto, alterado pela ingestão de bebida alcoólica, que este detinha um cargo em comissão no Tribunal de Contas da União, ao qual nunca comparecera, exceto para a retirada do contracheque, ao final de cada mês.

José se dirige, no dia seguinte, ao Tribunal de Contas da União e solicita cópia dos assentamentos funcionais relativos a Roberto, a fim de instruir uma ação judicial.

O pedido administrativo foi dirigido ao Ministro Presidente daquela Corte de Contas, que resolveu negá-lo. Consternado, José impetrou *Habeas Data* em face do Presidente do Tribunal de Contas da União.

Considerando a situação acima descrita, responda justificadamente aos itens a seguir.

a) Qual o Juízo ou Tribunal competente para julgamento do *Habeas Data* impetrado por José? (Valor: 0,40)

b) O dispositivo de lei que exige, para impetração do *Habeas Data*, demonstração da recusa ao acesso às informações, à luz do princípio da inafastabilidade de jurisdição, é constitucional? (Valor: 0,40)

c) A pretensão de José, nesse caso, pode ser veiculada por *Habeas Data*? (Valor: 0,45)

QUESTÃO 2

Instituto destinado a dar maior eficiência aos comandos constitucionais, a medida provisória possibilita que, em situações excepcionais, o Presidente da República edite norma com força de Lei Ordinária. A avalanche de medidas provisórias, porém, vem atravancando o trâmite dos projetos de lei, o que motivou nova orientação do então presidente da Câmara dos Deputados: a pauta não fica travada em relação a matérias que não podem, em tese, ser objeto de medida provisória.

Em relação ao tema medida provisória, responda, fundamentadamente, aos seguintes itens.

a) Quais os limites para sua edição? (Valor: 0,40)

b) É possível Constituição Estadual prever edição de medida provisória pelo Governador do Estado? Nesse caso, a norma constitucional estadual poderia estabelecer limites diferentes daqueles previstos na Constituição da República Federativa do Brasil? (Valor: 0,45)

c) É possível o controle jurisdicional dos requisitos de relevância e urgência da medida provisória? (Valor: 0,40)

QUESTÃO 3

A Lei Orgânica do Município "Y", que integra o Estado "X", ao dispor sobre ingresso na administração pública municipal, e em observância aos princípios da eficiência e da moralidade, estabeleceu que os cargos, empregos e funções públicas seriam acessíveis aos brasileiros naturais do Estado "X", que tivessem residência no Município "Y", e que seriam investidos nos cargos mediante aprovação prévia em concurso público de provas ou de provas e títulos, de acordo com a natureza e a complexidade do cargo ou emprego, na forma prevista em lei, ressalvadas as nomeações para cargo em comissão.

Contra esse dispositivo da Lei Orgânica foi ajuizada, junto ao Tribunal de Justiça, uma Ação Direta de inconstitucionalidade, nos termos do art. 125, § 2º, da CRFB, alegando violação a dispositivo da Constituição estadual que, basicamente, reproduz o art. 37 da CRFB. O Tribunal de Justiça conheceu da ação, mas julgou improcedente o pedido, entendendo que, respeitados os limites constitucionais, o Município pode criar regras próprias, no exercício da sua capacidade de auto-organização.

A partir do caso apresentado, responda justificadamente aos itens a seguir.

a) O Município tem autonomia para criar a regra citada no enunciado, conforme entendeu o Tribunal de Justiça? (Valor: 0,40)

b) A ADI estadual pode ter por objeto dispositivo de Lei Orgânica? (Valor: 0,45)

c) Dessa decisão do Tribunal de Justiça, cabe Recurso Extraordinário ao STF? (Valor: 0,40)

QUESTÃO 4

O Brasil assinou tratado internacional, discutido e votado no âmbito da Organização Mundial do Comércio, que regulamentava novas formas de controle sobre o comércio exterior. Em vez de a função ser exercida pelo Ministério da Fazenda, como preceitua o art. 237 da Constituição Federal, o texto do tratado veda qualquer possibilidade de controle interno do comércio internacional pelos países signatários.

A partir do fato acima, responda aos itens a seguir.

a) De acordo com o ordenamento constitucional vigente, a que autoridade ou órgão compete promover a internalização do referido tratado internacional? (Valor: 0,50)

b) Uma vez internalizado o tratado em questão, com que hierarquia ele passa a integrar o ordenamento jurídico pátrio? (Valor: 0,25)

c) Qual(is) princípio(s) de Interpretação Constitucional deve(m) nortear a resolução do conflito entre o texto do tratado e o texto constitucional? (Valor: 0,50)

GABARITO

PADRÃO DE RESPOSTA – PEÇA PROFISSIONAL

OPÇÃO 1:

A peça a ser elaborada consiste em uma ação condenatória com pedidos de obrigação de fazer e de indenizar.

Tendo em vista o pedido no sentido de obter remoção e internação em hospitais municipais, estaduais ou federais próximos devem integrar o polo passivo o Município ABC, o Estado "X" e a União. Logo, o juízo competente para processar e julgar a demanda será uma das varas federais da seção judiciária de "X".

É importante que o examinando destaque que o autor da ação é José, o qual é representado por seu pai, tendo em vista sua momentânea incapacidade absoluta.

O pedido de obrigação de fazer refere-se à remoção de José para hospital que possua CTI, a correspondente internação e o fornecimento de tratamento adequado, em hospital municipal, estadual ou federal, tendo em vista a solidariedade dos entes federativos na prestação de serviços de saúde, com base no art. 196 da Constituição da República.

Diante da extrema urgência do caso, e da possibilidade de dano irreversível, o examinando deverá pleitear a antecipação de tutela, para que seja realizada a imediata internação do autor.

O pedido de indenização (exclusivamente em face do Município) refere-se aos danos morais sofridos por José em decorrência da conduta ilícita praticada pelos servidores municipais que trabalham no hospital municipal, com fulcro no § 6.º do art. 37 da Constituição da República.

O enunciado deixa claro que o pai de José procura advogado com o intuito de obter não apenas a remoção de seu filho, mas a reparação por danos morais sofridos no hospital municipal.

Distribuição dos Pontos:

Quesito Avaliado	**Valores**
Endereçamento da petição inicial: Vara federal da seção judiciária de "X"	0,00/0,10
Qualificação das partes: (0,20 para cada item) José / representado por Adamastor / Município ABC / Estado "X" / União.	0,00/0,20/0,40/ 0,60/0,80/1,00
Pedido de gratuidade de justiça: preenchimento dos requisitos contidos no art. 4.º da Lei 1.060/1950.	0,00 / 0,10
Fundamentação para a pretensão de obrigação de fazer: 1. Direito à internação e ao fornecimento de tratamento de saúde adequado, com base no art. 196 da Constituição da República (1,0); 2. Pleito de reconhecimento de solidariedade entre o Município, o Estado e a União (0,50);	0,00/0,50/1,00/1,50

Fundamentação para a pretensão de obrigação de fazer: (2ª parte) 3. Direito à reparação por danos morais em face do Município: 3.1. Demonstração da conduta ilícita, nexo causal e resultado danoso (0,25); e 3.2. Fundamentação com base na teoria do risco administrativo, com responsabilidade objetiva, e no § 6º do art. 37 da Constituição da República (0,25).	0,00/0,25/0,50
Pedido de antecipação de tutela: art. 273 do CPC. Verossimilhança das alegações e *periculum in mora*. Demonstração concreta de aparência do bom direito e de perigo na demora da prestação jurisdicional. A alusão meramente abstrata aos requisitos da antecipação de tutela não merece pontuação.	0,00/0,50
Pedidos (0,20 para cada item): 1. Requerimento para citação do Município e do Estado e da União; 2. Procedência do pedido para condenar a União, o Estado e o Município a promoverem a internação do autor em CTI; 3. Pleito de fixação de multa em caso de descumprimento da determinação de internação; 4. Procedência do pedido de condenação do Município ABC à reparação dos danos morais sofridos pelo autor; 5. Requerimento para produção de provas; 6. Condenação em honorários sucumbenciais.	0,00/0,20/0,40/0,60/0,80/1,00/1,20
Atribuição de valor à causa	0,00 / 0,10

OPÇÃO 2:

Em se tratando de Mandado de Segurança, deve-se apontar como ato coator a omissão da autoridade do Município ABC em providenciar a remoção do paciente para outro Hospital com CTI. O enunciado afirma que o candidato é procurado para minutar medida judicial contra "todos os entes que possuem hospitais próximos ao local onde se encontra José". Há informação de que existem hospitais municipais, estaduais e federais nas proximidades com CTI. Dessa forma, as autoridades do Município ABC e demais autoridade dos Municípios, do Estado e da União que possuam hospitais com CTI próximos ao local onde José se encontra deverão integrar o polo passivo.

O juízo competente para processar e julgar a demanda será uma das varas federais da seção judiciária de "X", em virtude da necessidade de inclusão de autoridade da União no polo passivo.

É importante que o examinando destaque que o autor da ação é José, o qual é representado por seu pai, tendo em vista sua momentânea incapacidade absoluta.

O examinando deve caracterizar que a ausência de remoção e internação corporifica abuso de poder, caracterizador de ato coator, que gera o direito líquido e certo à impetração de Mandado de Segurança.

Na fundamentação deve ser desenvolvido o tema do direito constitucional à saúde e a competência dos entes federativos em garantir esse direito (Constituição Federal, art. 196).

O pedido de concessão da segurança refere-se à remoção de José para hospital que possua CTI, e à correspondente internação e ao fornecimento de tratamento adequado, em hospital municipal, estadual ou federal, tendo em vista a solidariedade dos entes federativos na prestação de serviços de saúde, com base nos arts. 196 e seguintes da Constituição da República.

Diante da extrema urgência do caso, e da possibilidade de dano irreversível, o examinando deverá pleitear a liminar, para que seja realizada a imediata internação do autor, caracterizando o *fumus boni juris* e o *periculum in mora.*

Sendo petição de Mandado de Segurança, deve existir o requerimento de intervenção do Ministério Público a de intimação do representante judicial da pessoa jurídica às quais estão vinculadas as autoridades coatoras, nos termos do artigo 7.º, II, Lei 12.016/2009.

O valor da causa é fixado para efeitos procedimentais, estabelecido a critério do impetrante.

Distribuição dos Pontos:

Quesito avaliado	Valores
Endereçamento da petição inicial: Vara Federal da Seção Judiciária de "X" (0,10).	0,00/0,10
Qualificação das partes: José / representado por Adamastor (0,10) Representantes do município ABC e/ou Estado "X" e/ou União (0,30).	0,00/0,10/0,30/0,40
Pedido de gratuidade de justiça: preenchimento dos requisitos contidos no art. 4.º da Lei 1.060/1950 (0,10).	0,00 / 0,10
Fundamentação para a pretensão: 1. Direito à internação e ao fornecimento de tratamento de saúde adequado, com base no art. 196 da Constituição da República (1,0); 2. Pleito de reconhecimento de solidariedade entre o Município, o Estado e a União (1,0); 3. Caracterização do ato abusivo das autoridades indicadas na inicial (1,0).	0,00/1,00/2,00/3,00

Pedido de liminar. *Fumus boni juris* (0,15) e *periculum in mora* (0,15). Demonstração concreta de aparência do bom direito e de perigo na demora da prestação jurisdicional.	0,00/0,15/0,30
Pedidos: 1. Requerimento para notificação dos representantes do Município (0,20) e do Estado (0,20) e da União (0,20). 2. Procedência do pedido para condenar a União, o Estado e o Município, por meio dos seus representantes, a promoverem a internação do autor em CTI (0,20); 3. Requerimento de intervenção do Ministério Público (0,20).	0,00/0,20/0,40/0,60/0,80/1,00
Atribuição de valor à causa (0,10).	0,00 / 0,10

PADRÃO DE RESPOSTA – QUESTÃO 1

A questão trata do *Habeas Data*, remédio constitucional destinado a assegurar o conhecimento de informações relativas à pessoa do impetrante, constantes de registros ou bancos de dados de entidades governamentais ou de caráter público, nos termos do art. 5.º, LXXII, da Constituição da República.

a) O examinando deve destacar a competência do Supremo Tribunal Federal, conforme previsão expressa do art. 102, I, "d" da Constituição da República.

b) A prova do anterior indeferimento do pedido de informação de dados pessoais, ou da omissão em atendê-lo, constitui requisito indispensável para que se concretize o interesse de agir no *Habeas Data*. Sem que se configure situação prévia de pretensão resistida, há carência da ação constitucional do *Habeas Data*. Esse é o entendimento de longa data consagrado pelo Supremo Tribunal Federal (RHD 22, Rel. p/ o ac. Min. Celso de Mello, julgamento em 19.09.1991, Plenário, *DJ* de 1º.09.1995) e pelo Superior Tribunal de Justiça (Súmula 2). Esse entendimento restou positivado no art. 8º, parágrafo único, da Lei 9.507/1997 e vem sendo reafirmado, sempre, pelo STF (Nesse sentido: HD 87-AgR, Rel. Min. Carmen Lúcia, julgamento em 25.11.2009, Plenário, *DJE* de 05.02.2010).

c) A pretensão de José não é amparada por *Habeas Data*, pois o remédio não se presta para solicitar informações relativas a terceiros, nos termos da alínea "a" do inciso LXXII do Art. 5.º da CRFB. Sua impetração deve ter por objetivo "assegurar o conhecimento de informações relativas à pessoa do impetrante" (Nesse sentido, ainda, jurisprudência do STF: HD 87-AgR, Rel. Min. Carmen Lúcia, julgamento em 25.11.2009, Plenário, *DJE* de 05.02.2010).

Distribuição dos Pontos:

Quesito Avaliado	Valores
a) O STF, na forma do art. 102, I, "d" da CRFB.	0,0/0,40
b) Sim. O requisito configura concretização do interesse de agir para a propositura de uma demanda (0,20), conforme jurisprudência do Supremo Tribunal Federal (0,20).	0,0/0,20/0,40
c) Não. Previsão do art. 5.º, LXXII, "a", da Constituição Federal de que o remédio se destina a assegurar o conhecimento de informações do próprio impetrante (0,45).	0,0/0,45

PADRÃO DE RESPOSTA – QUESTÃO 2

a) A medida provisória encontra limites materiais, estampados no § 1.º do art. 62 da Constituição Federal; limites temporais, encontrados nos §§ 2º e 7º do referido artigo e limites circunstanciais, encontrados no § 10 do aludido dispositivo.

b) A resposta é afirmativa quanto à criação, pois a Constituição Estadual poderá criar Medidas Provisórias. Por outro lado, a norma constitucional estadual deverá guardar os mesmos requisitos e limites da norma da Constituição Federal, em face do mandamento da simetria das normas.

c) São requisitos indispensáveis às medidas provisórias a relevância e urgência, conforme dispõe o art. 62, *caput*, da Constituição Federal. O Supremo Tribunal Federal, por longa data, entendeu não ser possível o controle de constitucionalidade dos requisitos relevância e urgência, sob pena de violação ao princípio da separação de poderes. Todavia, houve parcial mudança no entendimento da Corte, admitindo o exame jurisdicional do mérito dos requisitos de relevância e urgência na edição de medida provisória em casos excepcionais, em que a ausência desses pressupostos seja evidente, como, por exemplo, na abertura de crédito extraordinário para destinar verba para a saúde que já deveria estar inclusa na lei orçamentária anual.

Distribuição dos Pontos:

Quesito Avaliado	Valores
a) A medida provisória encontra limites materiais, estampados no § 1.º do art. 62 da Constituição Federal (0,20); limites temporais, encontrados nos §§ 2.º e 7.º do referido artigo (0,10) e limites circunstanciais, encontrados no § 10 do aludido dispositivo (0,10).	0,00/0,10/0,20/0,30/0,40

b) Sim, é possível Constituição Estadual prever edição de medida provisória pelo Governador do Estado (0,25). A norma constitucional estadual não poderá estabelecer limites diferentes daqueles previstos na Constituição da República Federativa do Brasil, devendo guardar os mesmos requisitos e limites da norma da Constituição Federal, em face do mandamento da simetria das normas (0,20).	0,00/0,20/ 0,25/0,45
c) O Supremo Tribunal Federal admite o exame jurisdicional do mérito dos requisitos de relevância e urgência na edição de medida provisória em casos excepcionais (0,40).	0,00/0,40

PADRÃO DE RESPOSTA – QUESTÃO 3

a) Não. O dispositivo da lei orgânica viola o princípio da isonomia (art. 5º da CRFB) ou mais especificamente o da isonomia federativa (art. 19, III, da CRFB), também prevista no art. 37, I, da CRFB.

b) Sim. A ADI estadual pode ter por objeto atos normativos estaduais e municipais, incluindo a Lei Orgânica, que deve estar de acordo com a Constituição da República e com a Constituição do respectivo Estado, conforme dispõe o art. 29 da CRFB.

c) Sim. O dispositivo da Constituição estadual violado é norma de reprodução, de modo que, nesses casos, entende o STF que é cabível Recurso Extraordinário.

Distribuição dos Pontos:

Quesito Avaliado	Valores
a) Não. Isonomia (art. 5º) ou isonomia federativa (art. 19, III) ou art. 37, I (0,40).	0,00/0,40
b) Sim. Objeto de ADI (0,25) (art. 125, § 2º) (0,20).	0,00/0,20/0,25/0,45
c) Sim. Norma de reprodução (0,40).	0,00/0,40

PADRÃO DE RESPOSTA – QUESTÃO 4

a) Cabe ao Presidente da República tão somente assinar o documento internacional (art. 84, VIII), que deve ser submetido ao Congresso Nacional, a quem compete resolver definitivamente sobre Tratados, promovendo a sua internalização, conforme dispõe o art. 49, inciso I, da Constituição Federal.

b) Tratados internacionais que não versam sobre direitos humanos, como o referido na questão, depois de internalizados, ingressam no ordenamento jurídico com *status* de Lei Ordinária.

c) Pelo Princípio da Supremacia da Constituição, conflito entre norma constitucional e norma com hierarquia de Lei Ordinária deve ser resolvido atestando-se a primazia do dispositivo constitucional.

Distribuição dos Pontos:

Quesito Avaliado	Valores
a) Cabe ao Presidente da República assinar o documento internacional (art. 84, VIII), que deve ser submetido ao Congresso Nacional a quem compete resolver definitivamente sobre Tratados, promovendo a sua internalização, conforme dispõe o art. 49, inciso I, da Constituição Federal (0,50).	0,00/0,50
b) Tratados internacionais que não versam sobre direitos humanos, depois de internalizados, ingressam no ordenamento jurídico com *status* de Lei Ordinária (0,25).	0,00/0,25
c) Pelo Princípio da Supremacia da Constituição (0,50).	0,00/0,50

VIII EXAME DE ORDEM UNIFICADO

PROVA PRÁTICO-PROFISSIONAL

DIREITO CONSTITUCIONAL

PEÇA PRÁTICO-PROFISSIONAL

Com fundamento na recente Lei 1.234, do Estado Y, que exclui as entidades de direito privado da Administração Pública do dever de licitar, o banco X (empresa pública daquele Estado) realiza a contratação direta de uma empresa de informática – a Empresa W – para atualizar os sistemas do banco.

O caso vem a público após a revelação de que a empresa contratada pertence ao filho do presidente do banco e nunca prestou tal serviço antes. Além disso, o valor pago (milhões de reais) estava muito acima do preço de mercado do serviço em outras empresas.

José, cidadão local, ajuíza ação popular em face do Presidente do banco X e da empresa W perante o Juízo de 1.ª instância da capital do Estado Y, em que pleiteia a declaração de invalidade do ato de contratação e o pagamento das perdas e danos, ao fundamento de violação ao art. 1.º, parágrafo único, da Lei 8.666/1993 (norma geral sobre licitação e contratos) e a diversos princípios constitucionais.

A sentença, entretanto, julgou improcedente o pedido formulado na petição inicial, afirmando ser válida a lei estadual que autoriza a contratação direta, sem licitação, pelas entidades de direito privado da Administração Pública, analisada em face da lei federal, não considerando violados os princípios constitucionais invocados. José interpõe recurso de apelação, ao qual se negou provimento, por unanimidade, pelo mesmo fundamento levantado na sentença.

Dez dias após a publicação da decisão que rejeitou os seus embargos declaratórios, José procura um advogado para assumir a causa e ajuizar a medida adequada.

Na qualidade de advogado, elabore a peça cabível, observando todos os requisitos formais e a fundamentação pertinente ao tema. (Valor: 5,00)

QUESTÃO 1

Uma agência reguladora federal editou, recentemente, uma portaria proibindo aos médicos prescrever a utilização de medicamentos que não tenham similar nacional.

A Associação Brasileira de Profissionais da Saúde, entidade de âmbito nacional constituída há mais de dois anos, propôs uma Arguição de Descumprimento de Preceito Fundamental (ADPF) contra aquela medida.

A respeito da situação acima, responda aos itens a seguir, utilizando os argumentos jurídicos apropriados e a fundamentação legal pertinente ao caso.

a) É possível a propositura da ADPF contra a portaria emitida pela agência reguladora federal? (Valor: 0,40)
b) A Associação tem legitimidade para a propositura daquela ADPF? (Valor: 0,40)
c) Pode um Estado instituir uma ADPF no plano estadual? Nesse caso, qual o instrumento jurídico apto à criação do instituto? (Valor: 0,45)

QUESTÃO 2

Maria alugou um prédio comercial no centro da cidade "P", capital do estado "K", para que o Estado estrangeiro "W" ali instalasse sua representação consular. Foram estabelecidos aluguéis de R$ 40.000,00 (quarenta mil reais) mensais.

Passados dois anos de vigência do contrato, em razão de dificuldades financeiras no continente onde se localiza o Estado "W", este deixa de pagar aluguéis para Maria, que, inconformada, busca a orientação de um profissional da advocacia para melhor defender seus interesses.

O advogado contratado explica que proporá a ação em Vara Cível do Município "P", cabendo eventual recurso de apelação para o Tribunal de Justiça do Estado K.

Responda, justificadamente, se a orientação do advogado contratado por Maria está na direção correta ao apontar os órgãos jurisdicionais competentes para a matéria em primeiro e em segundo graus de jurisdição. (Valor: 1,25)

QUESTÃO 3

Em 2010 foi aprovada emenda à Constituição do Estado "X", acrescentando dispositivo que permite que o Governador do Estado edite medida provisória, com força de lei, com eficácia imediata, devendo ser convertida em até 30 dias. Com base neste dispositivo, em 15 de dezembro de 2011, o Governador do Estado editou medida provisória majorando as alíquotas mínima e máxima do Imposto sobre Transmissão "Causa Mortis" e Doação de Quaisquer Bens ou Direitos – ITCMD, visando à cobrança do imposto com as novas alíquotas em 2012. Não tendo sido apreciada nos primeiros 20 dias de vigência, a medida provisória entrou em regime de urgência, e foi finalmente aprovada pela Assembleia Legislativa.

A partir da hipótese apresentada, responda justificadamente aos questionamentos a seguir, empregando os argumentos jurídicos apropriados e apresentando a fundamentação legal pertinente ao caso.

a) O dispositivo da Constituição do Estado X que confere ao Governador competência para editar medida provisória viola a Constituição da República? (Valor: 0,40)
b) A alteração das alíquotas pela medida provisória editada pelo Governador é constitucional? (Valor: 0,40)
c) As novas alíquotas podem ser cobradas em 2012? (Valor: 0,45)

QUESTÃO 4

Caio e Tício, servidores públicos federais, foram surpreendidos com o advento de uma Emenda Constitucional que alterou o sistema previdenciário dos servidores, aumentando a idade mínima para aposentadoria e a forma de cálculo dos proventos.

Caio já havia completado todos os requisitos para a aposentadoria (idade e tempo de contribuição), mas optou por permanecer em atividade. Tício ainda não havia preenchido todos os requisitos: apesar de já possuir a idade mínima, faltava-lhe um ano de contribuição.

A esse respeito, responda, justificadamente, aos itens a seguir:

a) As novas normas são aplicáveis a Caio e Tício, no que diz respeito à idade para aposentadoria e à forma de cálculo dos proventos? (Valor: 0,80)
b) Alguns anos depois, já aposentados, Caio e Tício recebem a notícia de que foi editada lei federal que, majorando seus proventos de aposentadoria, modificou a sua forma de composição. É válida a lei que altera a composição da remuneração dos aposentados, quanto ao seu valor e a fórmula de cálculo? (Valor: 0,45)

GABARITO

PADRÃO DE RESPOSTA – PEÇA PROFISSIONAL

A peça cabível é o Recurso Extraordinário, com fundamento no art. 102, III, alíneas "a" e "d", da Constituição. Não é cabível o Recurso Especial porque o objeto da decisão recorrida é a validade da lei local em face da lei federal e da Constituição Federal. Ademais, conforme o enunciado da Súmula 126 do STJ, não é cabível a interposição isolada de Recurso Especial quando a decisão recorrida possui fundamento infraconstitucional e constitucional, qualquer deles suficiente, por si só, para mantê-la.

É importante a observância do art. 541 do Código de Processo Civil, que determina que seja o Recurso Extraordinário endereçado ao Presidente ou ao Vice-Presidente do tribunal local ("Art. 541. O recurso extraordinário e o recurso especial, nos casos previstos na Constituição Federal, serão interpostos perante o presidente ou o vice-presidente do tribunal recorrido"). Isso porque o Recurso Extraordinário está sujeito a um exame de admissibilidade na origem, após o que os autos serão submetidos ao Supremo Tribunal Federal.

Devem ser indicados, na qualificação das partes, o recorrente (José, o autor popular) e os dois recorridos, que compõem o polo passivo da demanda (o Presidente do banco X e a empresa W).

Deve ser demonstrado o cabimento do recurso, conforme art. 541, inciso II, do CPC. O examinando deve indicar o cabimento do recurso não apenas com fundamento na alínea "a" do inciso III do art. 102 da Constituição da República (cabimento do RE nos casos em que a decisão recorrida contrariar dispositivo da Constituição), mas também com fundamento no art. 102, III, "d", da Constituição (cabimento do RE quando a decisão recorrida julgar válida lei local contestada em face de lei federal). Desde a Emenda Constitucional 45/2004, o Supremo Tribunal Federal passou a ser competente para julgar recursos contra decisão judicial que entender válida lei local contestada em face de lei federal, tendo sido tal competência retirada do elenco de competências do Superior Tribunal de Justiça. A justificativa para tal alteração reside no fato de que o conflito entre leis local e federal é também federativo, a ser resolvido pelo órgão de cúpula do Judiciário.

Devem ser demonstrados, ainda, a existência de repercussão geral e o pré-questionamento. A exigência de demonstração da repercussão geral foi veiculada pela EC 45/2004, que incluiu o § 3º ao art. 102 da Constituição. A Lei 11.418/2006 disciplinou aquela exigência, incluindo o art. 543-A no CPC, o qual determina que o recorrente deverá demonstrar, em preliminar do recurso, a existência de repercussão geral (2º). No caso, José deverá demonstrar a existência de questões de interesse econômico e jurídico que ultrapassa os interesses subjetivos da causa, tendo em vista o prejuízo ao Erário e à moralidade administrativa. Já o requisito do pré-questionamento decorre de construção jurisprudencial dos Tribunais superiores, e, no caso, foi cumprido não apenas pela efetiva manifestação do Tribunal de origem, como, ainda, pela oposição de embargos de declaração.

O examinando deve indicar, como fundamento do seu recurso, que compete privativamente à União legislar sobre normas gerais de licitação e contratação (art. 22, XXVII, da CRFB), e que tal competência foi exercida por meio da edição da Lei 8.666/1993. A Lei n. 1.234, do Estado X, desbordou dos limites da competência do Estado, e, portanto, é inválida.

Nada obstante, o Tribunal de origem entendeu válida a lei local contestada em face da lei federal (que impõe a licitação às empresas públicas), e, assim, dá ensejo a um conflito quanto às competências de cada ente federativo (União e Estado X).

Ainda, a conduta impugnada viola os princípios da moralidade e da impessoalidade, pois foi contratada, sem licitação, uma empresa sem experiência na área, por um preço muito acima do valor de mercado, apenas pelo fato de a empresa pertencer ao filho do dirigente do banco estatal (empresa pública).

Por fim, deve ser formulado pedido para que seja dado provimento ao recurso, a fim de reformar a decisão recorrida, para declarar a invalidade do ato de contratação e o pagamento das perdas e danos ao Erário.

Distribuição dos Pontos:

Quesito Avaliado	**Valores**
Competência: petição de endereçamento ao Presidente ou Vice-Presidente do Tribunal de Justiça local (0,25) e razões recursais dirigidas ao Supremo Tribunal Federal (0,25).	0,00/0,25/0,50
Qualificação das partes (0,20 para cada item): (José / banco X / empresa W).	0,00/0,20/0,40/0,60
Demonstração do cabimento: Recurso Extraordinário interposto com fundamento nas alíneas “a” (0,20) e “d” (0,20) do art. 102 da CRFB.	0,00/0,20/0,40
Repercussão geral	0,00/0,50
Prequestionamento: demonstração de que a matéria foi efetivamente discutida nas instâncias ordinárias.	0,00/0,50
Fundamento 1: Compete privativamente à União legislar sobre normas gerais de licitação e contratação (art. 22, XXVII, da CRFB) e tal competência foi exercida por meio da edição da Lei 8.666/1993).	0,00/0,50
Fundamento 2: A Lei 1.234, do Estado X, desbordou dos limites da competência do Estado, e, portanto, é inválida.	0,00/0,50
Fundamento 3: O Tribunal de origem entendeu válida a lei local contestada em face da lei federal, e, assim, dá ensejo a um conflito quanto às competências de cada ente federativo (União e Estado X).	0,00/0,50
Fundamento 4: A conduta impugnada viola os princípios da moralidade e da impessoalidade segundo o art. 37, *caput*, da CRFB.	0,00/0,50

Pedido	Pontuação
Pedido 1: Provimento ao recurso, para reformar a decisão recorrida (0,15).	0,00/0,15
Pedido 2: Requerer a invalidade da Lei 1.234 do Estado X (0,10).	0,00/0,10
Pedido 3: Requerer a invalidade do ato de contratação e condenação dos recorridos ao pagamento das perdas e danos (0,25).	0,00/0,25

PADRÃO DE RESPOSTA – QUESTÃO 1

a) A questão trata do tema da Arguição de Descumprimento de Preceito Fundamental (ADPF), previsto no art. 102, § 1.º, da Constituição da República Federativa do Brasil e disciplinado pela Lei 9.882/1999.

O legislador determinou, no art. 4º, § 1º, daquela lei, que "Não será admitida arguição de descumprimento de preceito fundamental quando houver qualquer outro meio eficaz de sanar a lesividade". O dispositivo consagra o chamado princípio da subsidiariedade, de modo que o cabimento de uma Ação Direta de Inconstitucionalidade (ADIn) para impugnar a validade de determinado ato do poder público exclui o cabimento da ADPF.

Tendo em vista que a ADIn não é o mecanismo hábil à impugnação de atos normativos "secundários" (infralegais), abre-se espaço para o cabimento da ADPF para a impugnação de portaria editada por agência reguladora federal.

b) Nos termos do art. 2º da Lei 9.882/1999, "podem propor arguição de descumprimento de preceito fundamental (...) os legitimados para a ação direta de inconstitucionalidade". De seu turno, os legitimados para a propositura da ADIn são, nos termos do art. 103 da Constituição, "I – o Presidente da República; II – a Mesa do Senado Federal; III – a Mesa da Câmara dos Deputados; IV – a Mesa de Assembleia Legislativa ou da Câmara Legislativa do Distrito Federal; V – o Governador de Estado ou do Distrito Federal; VI – o Procurador-Geral da República; VII – o Conselho Federal da Ordem dos Advogados do Brasil; VIII – partido político com representação no Congresso Nacional; IX – confederação sindical ou entidade de classe de âmbito nacional".

Em relação à legitimidade das entidades de classe de âmbito nacional, a jurisprudência do Supremo Tribunal Federal cunhou o conceito de pertinência temática, que significa a necessidade de demonstração, por alguns legitimada, de que o objeto da instituição guarda relação com o pedido da ação direta proposta por referida entidade. No caso, tal requisito encontra-se atendido, tendo em vista que a norma impugnada se dirige, exatamente, aos profissionais da saúde.

c) A Constituição Federal não previu a arguição no âmbito dos Estados-membros – como fez com ação direta de inconstitucionalidade (art. 125, § 2º) – mas, a exemplo do que se passa com a ação direta de constitucionalidade, pode ser instituída pelo constituinte estadual, com base no princípio da simetria com o modelo federal.

Distribuição dos Pontos:

Quesito Avaliado	Valores
a) Sim, a ADPF é medida judicial adequada a impugnar a validade de ato normativo infralegal (0,20), pois restou atendido o princípio da subsidiariedade, previsto no art. 4.º, § 1.º, da Lei 9.882/1999 (0,20). Obs.: A mera indicação do artigo não pontua.	0,00/0,20/0,40
b) Sim, pois os legitimados para a propositura da ADPF (art. 2.º da Lei 9.882/1999) são os mesmos da ADIn (art. 103 da CRFB) (0,20), e foi observado o requisito da pertinência temática (0,20). Obs.: A mera indicação do artigo não pontua.	0,00/0,20/0,40
c) Sim, é possível a instituição de uma ADPF no plano estadual (0,10), desde que se o faça por meio de previsão na Constituição do Estado (0,35).	0,00/0,10/0,35/0,45

PADRÃO DE RESPOSTA – QUESTÃO 2

As orientações fornecidas estão equivocadas, pois ações movidas contra Estado estrangeiro devem ser propostas em primeira instância perante um Juiz Federal, conforme art. 109, II da Constituição; em grau recursal é cabível um recurso ordinário ao Superior Tribunal de Justiça, conforme art. 105, II, "c" da Constituição.

Distribuição dos Pontos:

Quesito Avaliado	Valores
Não. A primeira instância deverá ser perante Juiz Federal (0,45), conforme art. 109, II, da Constituição (0,10). Obs.: A mera citação do artigo não pontua.	0,00/0,45/0,55
Em segundo grau, é cabível o recurso ordinário (0,30) perante o STJ (0,30), conforme art. 105, II, "c", da Constituição (0,10). Obs.: A mera citação do artigo não pontua.	0,00/0,30/0,40/0,60/0,70

PADRÃO DE RESPOSTA – QUESTÃO 3

a) Não. Os Estados, no exercício da capacidade de auto-organização (art. 25, *caput*, CRFB), decorrente da autonomia constitucional, podem autorizar os Governadores a editar medida provisória. Trata-se de uma faculdade conferida aos Estados e não de uma obrigação decorrente do princípio da simetria. A Constituição da República, ao proibir que os Estados regulem a exploração e a concessão dos serviços locais de gás canalizado "por medida provisória" (art. 25, § 2.º, CRFB), permite, *contrario sensu*, a edição de medida provisória para regular outras matérias.

b) Sim. A alteração da alíquota mínima é constitucional. Já a alteração da alíquota máxima é de competência do Senado, de modo que a sua alteração por medida provisória estadual gera inconstitucionalidade formal parcial.

c) Não. Embora os Estados possam autorizar a edição de medida provisória pelo Governador, devem, por outro lado, observar a regulação deste ato normativo em âmbito federal, o que inclui a observância do princípio da anterioridade em matéria tributária, de modo que uma medida provisória que implique a instituição ou a majoração de impostos só produzirá efeitos no exercício financeiro seguinte, se houver sido convertida em lei até o último dia do ano em que foi editada.

Distribuição dos Pontos:

Quesito Avaliado	Valores
a) Não. Autonomia ou auto-organização (0,30), conforme art. 25, § 2.º (0,10). Obs.: A mera indicação do artigo não pontua.	0,00/0,30/0,40
b) Alíquota mínima: sim (0,20).	0,00/0,20
Alíquota máxima: não, conforme o art. 155, § 1.º, IV (0,20).	0,00/0,20
c) Não. Observar a regulação do art. 62, § 2.º, OU observar o princípio da anterioridade (0,45).	0,00/0,45

PADRÃO DE RESPOSTA – QUESTÃO 4

a) Em relação a Caio, as novas normas não lhe são aplicáveis, pois, no momento em que preencheu os requisitos, adquiriu direito à aposentadoria pelas normas então vigentes. E uma Emenda Constitucional não pode ferir direito adquirido (cláusula pétrea).

Em relação a Tício, as novas normas são aplicáveis, pois o servidor possuía apenas expectativa de direito à aposentadoria com as regras anteriores. É possível que a Emenda Constitucional traga regra de transição para abarcar aqueles que já eram servidores ao tempo de sua edição, mas, caso não exista essa regra (ou se o servidor não se enquadrar nela), a nova sistemática da aposentadoria é imediatamente aplicável.

b) O examinando deve indicar que é possível a alteração, pois não existe direito adquirido a regime jurídico no que diz respeito à forma de composição dos vencimentos. Deve-se respeitar a irredutibilidade dos proventos, mas não a forma de cálculo do benefício.

Distribuição dos Pontos:

Quesito Avaliado	Valores
a) Em relação a Caio, as novas normas não lhe são aplicáveis, pois, no momento em que preencheu os requisitos, adquiriu direito à aposentadoria pelas normas então vigentes (0,40). Em relação a Tício, as novas normas são aplicáveis, pois possuía apenas expectativa de direito à aposentadoria com as regras anteriores (0,40).	0,00/0,40/0,80
b) Sim, a lei é válida, desde que respeitada a irredutibilidade dos proventos, uma vez que não existe direito adquirido a regime jurídico em relação a composição de vencimentos (0,45).	0,00/0,45

VII EXAME DE ORDEM UNIFICADO

PROVA PRÁTICO-PROFISSIONAL
DIREITO CONSTITUCIONAL

PEÇA PRÁTICO-PROFISSIONAL

O Estado KWY editou norma determinando a gratuidade dos estacionamentos privados vinculados a estabelecimentos comerciais, como supermercados, hipermercados, *shopping centers*, estabelecendo multas pelo descumprimento e gradação nas punições administrativas, além de delegar ao PROCON local a responsabilidade pela fiscalização dos estabelecimentos relacionados no instrumento normativo. Tício, contratado como Advogado Júnior da Confederação Nacional do Comércio, é consultado sobre a possibilidade de ajuizamento de medida judicial, apresentando seu parecer positivo quanto à matéria, pois a referida lei afrontaria a CRFB. Em seguida, diante desse pronunciamento, a Diretoria autoriza a propositura da ação judicial constante do parecer.

Na qualidade de advogado, elabore a peça cabível, observando:

a) competência do Juízo;

b) legitimidade ativa e passiva;

c) fundamentos de mérito constitucionais e legais vinculados;

d) requisitos formais da peça;

e) tutela de urgência.

QUESTÃO 1

No mês de março, um projeto de emenda constitucional foi rejeitado logo no primeiro turno de votação, realizado na Câmara dos Deputados. Em agosto do mesmo ano, esse projeto de emenda foi novamente posto em votação na Câmara dos Deputados. Na sequência, determinado Deputado Federal, contrário ao projeto de emenda e decidido a impedir sua tramitação, afirmou que iria acessar o Poder Judiciário.

Discorra sobre a possibilidade de o Poder Judiciário exercer controle sobre a tramitação da emenda, bem como sobre a possível medida cabível no caso em tela.

QUESTÃO 2

Erasmo, cidadão residente e eleitor do Estado "A", viveu sua infância no Estado "B", pelo qual possui grande apreço.

Por entender que certo Deputado Federal, no exercício de sua função, e no âmbito territorial do Estado "B", praticou ato lesivo ao patrimônio público do ente ao qual está vinculado, Erasmo propôs ação popular em vara federal da seção judiciária de "B". O Deputado Federal, em sua contestação, alega a incompetência do juízo de 1º grau, com o fundamento de que possui foro privilegiado, e a ilegitimidade ativa de Erasmo.

Responda aos questionamentos a seguir, empregando os argumentos jurídicos apropriados e apresentando a fundamentação legal pertinente ao caso.

a) Qual o órgão competente para conhecer a ação popular ajuizada em face do Deputado Federal? (0,65)

b) Segundo a jurisprudência dos tribunais superiores, Erasmo teria legitimidade ativa para ajuizar a ação popular na seção judiciária de "Z"?

QUESTÃO 3

Em determinado Estado da federação, vieram a público denúncias de irregularidades praticadas em obra pública, com graves indícios de desvio de dinheiro do Erário. Tício, deputado estadual, pretende instalar Comissão Parlamentar de Inquérito para apuração das denúncias, com base em previsão constante da Constituição estadual.

Considerando a situação acima descrita, responda aos questionamentos a seguir, empregando os argumentos jurídicos apropriados e apresentando a fundamentação legal pertinente ao caso.

a) É possível que a Constituição Estadual preveja a criação da Comissão Parlamentar de Inquérito no plano estadual?

b) É possível o ajuizamento de ação em que se questione a constitucionalidade de norma de Constituição Estadual perante a Constituição da República, de modo a invalidar aquela? O Governador do Estado tem legitimidade para fazê-lo?

QUESTÃO 4

Renata, servidora pública estadual, ingressou no serviço público antes da edição da Constituição da República de 1988, e é regida pela Lei X, estatuto dos servidores públicos do Estado-Membro.

Sobre a situação funcional de Renata, responda justificadamente:

a) O que ocorrerá com a Lei X caso ela não tenha sido editada conforme os trâmites do processo legislativo previstos pela atual Constituição?
b) É possível que Renata questione, em ação individual, por meio de controle difuso, a inconstitucionalidade formal da Lei X perante a Constituição revogada?
c) Tendo em vista que Renata já estava inserida em um regime jurídico, é possível afirmar que a mesma tem direito adquirido a não ser atingida pela Constituição de 1988 no que tange à sua situação funcional?

GABARITO

PADRÃO DE RESPOSTA – PEÇA PROFISSIONAL

A ação referida no parecer, consoante jurisprudência assente, é a Ação Direta de Inconstitucionalidade.

O autor será a Confederação Nacional do Comércio, legitimada pela norma do art. 103, IX, da CRFB, que deve comprovar a pertinência temática que está caracterizada nesse caso.

Serão interessados o Governador do Estado e a Assembleia Legislativa Estadual.

A competência será do Supremo Tribunal Federal.

O fundamento constitucional assente nesse caso é a violação da competência legislativa para o Direito Civil privativa da União Federal, pelo Congresso Nacional (CRFB, art. 22, I), pois ocorre violação ao direito de propriedade (CRFB, art. 5.º, XXII).

Há necessidade de medida liminar vez que estão preenchidos os pressupostos legais.

Os requisitos formais da peça são os previstos no art. 282, do CPC, ressaltando o requerimento de intervenção do Ministério Público e da Advocacia-Geral da União.

O fundamento legal para a cautela é o art. 10 da Lei 9.868/1999.

Distribuição dos pontos:

Quesito avaliado faixa de valores.

Item 1 – cabeçalho (competência) 0,00/1,00.

Item 2 – legitimidade ativa 0,00 / 0,50.

Item 3 – fundamentação – Pertinência temática (0,25) Invasão de competência (art. 22, I) (0,25); Direito de propriedade (art. 5.º, XXII) (0,25).

Obs.: a mera indicação do artigo não pontua.

Item 4 – requerimento de notificação dos interessados. Governador do Estado (0,25) e Assembleia Legislativa (0,25).

Item 5 – requerimento de intervenção do Ministério Público (0,50).

Item 6 – valor da causa. Para fins procedimentais. R$ xxxxx,xx (qualquer valor) (0,25).

Item 7 – requerimento de intervenção do Advogado-Geral da União (0,50).

Item 8 – tutela de urgência. Fundamento legal: Lei 9.868/1999. *Fumus boni juris* (0,25) e *periculum in mora* (0,25).

Item 9 – postulação (incompleta: 0,25) (completa: 0,50).

PADRÃO DE RESPOSTA – QUESTÃO 1

Há possibilidade de o Poder Judiciário controlar a constitucionalidade do processo legislativo do projeto de emenda constitucional. No caso em tela, o controle mostra-se viável em função da violação da limitação procedimental constante no art. 60, § 5.º, da CRFB.

A única medida cabível ao caso é a impetração do mandado de segurança perante o Supremo Tribunal Federal.

Distribuição dos pontos:

Quesito avaliado faixa de valores

a) Identificação da violação do Art. 60, § 5.º, da CRFB (0.30) e da possibilidade de controle da PEC pelo judiciário. (0,35)

b) Identificação do mandado de segurança como medida cabível (0,30), bem como da competência do STF para a realização do julgamento. (0,30)

PADRÃO DE RESPOSTA – QUESTÃO 2

a) A ação foi proposta no órgão competente, ou seja, em órgão de 1.º grau da Justiça Federal, em virtude do disposto no art. 5.º da Lei 4.717/1965 e no art. 102 da Constituição da República (CRFB). O Supremo Tribunal Federal (STF) já decidiu reiteradamente que o rol de competências originárias fixadas na CR (art. 102) é taxativo, e que a prerrogativa de foro, unicamente invocável em procedimentos de caráter penal, não se estende às causas de natureza civil (ex.: Pet 3.152 AgR/PA e 1.738 AgR/MG). Logo, não são de sua competência originária as ações populares, ainda que o réu seja autoridade que tenha foro por prerrogativa de função no STF.

b) A resposta deve ser positiva. Conforme jurisprudência do Superior Tribunal de Justiça (STJ), – vide REsp 1.242.800/MS (j. 14.06.2011) – o fato de o cidadão ser eleitor em Município diverso daquele onde ocorreram as irregularidades não o impede de ajuizar ação popular, o que poderá ser feito em qualquer seção judiciária ("A", "B", "D", "Z"). Afinal, a legitimidade ativa da ação é deferida ao cidadão. A condição de eleitor configura meio de prova documental da cidadania.

Distribuição dos pontos:

Quesito avaliado faixa de valores

a.1) Órgão de 1.º grau da Justiça Federal (0,20), em virtude de o rol de competências originárias fixadas no art. 102 da CRFB ser taxativo / a prerrogativa de foro, unicamente invocável em procedimentos de caráter penal, não se estende às causas de natureza civil. (0,25)

a.2) Aplicação do art. 5.º da Lei 4.717/1965. (0,20)

b) Sim. O fato de o cidadão ser eleitor em município diverso daquele em que ocorreram as irregularidades não o impede de ajuizar ação popular, pois a legitimidade ativa da ação é deferida ao "cidadão", sendo a condição de eleitor mero meio de prova da cidadania. (0,60)

PADRÃO DE RESPOSTA – QUESTÃO 3

a) Há possibilidade de previsão da CPI na Constituição Estadual, fundamentando a resposta na autonomia do Estado. Ou seja, ao conferir poder de auto-organização aos estados da Federação (art. 18, CRFB), permitiu que editassem constituições prevendo formas de investigação, como a CPI (STF, ACO 730-RJ), observado o princípio da simetria.

b) O Governador tem legitimidade para propositura de Ação Direta de Inconstitucionalidade, devendo demonstrar pertinência temática. Além disso, deve ser tratada a possibilidade de questionar a constitucionalidade da norma da Constituição Estadual perante a Constituição Federal, conforme reiterada jurisprudência do STF.

Distribuição dos pontos:

Quesito avaliado faixa de valores

a) Possibilidade da criação da CPI na Constituição Estadual, com fundamento na autonomia (capacidade de auto-organização) dos Estados (art. 18, CRFB) (0,25). Observado o princípio da simetria. (0,20)

b) Possibilidade de a Constituição Estadual ser objeto de controle de constitucionalidade perante a Constituição Federal (0,40). Legitimidade do Governador para ajuizar a ADI, no caso (art. 103, V, CRFB) (0,20). Pertinência temática. (0,20)

PADRÃO DE RESPOSTA – QUESTÃO 4

a) Renata continuará sendo regida pela lei X, que não é formalmente inconstitucional. Ademais, quando nova constituição é editada, somente são consideradas não recepcionadas as normas que contenham incompatibilidade material com a mesma. Ou seja, a incompatibilidade analisada é a de conteúdo e não de forma, que é regida pelo princípio do *tempus regit actum*.

b) É possível que se questione perante qualquer órgão jurisdicional, em um caso concreto, incidentalmente, a invalidade formal de ato legislativo que foi editado em desacordo com os requisitos exigidos para a sua formação, ato que é inválido *ab initio*.

c) Não é possível a oposição do direito adquirido em face de uma nova Constituição. A Constituição é o fundamento de validade de toda ordem jurídica. Nesse sentido, todas as normas (como é o caso da Lei X da questão) existentes no regime constitucional anterior, no que são materialmente incompatíveis com a nova Constituição, ficam revogadas, salvo disposição expressa da Constituição nova. Além disso, há reiterada jurisprudência do STF no sentido de inexistir direito adquirido a regime jurídico.

Distribuição dos pontos:

Quesito avaliado faixa de valores

a) A lei X não é afetada, pois somente são consideradas não recepcionadas as normas que contenham incompatibilidade material com a nova Constituição. (0,40)

b) Possibilidade de se questionar, em controle difuso, a constitucionalidade da lei editada antes da nova Constituição, tendo a Constituição revogada como parâmetro. (0,40)

c) Impossibilidade de invocar direito adquirido em face da nova Constituição, notadamente direito adquirido a regime jurídico. (0,45)

VI EXAME DE ORDEM UNIFICADO

PROVA PRÁTICO-PROFISSIONAL

DIREITO CONSTITUCIONAL

PEÇA PRÁTICO-PROFISSIONAL

Esculápio da Silva, brasileiro, casado, engenheiro, domiciliado na capital do Estado de WYK, é comunicado por amigos que a Administração do Estado está providenciando um plano de obras custosas e pretendendo que elas sejam entregues, independentemente de licitação, a empresas com vínculos pessoais com dirigentes do seu partido político. Os valores correspondentes às obras são incluídos no orçamento, observado o devido processo legislativo. Quando da realização das obras, aduz a necessidade de urgência diante de evento artístico de grande repercussão a realizar-se em aproximadamente um ano, o que inviabilizaria a realização de procedimento licitatório e designa três empresas para repartir as verbas orçamentárias, cabendo a cada uma realizar parte da obra preconizada. As empresas Mastodonte S.A., Mamute S.A. e Dente de Sabre S.A. aceitam, de bom grado, o encargo e assinam os contratos com a Administração. O valor das obras corresponde a um bilhão de reais. Inconformado com esse fato, Esculápio da Silva, cidadão que gosta de participar ativamente da defesa da Administração Pública e está em dia com seus direitos políticos, procura orientação jurídica e, após, resolve ajuizar a competente ação.

Na qualidade de advogado, elabore a peça cabível, observando: a) competência do juízo; b) legitimidade ativa e passiva; c) fundamentos de mérito constitucionais e legais vinculados; d) os requisitos formais da peça; e) tutela de urgência.

QUESTÃO 1

Suponha que tramite perante a Câmara dos Deputados Proposta de Emenda à Constituição da República estabelecendo a obrigatoriedade de Estados, Municípios e Distrito Federal indexarem a remuneraçao de seus servidores públicos de acordo com o salário mínimo.

Considerando a situação hipotética, analise os itens a seguir, empregando os argumentos jurídicos apropriados e a fundamentação legal pertinente ao caso:

a) a constitucionalidade da referida PEC;

b) a possibilidade de provimento jurisdicional que avalie a constitucionalidade da PEC ainda no curso do processo legislativo.

QUESTÃO 2

Marco Antônio, titular, desde 2006, de mandato de Senador pelo Estado X, pretende se reeleger, em 2014, para o Senado, mas dessa vez como Senador pelo Estado Y, governado pela sua esposa, Maria, eleita em 2010 e que pretende a reeleição em 2014. Como Marco Antonio irá concorrer, em 2014, ao cargo de Senador pelo Estado Y, Paulo, filho de Marco Antonio e Maria, decidiu que naquele ano irá se candidatar ao cargo de Senador pelo Estado X.

Diante desse quadro, responda:

a) Pode Marco Antonio se candidatar ao cargo de Senado pelo Estado Y, em 2014?

b) Pode Paulo se candidatar ao cargo de Senador pelo Estado X, em 2014?

QUESTÃO 3

O Prefeito do Município WK apresenta projeto de lei que outorga reajustes a determinadas categorias de servidores públicos, que veio a sofrer emendas pelos parlamentares ampliando os benefícios para outras categorias não acolhidas no projeto do Chefe do Executivo, com aumento de despesas, em previsibilidade orçamentária. A Constituição Estadual prescreve que nessa matéria a iniciativa é exclusiva do Chefe do Executivo, repetindo normas da Constituição Federal. A lei foi votada por maioria e sancionada pelo Prefeito. A legitimidade prevista para o controle de constitucionalidade repete, no plano local, aquela inscrita na Constituição Federal.

Responda fundamentadamente:

a) A emenda parlamentar ao projeto de lei seria possível?

b) Existiria algum meio de controle de constitucionalidade da lei votada pela Câmara?

c) Teria o Prefeito legitimidade para propor a eventual ação direta de inconstitucionalidade, mesmo tendo sancionado o projeto?

QUESTÃO 4

O Senador da República Valdecir foi preso em flagrante por crime inafiançável. Os responsáveis pela prisão comunicaram o fato ao Poder Judiciário, que manteve a prisão.

a) Diante do fato descrito, pode ser tomada alguma medida para que o Senador seja posto em liberdade?

b) Em caso positivo, que medida seria e com que fundamento? Em caso negativo, justifique sua resposta.

GABARITO

PADRÃO DE RESPOSTA – PEÇA PROFISSIONAL

A ação popular pode ser proposta por qualquer cidadão para proteção contra atos que causem danos ao erário.

No caso vertente, havendo irregularidades na licitação, possível a ação popular lastreada na violação dos princípios regentes da Administração Pública (CF, art. 37, *caput*), quais sejam, moralidade, impessoalidade, moralidade, publicidade e eficiência, bem como o do inciso XXI –(ressalvados os casos especificados na legislação, as obras, serviços, compras e alienações serão contratados mediante processo de licitação pública que assegure igualdade de condições a todos os concorrentes, com cláusulas que estabeleçam obrigações de pagamento, mantidas as condições efetivas da proposta, nos termos da lei, o qual somente permitirá as exigências de qualificação técnica e econômica indispensáveis à garantia do cumprimento das obrigações).

O autor será o cidadão indicado no enunciado e os réus serão: o Estado e as empresas beneficiárias (art. 6.º da Lei 4.717/1965).

Os requisitos da petição inicial seguem os mesmos do rito ordinário (CPC, art. 282).

Há intervenção obrigatória do Ministério Público (art. 6.º, § 4.º, da Lei 4.717/1965).

O juízo competente é aquele com competência fazendária (art. 5.º da Lei 4.717/1965).

Consoante o enunciado, o Juízo competente é o da Comarca sede, que tem competência fazendária.

Distribuição dos pontos

1 – Cabeçalho (competência) (1,0).

2 – Legitimidade ativa (0,25) e passiva (0,25).

3 – Fundamentação – Princípios da legalidade (0,15), impessoalidade (0,15), moralidade (0,15), publicidade (0,15) e eficiência (0,15) – art. 37, *caput*, da CRFB (0,15).

4 – Necessidade de licitação (0,30) – art. 37, XXI, da CRFB (0,30).

5 – Requerimento de provas (0,50).

6 – Requerimento de intervenção do Ministério Público (0,50).

7 – Valor da causa. O do contrato impugnado (0,50).

8 – Requerimento de condenação nas verbas sucumbenciais (0,25).

9 – Tutela de urgência (0,25).

PADRÃO DE RESPOSTA – QUESTÃO 1

A PEC não resiste ao confronto com as limitações materiais ao poder de reforma, estabelecidas no art. 60, § 4.º, da CRFB, mais especificamente ao enfraquecimento do pacto federativo. Isso porque a indexação da remuneração dos servidores estaduais, distritais e municipais pelo salário mínimo (fixado em lei da União Federal) importa em vulneração da autonomia dos entes federativos e, nesse sentido, em quebra do pacto federativo (ADPF 33/PA).

Quanto ao item 2, a jurisprudência do STF já se firmou no sentido de reconhecer a possibilidade de controle jurisdicional da PEC em tramitação, reconhecendo a legitimidade dos deputados e senadores para a impetração de mandado de segurança por violação ao direito líquido e certo de observância do devido processo legislativo (MS 24.642/DF).

Distribuição dos pontos

a) Mencionar os limites materiais ao poder de reforma (0,3). Art. 60, § 4.º, I, da CRFB: violação à autonomia dos entes federativos – quebra do pacto federativo (0,3).

b) O STF admite o controle jurisdicional de PECs durante a tramitação legislativa para coibir violação ao devido processo legislativo (0,35). Legitimidade do parlamentar para impetração de mandado de segurança (0,3).

PADRÃO DE RESPOSTA – QUESTÃO 2

1. Não, pois há impedimento em razão de parentesco. Marco Antonio se lançaria candidato a Senador pelo Estado em que sua esposa é Governadora. Nesse caso, não ocorre a exceção da parte final do art. 14, § 7.º, porque Marco Antonio não é "titular do cargo de Senador pelo Estado Y".

2. Sim, porque o impedimento previsto no art. 14, § 7.º, limita-se aos parentes dos chefes do Poder Executivo (Prefeito, Governador e Presidente).

Distribuição dos pontos

a) Não. Inelegibilidade relativa (0,5) – art. 14, § 7.º (0,25).

Obs.: A mera resposta "não" não é pontuada.

b) Sim. A inelegibilidade se aplica apenas a parentes do Poder Executivo (0,5).

Obs.: A mera resposta "sim" não é pontuada.

PADRÃO DE RESPOSTA – QUESTÃO 3

Nas leis de iniciativa exclusiva ou privativa do Chefe do Poder Executivo (art. 61, § 1.º, II, "a", da CRFB), não pode ocorrer emenda parlamentar que gere aumento de despesas (art. 63, I, da CRFB).

No caso de ofensa à Constituição Estadual, seria cabível a ação direta de inconstitucionalidade em face de lei municipal de competência do Tribunal de Justiça estadual, com a legitimidade conferida ao Chefe do Poder Executivo local, por simetria com a Constituição Federal.

Adite-se que mesmo a sanção não seria passível de convalidar a norma, não impedindo, portanto, o controle de constitucionalidade. A jurisprudência do STF é uníssona nessa matéria.

Distribuição dos pontos

a) Não. Por ser lei de iniciativa do Chefe do Poder Executivo (0,25). Princípio da simetria (0,2). Obs.: A mera resposta "não" não é pontuada. Art. 61, § 1.º, II, "a", da CRFB (0,1). Art. 63, I, da CRFB (0,1).

b) Sim. Ação direta de inconstitucionalidade estadual (0,2). Artigo 125, § 2.º, da CRFB (0,2).

Obs.: A mera resposta "sim" não é pontuada.

c) Sim, por simetria à Chefia do Executivo Federal (0,2).

Obs.: A mera resposta "sim" não é pontuada.

PADRÃO DE RESPOSTA – QUESTÃO 4

É impossível a manutenção da prisão por decisão judicial, uma vez que, em função da imunidade formal prevista no art. 53, § 2.º, da Constituição da República, cabe à Casa a que pertence o parlamentar deliberar sobre a manutenção da prisão nos casos de crimes inafiançáveis.

Diante da ilegalidade da manutenção da prisão por autoridade incompetente para tanto, cabe a impetração de *habeas corpus* perante o Supremo Tribunal Federal, conforme disposição do art. 102, I, "b" e "d", da CRFB.

Distribuição dos pontos

a) Sim, por violação da imunidade formal (0,35) nos termos do art. 53, § 2.º, da CRFB (0,3).

Obs.: A mera resposta "sim" não é pontuada.

b) A medida cabível é a impetração de *habeas corpus* perante o STF (0,3), nos termos do art. 102, I, "b" e "d", da CRFB (0,3).

V EXAME DE ORDEM UNIFICADO

PROVA PRÁTICO-PROFISSIONAL
DIREITO CONSTITUCIONAL

PEÇA PRÁTICO-PROFISSIONAL

Mévio, brasileiro, solteiro, estudante universitário, domiciliado na capital do Estado W, requereu o seu ingresso em programa de bolsas financiado pelo Governo Federal, estando matriculado em Universidade particular. Após apresentar a documentação exigida, é surpreendido com a negativa do órgão federal competente, que aduz o não preenchimento de requisitos legais. Entre eles, está a exigência de pertencer a determinada etnia, uma vez que o programa é exclusivo de inclusão social para integrantes de grupo étnico descrito no edital, podendo, ao arbítrio da Administração, ocorrer integração de outras pessoas, caso ocorra saldo no orçamento do programa. Informa, ainda, que existe saldo financeiro e que, por isso, o seu requerimento ficará no aguardo do prazo estabelecido em regulamento. O referido prazo não consta na lei que instituiu o programa, e o referido ato normativo também não especificou a limitação do financiamento para grupos étnicos. Com base na negativa da Administração Federal, a matrícula na Universidade particular ficou suspensa, prejudicando a continuação do curso superior. O valor da mensalidade por ano corresponde a R$ 20.000,00, sendo o curso de quatro anos de duração. O estudante pretende produzir provas de toda a espécie, receoso de que somente a prova documental não seja suficiente para o deslinde da causa. Isso foi feito em atendimento à consulta respondida pelo seu advogado Tício, especialista em Direito Público, que indicou a possibilidade de prova pericial complexa, bem como depoimentos de pessoas para comprovar a sua necessidade financeira e outros depoimentos para indicar possíveis beneficiários não incluídos no grupo étnico referido pela Administração. Aduz ainda que o pleito deve restringir-se no reconhecimento do seu direito constitucional e que eventuais perdas e danos deveriam ser buscadas em outro momento. Há urgência, diante da proximidade do início do semestre letivo.

Na qualidade de advogado contratado por Mévio, elabore a peça cabível ao tema, observando: a) competência do juízo; b) legitimidade ativa e passiva; c) fundamentos de mérito constitucionais e legais vinculados; d) os requisitos formais da peça inaugural.

QUESTÃO 1

Com o objetivo de incrementar a arrecadação tributária, projeto de lei estadual, de iniciativa parlamentar, cria uma gratificação de produtividade em favor dos Fiscais de Rendas que, no exercício de suas atribuições, alcancem metas previamente estabelecidas. O projeto é aprovado pela Assembleia Legislativa e, em seguida, encaminhado ao Governador do Estado, que o sanciona.

Com base no cenário acima, responda aos itens a seguir, empregando os argumentos jurídicos apropriados e a fundamentação legal pertinente ao caso.

a) Indique a inconstitucionalidade formal que a lei apresenta e informe se a sanção da Chefia do Poder Executivo teve o condão de saná-la. (0,65)
b) Supondo que a lei seja questionada perante o STF por meio de ADI, de que forma poderia o Sindicato dos Fiscais de Rendas daquele Estado atuar no feito em defesa da lei? Teria legitimidade para interposição de embargos declaratórios contra a decisão final adotada na ADI? (0,60)

QUESTÃO 2

O Tribunal de Contas da União (TCU), acolhendo representação contendo fortes indícios de irregularidades em procedimento licitatório realizado por entidade submetida à sua fiscalização, determina, cautelarmente, a suspensão do certame e fixa prazo para que o gestor responsável apresente defesa. Após regular instrução do processo, o TCU rejeita as razões de defesa, confirma a medida acautelatória e aplica multa sancionatória ao administrador público responsável pelas irregularidades.

Com base no cenário acima, responda aos itens a seguir, empregando os argumentos jurídicos apropriados e a fundamentação legal pertinente ao caso.

a) É juridicamente possível a suspensão cautelar do procedimento licitatório por decisão do TCU? (0,65)
b) Supondo que, contra a aplicação da multa sancionatória, não tenha sido interposto qualquer recurso administrativo, qual é a providência a ser adotada para sua execução? (0,60)

QUESTÃO 3

Um fazendeiro descobriu que sua mulher o havia traído com um cidadão de etnia indígena que morava numa reserva próxima à sua fazenda. No mesmo instante em que tomou ciência do fato, o fazendeiro dirigiu-se à reserva indígena e disparou três tiros contra o índio, que, no entanto, sobreviveu ao atentado.

Com base nesse cenário, responda aos itens a seguir, empregando os argumentos jurídicos apropriados e a fundamentação legal pertinente ao caso.

a) A quem compete julgar esse caso? (0,45)

b) Qual é o fundamento do art. 109, IX, da Constituição da República? (0,40)

c) Caso o juiz federal entendesse ser incompetente para julgar esse caso e encaminhasse os autos ao juiz de direito e este também entendesse ser incompetente, a quem caberia decidir qual o juízo competente? Por quê? (0,40)

QUESTÃO 4

O Presidente da República ajuizou ação direta de inconstitucionalidade contra o art. 5.º da Lei Federal X, de 2005. Essa lei tem sido declarada totalmente inconstitucional pelo STF em reiteradas decisões, todas em sede de controle difuso.

Com base nesse cenário e à luz da jurisprudência do STF, responda aos itens a seguir, empregando os argumentos jurídicos apropriados e a fundamentação legal pertinente ao caso.

a) O Advogado-Geral da União está obrigado a defender a constitucionalidade da Lei X? Explique. (0,8)

b) Ao julgar essa ADI, pode o STF declarar a inconstitucionalidade de outro(s) dispositivo(s) da lei X, além do art. 5.º? Explique. (0,45)

GABARITO

PADRÃO DE RESPOSTA – PEÇA PROFISSIONAL

O tema envolve, de início, o exame da competência para julgamento da causa que envolve a União Federal e Universidade particular havendo fatos encadeados que indicam a atuação conjunta dessas pessoas no polo passivo da demanda, o que indica a competência por atração da Justiça Federal da capital do Estado W, domicílio do autor (CRFB, art. 109, § 2.º).

Por outro lado, atuará no polo ativo o estudante Mévio e no polo passivo a União Federal, que negou o financiamento e a Universidade que suspendeu a matrícula, por força do primeiro ato. Esse litisconsórcio se afigura necessário para solver a situação do autor, de forma definitiva, condenando ambos os sujeitos passivos, nos limites das suas responsabilidades.

A petição inicial será obediente ao rito ordinário pela complexidade da questão envolvida e por envolver a possibilidade de prova pericial complexa.

Quanto aos fundamentos que devem servir de supedâneo para a peça exordial, deve o candidato indicar: a) ofensa ao princípio da isonomia, pois esse tipo de financiamento não pode beneficiar somente determinado grupo étnico; b) ofensa ao princípio da legalidade vez que há confronto entre o regulamento e o texto legal; c) ofensa aos princípios constitucionais da Administração Pública, pois o ato da Administração não pode ser arbitrário podendo ser discricionário; d) ofensa ao direito constitucional à educação.

No caso em exame, o valor da causa corresponderá ao benefício econômico postulado, que será de 20.000,00 vezes 4, devendo ser fixado em 80.000,00.

Diante da urgência da medida, deverá o autor apresentar requerimento de tutela antecipada caracterizando os requisitos do art. 273 do CPC.

Alternativamente, aceitando a ideia de que a atitude do novo advogado seria recusar a produção de provas, caberia mandado de segurança, corrigido conforme espelho 2.

Distribuição dos pontos – Espelho 1.

Item um – 1 cabeçalho (competência) 1,0.

Item dois – legitimidade ativa (0,15) e passiva (0,15) – litisconsórcio (0,20).

Item três – fundamentação – ofensa ao princípio da isonomia, pois esse tipo de financiamento não pode beneficiar somente determinado grupo étnico; b) ofensa ao princípio da legalidade vez que há confronto entre o regulamento e o texto legal; c) ofensa aos princípios constitucionais da Administração Pública, pois o ato da Administração não pode ser arbitrário podendo ser discricionário; d) ofensa ao direito constitucional à educação (0,25 para cada item).

Item quatro – requerimento de provas (geral – 0,25; específicas – 0,25).

Item cinco – valor da causa (0,25) – R$ 80.000,00 (0,25).

Item seis – postulação – procedência do pedido (completo = 0,5 / incompleto = 0,25).

Item sete – requerimento de citação dos réus 0,25.

Item oito – tutela de urgência. Verossimilhança (0,25) – Urgência (0,25) – Postulação de tutela antecipada (0,25).

Distribuição dos pontos – Espelho 2.

Item um – 1 cabeçalho (competência) 1,0.

Item dois – legitimidade ativa (0,15) e passiva (0,15) – litisconsórcio (0,20).

Item três – fundamentação – ofensa ao princípio da isonomia, pois esse tipo de financiamento não pode beneficiar somente determinado grupo étnico; b) ofensa ao princípio da legalidade vez que há confronto entre o regulamento e o texto legal; c) ofensa aos princípios constitucionais da Administração Pública, pois o ato da Administração não pode ser arbitrário podendo ser discricionário; d) ofensa ao direito constitucional à educação (0,25 para cada item).

Item quatro – notificação da autoridade coatora (uma autoridade – 0,25; segunda autoridade – 0,25).

Item cinco – valor da causa (0,25) – qualquer valor (fixar um) (0,25).

Item seis – postulação – procedência do pedido (completo = 0,5 / incompleto = 0,25).

Item sete – requerimento de Intervenção do MP (0,25).

Item oito – requerimento de liminar (0,25). Pressupostos *fumus boni juris* (0,25) *periculum in mora* (0,25).

PADRÃO DE RESPOSTA – QUESTÃO 1

A inconstitucionalidade formal decorre da não observância das regras de processo legislativo previstas na Constituição da República, que são, consoante jurisprudência firme do Supremo Tribunal Federal, de reprodução compulsória pelas Constituições Estaduais, uma vez que corolário do princípio da separaçao funcional de poderes. Na situação proposta, o projeto de lei de iniciativa parlamentar vulnera a norma do art. 61, § 1.º, inciso II, alínea "a" da CRFB, aplicável, por simetria, aos Estados-Membros. No que tange à sanção governamental, a jurisprudência do STF é pacífica em reconhecer que a sanção do Governador não tem o condão de convalidar o vício de iniciativa, estando superado Enunciado 05 daquele Tribunal.

O Sindicato dos Fiscais de Rendas do Estado poderia requerer a sua admissão no feito na qualidade de *amicus curiae*, nos termos do art. 7.º, § 2.º, da Lei 9.868/1999. Em sendo deferido o pedido, poderia o Sindicato manifestar-se por escrito e realizar sustentação oral, mas não poderia interpor recurso, conforme precedentes do STF.

Distribuição dos pontos

a1) Vício de iniciativa (0,15) – art. 61, § 1.º, inciso II, alínea "a" da CRFB (0,15) – princípio da simetria (0,15).

a2) A sanção não convalida o vício de iniciativa (0,20).

b) Requerer admissão no feito na qualidade de *amicus curiae* (0,30) – art. 7.º, § 2.º, Lei 9.868/1999 (0,15) – o STF não reconhece legitimidade recursal ao *amicus curiae* (0,15).

PADRÃO DE RESPOSTA – QUESTÃO 2

Quanto à adoção de medidas cautelares pelo Tribunal de Contas da União, a jurisprudência do Supremo Tribunal Federal reconhece a atribuição de índole cautelar às Cortes de Contas, com apoio na teoria dos poderes implícitos, permitindo a adoção das medidas necessárias ao fiel cumprimento de suas funções institucionais e ao pleno exercício das competências que lhe foram outorgadas, diretamente, pela própria Constituição da República. O *leading case* na matéria foi o MS 24.510, Rel. Min. Ellen Gracie, julgamento em 19.11.2003, Plenário, *DJ* de 19.03.2004. Além disso, seria um poder implícito decorrente da competência expressa no art. 71, IX, da CRFB.

Por sua vez, quanto ao item b, as decisões dos Tribunais de Contas de que resulte aplicação de multa ostentam eficácia de título executivo extrajudicial (art. 71, § 3.º, CRFB) e sua execução compete ao órgão de representação judicial do ente público beneficiário da condenação, no caso, a Advocacia-Geral da União.

Distribuição dos pontos

a1) É juridicamente possível a suspensão cautelar do procedimento licitatório, conforme precedentes do STF (0,30). A jurisprudência do STF reconhece o poder geral de cautela aos Tribunais de Contas com fundamento na teoria dos poderes implícitos (0,25).

a2) Art. 71, IX, da CRFB (0,10).

b) Compete à AGU / representante judicial promover a execução da multa (0,30). A decisão do Tribunal de Contas que aplica a multa tem natureza de título executivo extrajudicial (0,15) – art. 71, § 3.º, CRFB (0,15).

PADRÃO DE RESPOSTA – QUESTÃO 3

1. Por se tratar de crime doloso contra a vida, o caso deverá ser julgado pelo Tribunal do Júri, da justiça estadual comum. Embora a vítima seja um índio, o caso não está relacionado à disputa de direitos indígenas, razão pela qual não seria competência da Justiça Federal (art. 109, XI).

2. A atribuição à Justiça Federal da competência para julgar disputas sobre direitos indígenas decorre da competência atribuída à União Federal para proteção da cultura indígena, seus bens e valores (art. 231, CRFB). É por esta razão que a competência, nestas hipóteses, será da Justiça Federal, independentemente do Estado onde o caso tenha ocorrido.

3. A competência, neste caso, será do STJ, pois se trata de conflito negativo de competência entre órgãos vinculados a tribunais diversos (art. 105, I, d, CRFB).

Distribuição dos pontos

a) Justiça estadual (0,15) – Tribunal do Júri (0,15). Não se trata de disputa de direitos indígenas (0,15).

b) Proteção dos direitos dos índios é competência da União, art. 109, XI (0,4) OU referência ao fundamento contido no art. 109, IX (0,4).

c) STJ (0,2), por ser conflito negativo de competência entre órgãos vinculados a tribunais diversos OU art. 105, I, d, da CRFB (0,2).

PADRÃO DE RESPOSTA – QUESTÃO 4

1. Não. Embora a Constituição determine que o AGU deve defender a constitucionalidade das leis impugnadas através de ADI, de acordo com o que foi decidido pelo STF na ADI 1616, o AGU está dispensado desta obrigação se a lei em questão já tiver sido declarada inconstitucional pelo STF através de controle concreto-difuso.

2. Sim, caso haja interdependência do art. 5 com outro dispositivo legal. É a chamada inconstitucionalidade por arrastamento.

Distribuição dos pontos

a) Pela Constituição, a AGU deve defender (0,2). Pelo STF, está dispensado se já houver decisão do tribunal pela inconstitucionalidade (0,6).

b) Sim, inconstitucionalidade por arrastamento (0,45).

IV EXAME DE ORDEM UNIFICADO

PROVA PRÁTICO-PROFISSIONAL
DIREITO CONSTITUCIONAL

PEÇA PRÁTICO-PROFISSIONAL

Tício, brasileiro, divorciado, empresário, domiciliado no município M, inconformado com ato praticado pelo Governador do seu Estado de origem, que negou acesso a elementos que permitissem a certificação de situações capazes de gerar ação popular, impetrou Mandado de Segurança perante o Tribunal de Justiça local, órgão competente de forma originária, para conhecer e julgar a questão. A segurança foi denegada, pretendendo o impetrante interpor recurso alegando a violação de preceitos constitucionais, como o direito de petição, o acesso à Justiça e os atinentes à Administração Pública. Não houve deferimento da gratuidade de Justiça.

Na qualidade de advogado, elabore a peça cabível, contra a decisão que denegou a segurança, observando: a) competência do Juízo; b) legitimidade ativa e passiva; c) fundamentos de mérito constitucionais e legais vinculados; d) os requisitos formais da peça; e) adequação do recurso.

QUESTÃO 1

O Procurador-Geral da República ajuizou uma ação direta de inconstitucionalidade contra a lei estadual X e uma ação declaratória de constitucionalidade tendo por objeto a lei federal Y – ambas ajuizadas com pedido de medida cautelar.

Considerando-se o exposto, responda fundamentadamente:

a) Diante da ambivalência das ações de constitucionalidade e inconstitucionalidade, se o STF indeferir a cautelar na ADI, pode um juiz, no exame de um caso concreto (controle difuso), declarar a inconstitucionalidade da lei X? (0,65)

b) Se o STF deferir a cautelar na ADC, pode um juiz, no exame de um caso concreto, declarar a inconstitucionalidade da lei Y, mas por outros fundamentos, que não aqueles que deram causa à ação? (0,6)

QUESTÃO 2

Determinado Partido Político com representação no Congresso Nacional ajuíza Ação Direta de Inconstitucionalidade perante o Supremo Tribunal Federal para questionar a íntegra de uma lei estadual.

Em relação ao cenário acima, comente, justificadamente, as consequências jurídicas das seguintes hipóteses, considerando sua ocorrência antes do julgamento da ADI:

a) a lei estadual impugnada é revogada (0,5).

b) o Partido Político deixa de ter representação no Congresso Nacional (0,75).

QUESTÃO 3

Suponha que o STF tenha reconhecido em diversos julgados (recursos extraordinários) a incompatibilidade de uma lei ordinária do Estado Y, em vigor desde 1999, com uma emenda constitucional promulgada no ano seguinte.

À 1.ª Câmara Cível do Tribunal de Justiça do Estado Y foi distribuído um recurso de apelação cível em que a incompatibilidade da referida lei com a emenda constitucional é questão prejudicial.

Diante desses fatos, responda:

a) As decisões proferidas pelo STF, reconhecendo a referida incompatibilidade entre lei e emenda constitucional, devem ser encaminhadas ao Senado? Explique (0,7).

b) A 1.ª Câmara Cível do Tribunal de Justiça do Estado Y tem competência para deixar de aplicar a lei estadual incompatível com a emenda constitucional? Explique (0,55).

QUESTÃO 4

Mévio, advogado com longos anos de carreira, resolve concorrer a vaga de magistrado surgida no Tribunal de Justiça K, tendo apresentado o seu currículo para a Ordem dos Advogados do Brasil, que o incluiu na lista de advogados. Mesma situação ocorreu com a lista escolhida pelo Tribunal de Justiça.

À luz das normas constitucionais, responda aos itens a seguir:

a) Qual é o percentual de vagas destinada aos advogados nos Tribunais de Justiça? (0,35)

b) Quais são os ritos de escolha realizados pela OAB e pelo Tribunal de Justiça? (0,6)

c) De quem é a competência para nomeação? (0,3)

GABARITO

PADRÃO DE RESPOSTA – PEÇA PROFISSIONAL

Em caso de denegação da ordem, o recurso cabível é o ordinário (CRFB, art. 105, II, b) de competência do Superior Tribunal de Justiça, uma vez que a competência originária do Mandado de Segurança é do Tribunal de Justiça do Estado.

O tema em foco tem assento constitucional: o direito de petição e de acesso a informações (CRFB, art. 5.º, XXXIII e XXXIV). Também o exercício da ação popular (CRFB, art. 5.º, LXXIII).

Tais fundamentos legitimam a impetração do Mandado de Segurança (CRFB, art. 5.º, LXIX), regulado pela Lei 12.016/2009.

São requisitos procedimentais do recurso ordinário os mesmos da apelação (CPC, arts. 539 e 540).

Estrutura da peça (local, data, assinatura) (0,25).

Endereçamento da petição de interposição ao TJ (0,5).

Competência de julgamento do RO – STJ (0,25).

Cabimento do recurso ordinário – art. 105, II, "b" (0,5).

Legitimidade ativa (Tício) (0,3) e passiva (governador do Estado) (0,2).

Fundamentação (0,5 cada) + 0,5 pela indicação de pelo menos um dispositivo constitucional / legal: Direito de petição – CRFB, art. 5.º, XXXIII; Direito de acesso a informações – CRFB, art. 5.º, XXXIV; Direito ao Mandado de Segurança – CRFB, art. 5.º, LXIX / Lei 12.016/2009; Direito à propositura de ação popular – CRFB, art. 5.º, LXXIII (2,5).

Postulação de reforma da decisão (0,5).

PADRÃO DE RESPOSTA – QUESTÃO 1

a) A medida cautelar nas ações de constitucionalidade e inconstitucionalidade não tem caráter ambivalente, de modo que o indeferimento de medida cautelar em ADI não implica a declaração de constitucionalidade.

b) De acordo com a Lei 9.868/1999, uma vez deferida a medida cautelar em ADC todos os processos em que a lei objeto da ação estiver sendo discutida devem ser suspensos, razão pela qual uma juíza não poderia, após deferida a cautelar em ADC, declarar a inconstitucionalidade da lei.

a) Sim, uma vez que a cautelar em ADI não tem caráter ambivalente (0,65).

b) Não, pois os processos ficam suspensos (0,3). Art. 21 da Lei 9.868/1999 (0,3).

PADRÃO DE RESPOSTA – QUESTÃO 2

Em relação ao item "a", a jurisprudência do STF é firme no sentido que a revogação superveniente da norma impugnada em ADI conduz à extinção anômala do processo, ficando o exame do mérito prejudicado, por perda superveniente do objeto da ação.

Por sua vez, quanto às ADIs ajuizadas por Partidos Políticos, o STF, em sua jurisprudência inicial, considerava que a ADI deveria ser extinta, sem exame de mérito, por perda superveniente de legitimidade ativa. Porém, no julgamento do Agravo Regimental interposto contra decisão monocrática adotada na ADI 2.618/PR, o STF reviu sua posição e atualmente entende que a perda superveniente de representação do Partido Político não repercute sobre o julgamento da ADI. Em verdade, entende-se que a aferição da legitimidade ativa do Partido Político deve ser realizada à época do ajuizamento da ADI em razão da objetividade do processo e da indisponibilidade da ação.

a) A ADI será prejudicada, extinta sem exame de mérito, por perda superveniente do objeto (0,5).

b) Perda superveniente de representação do Partido Político não repercute sobre o julgamento da ADI (0,75).

PADRÃO DE RESPOSTA – QUESTÃO 3

a) No caso, a Lei (de 1999) é posterior à Constituição (de 1988), mas anterior à Emenda Constitucional (de 2000). De acordo com a jurisprudência do STF (ADI 2), a incompatibilidade entre uma lei e uma norma constitucional posterior a ela implica a revogação da lei e não a sua inconstitucionalidade. Tratando-se de revogação e não de inconstitucionalidade, e considerando-se que a competência do Senado restringe-se aos casos de declaração de inconstitucionalidade, a decisão não deveria ser encaminhada àquela Casa legislativa.

b) Embora o art. 481, parágrafo único, do CPC "dispense" o órgão fracionário de um Tribunal (no caso, a 1.ª Câmara Cível do Tribunal de Justiça do Estado Y) de encaminhar a questão constitucional ao pleno (art. 97, CRFB) quando há decisão do STF sobre a constitucionalidade da lei, como o caso envolve revogação, e não inconstitucionalidade, a cláusula de reserva de plenário não se aplica, tampouco a exceção a ela, prevista no CPC.

a) Não se encaminha ao Senado quando é caso de revogação (0,7).

b) Sim, pois se trata de caso de revogação, em que não se aplica a cláusula de reserva de plenário (0,55).

PADRÃO DE RESPOSTA – QUESTÃO 4

O ingresso do advogado na carreira da magistratura pode ocorrer através do denominado Quinto Constitucional, pois a norma do art. 94 da CF reserva um quinto das vagas dos tribunais para ocupação dentre membros do Ministério Público e da Advocacia, com notório saber, reputação ilibada, com mais de dez anos de atividade profissional.

A OAB, no caso a seccional estadual, indicará os candidatos em lista sêxtupla, cabendo ao Tribunal de Justiça votar uma lista tríplice que será enviada ao Governador do Estado que escolherá, livremente, um dos indicados.

a) Com base no art. 94 da CRFB (Quinto Constitucional) (0,15), o percentual é de 10% para advogados (0,2).

b) Escolha de lista sêxtupla pela OAB local, dentre advogados com mais de dez anos (0,3). Escolha de lista tríplice pelo TJ (0,3).

c) Governador do Estado (0,3).

42º EXAME DE ORDEM (2010.2)

PROVA PRÁTICO-PROFISSIONAL
DIREITO CONSTITUCIONAL

PEÇA PRÁTICO-PROFISSIONAL

Mévio de Tal, com quarenta e dois anos de idade, pretende candidatar-se a cargo vago, mediante concurso público, organizado pelo Estado X, tendo, inclusive, se matriculado em escola preparatória. Com a publicação do edital, é surpreendido com a limitação, para inscrição, dos candidatos com idade de, no máximo, vinte e cinco anos. Inconformado, apresenta requerimento ao responsável pelo concurso, que aduz o interesse público, tendo em vista que, quando mais jovem, maior tempo permanecerá no serviço público o aprovado no certame, o que permitirá um menor déficit nas prestações previdenciárias, um dos problemas centrais do orçamento do Estado na contemporaneidade.

O responsável pelo concurso é o Governador do Estado X. Não há previsão legal para o estabelecimento de idade mínima, sendo norma constante do edital do concurso.

Não há necessidade de produção de provas e o prazo entre a publicação do edital e da impetração da ação foi menor que 120 (cento e vinte) dias.

Na qualidade de advogado contratado por Mévio, redigir a peça cabível ao tema, observando:

a) competência do Juízo;

b) legitimidade ativa e passiva;

c) fundamentos de mérito constitucionais e legais vinculados;

d) os requisitos formais da peça inaugural;

e) necessidade de tutela de urgência.

QUESTÃO 1

O Congresso Nacional aprovou e o Presidente da República sancionou projeto de lei complementar modificando artigos do Código Civil, nos termos do art. 22,

I, da CRFB. Três meses após a entrada em vigor da referida lei, o Presidente da República editou medida provisória modificando novamente os referidos artigos do Código Civil com redação dada pela lei complementar.

Analise a constitucionalidade dos atos normativos mencionados.

QUESTÃO 2

Uma lei estadual foi objeto de Ação Direta de Inconstitucionalidade (ADI) ajuizada junto ao STF.

Supondo que o Tribunal tenha se pronunciado, neste caso, pela inconstitucionalidade parcial sem redução de texto, explique o conceito acima, apontando quais os efeitos da declaração de inconstitucionalidade neste caso.

QUESTÃO 3

O Conselho Federal da OAB ajuizou, junto ao STF, Ação Direta de Inconstitucionalidade (ADI), tendo por objeto um artigo de uma lei federal em vigor desde 2005, sendo manifesta a pertinência temática do dispositivo impugnado com o exercício da advocacia.

O STF entende que o referido dispositivo legal é inconstitucional, mas por fundamento distinto do que fora apresentado pelo Conselho Federal da OAB na ADI, tendo o STF inclusive declarado a inconstitucionalidade desse mesmo dispositivo no julgamento de um caso concreto, em Recurso Extraordinário (RE).

Com base nas informações acima, responda:

I. o STF pode julgar a ADI procedente a partir de fundamento diverso do que fora apresentado pelo Conselho Federal da OAB? Justifique.
II. o STF pode julgar a ADI procedente em relação também a outro dispositivo da mesma lei, mesmo não tendo este dispositivo sido objeto da ADI? Justifique.

QUESTÃO 4

Em 2005, o STF julgou procedente ADC ajuizada pelo Procurador-Geral da República visando à declaração de constitucionalidade de uma lei federal que estava sendo questionada em diversos processos judiciais pelo país, gerando uma controvérsia judicial em torno da sua adequação ao texto constitucional. Nas eleições ocorridas em outubro de 2010, um determinado partido político conseguiu, pela primeira vez em sua história, eleger um parlamentar, no caso um deputado federal, graças à coligação partidária firmada com um partido político de maior expressão e base eleitoral.

O diretório nacional do referido partido político pretende, no próximo ano, após o início da sessão legislativa, ajuizar uma ADI contra a mencionada lei federal, a partir de argumentos que não foram enfrentados pelos ministros do STF em 2005.

Analise a pretensão do partido político, considerando os seguintes tópicos:

I. A legitimidade para a propositura da ação.
II. A possibilidade de o STF declarar a inconstitucionalidade da lei (com ou sem modulação dos efeitos).

QUESTÃO 5

A Constituição de determinado estado da federação, promulgada em 1989, ao dispor sobre a administração pública estadual, estabelece que a investidura em cargo ou emprego público é assegurada aos cidadãos naturais daquele estado e depende de aprovação prévia em concurso público de provas ou de provas e títulos, de acordo com a natureza e a complexidade do cargo ou emprego, ressalvadas as nomeações para cargo em comissão declarado em lei de livre nomeação e exoneração.

Em 2009 foi promulgada pela Assembleia Legislativa daquele estado (após a derrubada de veto do Governador), uma lei que permite o ingresso em determinada carreira por meio de livre nomeação, assegurada a estabilidade do servidor nomeado após 3 (três) anos de efetivo exercício.

Considerando-se que a Constituição Estadual arrola o Governador como um dos legitimados para a propositura da ação direta de inconstitucionalidade em âmbito estadual (art. 125, § 2.º da CRFB), e considerando-se que o Governador pretende obter a declaração de inconstitucionalidade da referida lei estadual, responda:

I. o que ocorreria se logo após o ajuizamento da ação direta de inconstitucionalidade de âmbito estadual, ajuizada pelo Governador do Estado junto ao Tribunal de Justiça (nos termos do art. 125, § 2.º da CRFB) e antes do julgamento, fosse ajuizada pelo Conselho Federal da OAB uma ação direta de inconstitucionalidade junto ao STF, tendo por objeto esta mesma lei? Explique.
II. poderia o Presidente da República ajuizar ação direta de inconstitucionalidade junto ao STF contra o dispositivo da Constituição Estadual? Explique.

GABARITO

PADRÃO DE RESPOSTA – PEÇA PROFISSIONAL

O tema acesso a cargos públicos tem assento constitucional, consoante pode-se aferir do exame da norma do art. 37, da CF, que impõe a acessibilidade aos cargos públicos mediante concurso público. A jurisprudência não tem acolhido que normas editalícias, sem previsão legal e com manifesta afronta às normas constitucionais, restrinjam o limite de idade, admitindo a restrição quando houver previsão legal, desde que adequado ao cargo postulado.

Nesse sentido: STF, Agravo Regimental 486.439, Rel. Min. Joaquim Barbosa; Agravo Regimental 559.823, Rel. Min. Joaquim Barbosa. Assim, embora o edital seja a lei do concurso, não se pode impor restrição sem respaldo em lei formal e ainda que tal lei seja razoável, como não permitindo que postulantes ao cargo de médico da Polícia Militar tenham restrição de idade. Assim, o interesse público meramente financeiro ou orçamentário, aduzido pela autoridade que preside o concurso público, não tem o condão de vedar a candidatura de pessoas com idade superior à prevista no edital.

Há aqui um problema de competência que caberá ao examinando resolver. É que, sendo o Estado X organizador do concurso, a competência é do Tribunal de Justiça, visto que o Governador do Estado tem foro por prerrogativa de função. Pelo texto, o candidato deverá optar pelo Mandado de Segurança, vez que preenchidos os elementos para a impetração, o que levará ao exame dos requisitos formais dessa peça.

Pontuação

Competência do juízo: Tribunal de Justiça (0,5).

Valor da causa: valor ínfimo (pode ser R$ 1.000,00 para efeitos fiscais) (0,5).

Legitimidade passiva: governador do Estado (obviamente que pedindo sua notificação como autoridade coatora) (0,5).

Notificação da pessoa jurídica que a autoridade coatora integra: o Estado pertinente ao governador (0,5).

Necessidade da tutela de urgência: *periculum in mora* e *fumus bonis juris* (1,0).

Fundamentação: mencionar o princípio da legalidade e o princípio da razoabilidade, bem como o princípio que veda qualquer forma de discriminação (1,5).

Petitório: deferimento do *writ*, garantindo a tutela para que a restrição do edital seja afastada, possibilitando que MÉVIO possa se inscrever no concurso e realizar as provas normalmente (0,5).

PADRÃO DE RESPOSTA – QUESTÃO 1

São basicamente duas as diferenças entre a lei complementar e a lei ordinária: (i) enquanto a primeira demanda um *quorum* de aprovação de maioria absoluta, a segunda pode ser aprovada por maioria simples (presente à sessão a maioria absoluta dos membros da casa legislativa); (ii) há determinadas matérias que só podem ser reguladas por meio de lei complementar e estas matérias estão definidas expressamente no texto constitucional.

Não existe, portanto, hierarquia entre lei complementar e lei ordinária, uma vez que esta não decorre daquela. Ambas decorrem da Constituição. Esse entendimento, que conta com o apoio da maioria dos doutrinadores, já foi confirmado pelo STF (RE 419.629). Uma lei complementar que disponha sobre matéria para a qual a Constituição não exige maioria absoluta (típica de lei complementar) poderá ser modificada por lei ordinária. É dizer, neste caso, será uma lei complementar com *status* de lei ordinária. Embora a Constituição determine que não será objeto de medida provisória a matéria reservada a lei complementar, tal vedação não afeta o caso em tela, pois a matéria de que trata a referida lei complementar (Direito de Família) não é reservada à lei complementar, podendo neste caso ser modificada por medida provisória. Ambos os atos normativos, portanto, são constitucionais.

Inexistência de hierarquia (0,5).

Por não haver hierarquia, mas hipótese de incidência, uma lei complementar pode ser revogada por uma ordinária quando aquela não estiver na sua área de incidência (0,5).

PADRÃO DE RESPOSTA – QUESTÃO 2

A inconstitucionalidade parcial sem redução de texto é uma modalidade de declaração de inconstitucionalidade prevista na Lei 9.868/1999, que tem como consequência a declaração de inconstitucionalidade de uma determinada interpretação, sem afetar o texto da norma. É dizer, o texto da norma permanece inalterado, mas determinada interpretação que a princípio poderia ser feita da norma é considerada inconstitucional. Esta modalidade de declaração de inconstitucionalidade tem importantes consequências nos processos de fiscalização abstrata, como é o caso da ADI (citada na questão), pois a declaração de inconstitucionalidade não do texto da norma, mas de sua interpretação, terá eficácia *erga omnes* (contra todos) e efeito vinculante, conforme dispõe o parágrafo único do art. 28 da Lei 9.868: "A declaração de constitucionalidade ou de inconstitucionalidade, inclusive a interpretação conforme a Constituição e a declaração parcial de inconstitucionalidade sem redução de texto, têm eficácia contra todos e efeito vinculante em relação aos órgãos do Poder Judiciário e à Administração Pública federal, estadual e municipal".

O conceito de inconstitucionalidade parcial sem redução de texto (0,5).

Efeitos – eficácia contra todos e efeito vinculante (0,5).

PADRÃO DE RESPOSTA – QUESTÃO 3

Segundo a jurisprudência do STF, o Tribunal, ao julgar ação direta de inconstitucionalidade, está limitado em relação ao pedido, mas não à causa de pedir, que é aberta. É dizer, o STF pode considerar a lei impugnada inconstitucional por motivos diversos daqueles apresentados pelo proponente da ADI.

Entendimento diverso implicaria reconhecer que uma ADI mal formulada, com argumentos frágeis ou equivocados pela inconstitucionalidade da lei, levando à improcedência da ação e à consequente declaração de constitucionalidade da lei.

Em relação ao pedido, este, a princípio, é limitado ao que foi questionado pelo proponente da ação. O STF, no entanto, admite em caráter excepcional que dispositivos legais não impugnados na ação sejam declarados inconstitucionais, mas somente se forem dependentes dos dispositivos impugnados. É dizer, nos casos em que a inconstitucionalidade de um dispositivo impugnado implica necessariamente a inconstitucionalidade de outro não impugnado. A este fenômeno dá-se o nome de inconstitucionalidade por "arrastamento" ou "atração" ou "consequente".

O STF não está adstrito ao fundamento da ação (0,5).

O STF pode julgar ADI também com fundamento em outro dispositivo, o que ocorre com a inconstitucionalidade por arrastamento (0,5).

PADRÃO DE RESPOSTA – QUESTÃO 4

A Emenda Constitucional 3/1993, ao criar a ação declaratória de constitucionalidade, não atribuiu legitimidade ativa aos mesmos que poderiam ajuizar a ação direta de inconstitucionalidade, de modo que o partido político com representação no Congresso Nacional poderia ajuizar apenas esta, mas não aquela.

A Emenda Constitucional 45/2004, relativa à Reforma do Poder Judiciário, alterou o art. 103, estabelecendo que todos aqueles que podem propor a ação de inconstitucionalidade (ADI) podem também ajuizar a ação de constitucionalidade (ADC).

Embora o art. 103 não faça qualquer discriminação entre os legitimados para a propositura das ações, a jurisprudência do STF é pacífica no sentido de que alguns dos legitimados só podem ajuizar ADI ou ADC se demonstrarem pertinência temática com a lei ou ato normativo objeto da ação. Estes são denominados legitimados especiais (art. 103, IV, V e IX), ao passo que aqueles que não precisam demonstrar pertinência temática são chamados de legitimados universais (art. 103, I, II, III, VI, VII e VIII). O partido político, no entanto, é um dos legitimados universais, não sendo necessário demonstrar pertinência temática para poder ajuizar a ação.

Quanto à representação no Congresso Nacional, embora se trate de órgão bicameral, abrangendo Câmara dos Deputados e Senado Federal, o STF tem antiga jurisprudência no sentido de que basta a representação em uma das Casas do Congresso para que se possa afirmar que o partido político tem representação no Congresso Nacional.

Desse modo, não há dúvida de que o partido político em questão pode ajuizar a ADI.

Quanto à possibilidade de uma lei declarada constitucional em ADC ser objeto de ADI, a doutrina é pacífica no sentido de que isso é possível, uma vez que não reconhecer esta possibilidade implicaria afirmar que o STF, após haver declarado a constitucionalidade de uma lei, jamais poderia mudar seu entendimento, ainda que estivesse disso convencido.

O STF poderá, por motivos de segurança jurídica, declarar a inconstitucionalidade com efeito não retroativo *ex nunc* ou determinar uma data a partir da qual a lei deveria ser considerada inconstitucional, mas não há nenhuma obrigatoriedade nesse sentido, não havendo nada que impeça o STF de declarar a inconstitucionalidade com efeito retroativo (*ex tunc*).

I – O partido possui legitimidade para impetrar a ação (dispositivo legal e fundamentação) (0,5).

II – É possível a modificação legal, haja vista que não pode haver engessamento de posicionamento do STF (0,5).

PADRÃO DE RESPOSTA – QUESTÃO 5

A Constituição estadual basicamente reproduziu o disposto no art. 37, II, da Constituição Federal, que dispõe que "a investidura em cargo ou emprego público depende de aprovação prévia em concurso público de provas ou de provas e títulos, de acordo com a natureza e a complexidade do cargo ou emprego, na forma prevista em lei, ressalvadas as nomeações para cargo em comissão declarado em lei de livre nomeação e exoneração".

A reprodução do dispositivo, embora desnecessária, eis que o art. 37 da Constituição Federal refere-se expressamente à administração pública direta e indireta de qualquer dos Poderes da União, dos Estados, do Distrito Federal e dos Municípios, também não é estranha à experiência constitucional brasileira nem viola formalmente o texto constitucional, tornando-se, assim, norma constitucional estadual e federal.

O dispositivo estadual, no entanto, limitou o direito de ingresso na carreira aos cidadãos naturais daquele Estado, incorrendo, desse modo, em inconstitucionalidade material, uma vez que, de acordo com o art. 25 da Constituição Federal, "os Estados organizam-se e regem-se pelas Constituições e leis que adotarem, observados os princípios desta Constituição".

No caso em tela, a lei estadual viola a regra constitucional do concurso público, prevista tanto na Constituição Federal como na Constituição Estadual, não fazendo diferença aqui o fato de a norma estadual limitar o acesso ao concurso público apenas aos naturais daquele Estado. Desse modo, sendo o Governador de Estado legitimado para ajuizar ação de inconstitucionalidade de âmbito estadual (de acordo com o enunciado da questão) e o Conselho Federal da OAB, legítimo para ajuizar a ADI de âmbito federal (de acordo com o art. 103, VII, da CRFB), e considerando-se que lei estadual pode ser objeto de ambas as ações (arts. 102, I, a, e 125, § 2.º, da CRFB), é possível que as duas ações sejam ajuizadas concomitantemente. No entanto, de acordo com a firme jurisprudência do STF, neste caso a ação estadual ficaria suspensa, aguardando a decisão do STF.

Em relação à segunda pergunta, considerando-se que a emenda à Constituição Estadual é ato normativo estadual, considerando-se que deve estar de acordo com os princípios e regras estabelecidos pela Constituição Federal (art. 25 da CRFB), considerando-se que a referida emenda violou os arts. 5.º, *caput*, e 37, II, da CRFB, considerando-se, por fim, que o Presidente é um dos legitimados para a propositura da ADI, nos termos do art. 103, I, da CRFB, é possível o ajuizamento da ação, valendo lembrar que o Presidente da República é legitimado universal, estando, assim, dispensado de demonstrar pertinência temática com o ato normativo impugnado.

I – A ação estadual fica suspensa esperando decisão do STF (dispositivo legal e fundamentação) (0,5).

II – O Presidente da República pode impetrar uma ação porque é legitimado universal (0,5).

EDITORA
MÉTODO
www.editorametodo.com.br
metodo@grupogen.com.br

10 1 2 3 4 5 6 7 8 9
2015

Pré-impressão, impressão e acabamento
GRÁFICA
SANTUÁRIO
grafica@editorasantuario.com.br
www.editorasantuario.com.br
Aparecida-SP

Cód.: 614461